PREMIÈRE PARTIE

Les Lieux de l'Archange

travers les cartes postales du Mont-Saint-Michel. Le Mont m'attirait peut-être davantage parce qu'il se situait quelque part vers l'ouest et que j'ai toujours été hanté par le soleil couchant. Vivant à Paris, je suivais la course du soleil, et, parfois, sur les bords de la Seine, ou encore au dernier étage de mon immeuble, au-dessus des toits et des cheminées qui dressaient leurs silhouettes tourmentées, j'avais toujours quelque chose qui se nouait dans ma poitrine lorsque les lueurs rouges du couchant éclataient en fusées grandioses pour retomber ensuite derrière les remparts de pierre qui faisaient obstacle à mon envol. Oui, là-bas, vers un ouest qui me paraissait légendaire, il y avait un lieu où j'irais sans doute un jour, un lieu privilégié où les ombres du soir jouent avec la lumière d'un soleil qui se noie tragiquement dans la mer. Voilà le Mont-Saint-Michel de mon enfance. Il n'existe pas. Mais il est encore très vivant si j'explore les méandres de ma mémoire.

D'ailleurs, à cette évocation d'un passé médiéval *romantique,* s'ajoutait une vision plus tragique. J'avais lu quelque part que le Mont était entouré de sables, et que ces sables étaient dangereux : on pouvait s'y enliser si l'on ne prenait pas soin de suivre des chemins dûment connus et répertoriés. Dommage : les sentiers battus, comme on dit, ont toujours provoqué en moi une sorte de révolte, un refus de suivre ce que les autres ont déjà suivi. Et je lisais aussi, dans *Les Misérables* de Victor Hugo, cette hallucinante description d'un homme en train de s'enliser dans les sombres cloaques des égouts de Paris. Certes, Victor Hugo connaissait le Mont-Saint-Michel. Il y était venu. Il avait contemplé l'impressionnante plaine où le sable et l'eau ne parviennent point à délimiter leurs domaines respectifs. Il avait entendu raconter de sombres histoires sur des voyageurs égarés dans la brume, et qui n'avaient jamais été retrouvés. Ils dormaient probablement de leur dernier sommeil dans quelques fondrières recouvertes d'un sable fin qui sent bon le goémon et le sel. L'enlisement a quelque chose de sinistre et d'envoûtant, comme si l'être humain se reconnaissait dans cette lente dis-

parition à l'intérieur d'une nuit qui ne finit jamais, amenant une suffocation que seule l'angoisse peut égaler lorsque la souffrance étreint la poitrine. Cette évocation des sables mouvants avait, je l'avoue, un certain charme morbide pour moi, comme si je pensais que pour atteindre ce Mont des Merveilles, il fallait passer par les *infernaux paluds* dont parle François Villon dans sa *Ballade pour prier Notre-Dame.* Je n'allais pas tarder à apprendre que toute révélation poétique passe par *une Saison en Enfer,* et Jean-Arthur Rimbaud me montrait déjà le difficile chemin des *Illuminations.* Pouvais-je alors comprendre que Rimbaud avait réussi à revenir de ces « infernaux paluds » dans un état qui ne lui permettait plus de contempler la Merveille ?

Oui, la Merveille. C'est le nom que l'on donne à la partie nord de l'abbaye du Mont-Saint-Michel, la partie la plus audacieusement construite, sinon la plus belle. Et, par extension, dans l'opinion commune, le Mont-Saint-Michel lui-même est devenu la « Merveille de l'Occident ». Le mot « Merveille » est doux à prononcer. Il résonne comme une cloche lointaine qu'on entend sur la mer, mêlée au bruit des vagues. Il apporte avec lui une nuée d'oiseaux migrateurs, ceux qui viennent de pays lointains et qui sont chargés des parfums subtils recueillis sur des rivages pleins de soleil ou des silences profonds des espaces du Grand Nord glacé. En Bretagne, autrefois, on disait que les conteurs, ceux qui prenaient la parole, à la veillée, pour de longs récits surgis de la mémoire, étaient des « diseurs de merveilles ». Oui, la Merveille. C'était écrit sur une des cartes postales. Mais peut-on prétendre atteindre une merveille ?

C'était pendant les temps obscurs de l'Occupation nazie en France. Les villes s'endormaient dans un silence à peine troublé par quelques lampes bleues, silence que venait parfois réveiller le ronronnement inquiétant des forteresses volantes, messagères à la fois de mort et de délivrance. Les villes étaient moribondes, noyées dans la nuit et dans le froid de l'hiver. Je me souviens de la nuit de Noël 1942. En ce temps-là, dans les paroisses, la Messe de Minuit se célébrait

à sept heures du soir, car le couvre-feu obligeait chacun à se terrer comme des loups dans leurs tanières. Je me souviens. J'avais alors un poste de radio fort rudimentaire, un de ces fameux « postes à galène » qui fonctionnaient magiquement sans aucun courant électrique, mais qui nécessitaient le port d'un casque. Cela permettait d'écouter ce qu'on voulait sans déranger les autres. Et, cette nuit-là, la Messe de Minuit radiophonique, authentiquement à minuit, était retransmise de l'intérieur même de l'abbaye du Mont-Saint-Michel. J'ignorais, à ce moment-là, que l'abbaye était inoccupée, qu'elle n'abritait plus de moines, mais je dois dire qu'allongé dans mon lit, le casque sur les deux oreilles, je me trouvai bientôt sur un autre rivage, dans un autre monde, là où le vent souffle sur des rochers de granit, vers cet ouest qui me tentait par toutes les couleurs rouges du couchant. Le son était pur, comme si rien ne venait troubler des ondes habituellement tourmentées par une guerre d'autant plus sournoise qu'elle était invisible. Il y eut une sorte de déchirure dans la nuit, une sorte de trait de lumière qui traversa le ciel, mais d'une lumière plus douce que le baiser d'un ange, plus transparente peut-être, en tout cas paisible et sereine comme aux temps lointains de ma première enfance. Imaginaire, bien sûr. Mais le son qui me parvenait de ce rocher perdu dans la mer et dans la brume, était bien réel, et il me confortait. Le Mont-Saint-Michel était là, près de moi, et si je n'avais en vérité accompli aucun effort pour l'atteindre, c'est que lui-même était venu à moi, grâce au geste magique d'un enchanteur dont la voix me paraissait grave et empreinte d'un profond respect. A quoi tiennent les choses ! Cette nuit-là, je me promis d'aller un jour, quand l'heure serait venue, entrouvrir les grandes portes d'une abbaye dont les voûtes retentissaient du battement des ailes d'une cohorte angélique jaillie tout exprès des espaces célestes pour nous dire que la Lumière brille parfois au milieu des Ténèbres. Après tout, c'est bien le sens symbolique qu'on peut attribuer au combat de l'Archange Michel contre le Dragon des profondeurs, celui qui rôde sans cesse dans les cavernes de

la terre et qui surgit, au moment où on l'attend le moins, devant un voyageur qui ne sait plus de quel côté ses pas doivent le porter pour lui éviter de s'enliser dans les chemins de sable. Mais, à l'époque, je n'en étais pas encore à m'interroger sur ce sens du combat de l'Archange et du Dragon. La réalité quotidienne en rendait facilement compte : de toute évidence, le Dragon ne pouvait être que le petit homme moustachu à la mèche rebelle qui, lui aussi, se terrait dans ses repaires de Berchtesgaden, protégé par des légions d'anges rebelles marqués de la croix noire des Chevaliers Teutoniques. Mais qui donc pouvait jouer le rôle de saint Michel ? Je crois que, cette nuit-là, je me suis endormi sous les voûtes humides d'un souterrain du Mont-Saint-Michel, happé par la fulgurante montée du chant qui me parvenait d'ailleurs.

Nous subissions donc l'Occupation étrangère et tous ses désagréments. Nous avions froid, en cet hiver 1942-1943, et nous avions également de nombreuses occasions d'avoir faim en sortant de table. Nous avions des engelures aux doigts, et c'était parfois un supplice que d'écrire sur de mauvais cahiers les cours que nous dictaient nos professeurs. Nous nous abîmions les yeux dans la pénombre en attendant que le courant électrique soit rétabli. Chaque journée d'école, on nous distribuait des biscuits caséinés afin de pallier le plus possible les carences qui nous guettaient, nous, cette génération qu'on a connue sous le nom de code des fameux « J 3». Mais, ces biscuits que j'aurais volontiers mangés, je les vendais à des camarades plus fortunés que moi, ce qui me permettait d'aller acheter des livres. Il faut croire que ma fringale de lecture était plus forte que ma fringale de nourriture, ou tout au moins que je mettais en pratique, quelques années à l'avance, les conseils d'une célèbre affiche où l'on voyait l'acteur Gérard Philipe mordre à belles dents un bouquin soigneusement et artistiquement lacéré, à côté d'un texte qui conseillait : Mangez des livres ! La jeunesse a de ces insouciances qui ne font pas les bonnes santés — je l'ai compris plus tard —, mais qui alimentent cependant des

vocations inébranlables. Que d'ouvrages sur le Moyen Age ai-je ainsi dévorés en ces temps obscurs, au lieu de me faire les dents sur des biscuits par ailleurs à la limite du consommable ?

Il est vrai que j'avais un professeur de lettres assez étonnant. C'était, je crois, sa première année d'enseignement. Il s'appelait Jean Hani, et il avait un enthousiasme délirant, qu'il cherchait à nous faire partager, pour les œuvres littéraires du Moyen Age et pour la poésie moderne. Je ne me doutais pas qu'un jour, il publierait des ouvrages remarquables sur *la Symbolique du Temple chrétien* et sur *la Royauté sacrée* [1]. Pour l'heure, entre deux cours de latin, il se contentait d'évoquer pour nous la civilisation des XIIe et XIIIe siècles, en insistant particulièrement sur les romans arthuriens, les récits du saint Graal et la légende de Tristan et Yseult. Cela ne l'empêchait nullement d'enchaîner directement sur la poésie symboliste : à travers Rimbaud et Mallarmé, la porte était ouverte sur les mystères d'une poésie contemporaine que la plupart de mes condisciples s'obstinaient à considérer comme totalement hermétique sinon comme absurde. Tous ? Non, il y avait Jean Cathelin, qui, lui, était déjà familiarisé avec cette poésie et qui la pratiquait, provoquant l'admiration de quelques-uns et le sourire narquois de la majorité. Jean Cathelin connaissait des poètes *vivants*, et chacun sait que les poètes appartiennent à une race disparue, cela à n'importe quelle époque. Il noircissait des pages entières de poésie pendant les cours de mathématiques, et j'avoue que, à son contact, je commençai à en faire autant. Cathelin avait ceci de rare, c'est qu'il était capable de parler de n'importe quoi avec talent. Je l'ai compris, plus tard, lorsque lui et moi, nous « débutâmes » pompeusement dans la « carrière littéraire » autour d'un inconnu qui s'appelait Hervé Bazin, lequel avait fondé une revue intitulée *La Coquille*, et à laquelle participaient d'autres inconnus qui avaient nom Charles Le Quintrec ou Robert Sabatier.

---

1. Aux éditions Guy Trédaniel, Paris.

Mais nous n'en étions pas là en cet hiver 1942-1943. Je buvais littéralement les paroles calmes et pondérées de Jean Hani. Son sourire était la caution de ce qu'il affirmait avec tant de force et de conviction. Il s'égarait parfois dans de vastes visites des mondes enfouis aux confins d'un Moyen Age encore à peine échappé aux visions de Victor Hugo et de Viollet-le-Duc. Mais Jean Hani savait ce qu'il faisait : il m'inoculait un virus qui jamais depuis n'a pu être délogé de mon sang. Cher Jean Hani ! Que serai-je devenu sans vous ? Vous m'avez montré l'entrée d'un chemin que j'ai essayé de suivre le plus honnêtement possible, comme moi, plus tard, j'ai dévoilé l'entrée d'un palais merveilleux à des élèves qui, depuis, semblent avoir fait carrière avec quelque bonheur dans le difficile royaume des Lettres. Ainsi va le monde, et nous ne sommes, chacun d'entre nous, que les maillons d'une chaîne. L'essentiel est de croire que cette chaîne ne sera jamais interrompue et qu'il y aura toujours des hommes comme Jean Hani, capables de faire aimer à de jeunes écervelés les beautés de la poésie et de l'Art. Et aussi de faire comprendre, sans le dire vraiment, que nous sommes fils des bâtisseurs de cathédrales, et que cette cathédrale n'est jamais terminée.

C'était aussi l'époque où un film faisait fureur auprès d'un public sevré de superproductions américaines, mais plutôt rétif devant les laborieuses confiseries germaniques plus ou moins engendrées par les services de la Propagandastaffel. Ce film, c'était *Les Visiteurs du soir,* de Marcel Carné, avec des dialogues de Jacques Prévert et de merveilleuses mélodies de Maurice Thiriet. J'y avais découvert de stupéfiants acteurs comme Arletty et Jules Berry. J'y avais admiré la voix et le maintien d'Alain Cuny, poète maudit hanté par le Diable, et avec lequel, par la suite — cela, je ne m'en doutais pas non plus —, j'ai eu l'occasion de travailler pour la célébration de la poésie. Et j'y avais également découvert un Moyen Age que j'attendais, bien qu'il fût en carton-pâte. Il suffit parfois d'une illusion pour vous donner le sens de la réalité. Ce goût pour le Moyen Age, renforcé ensuite par un autre film,

remparts, formaient une étonnante pâte que je ne demandais qu'à faire lever afin d'en recouvrir les éléments qui, dans mon vécu quotidien, constituaient un obstacle à toute évasion.

Car le Moyen Age, tel que je le voyais à l'époque, à travers ces images quelque peu défraîchies, à travers aussi quelques monuments que j'avais l'habitude de fréquenter, était un prétexte à partir pour un voyage sans fin. Mais c'était un voyage immobile et, de ce fait, peut-être encore plus efficace parce qu'il permettait d'atteindre l'autre côté de l'horizon, là où plus rien n'est impossible, là où se rejoignent les rescapés de toutes les tourmentes pour se raconter les uns aux autres ce qu'ils ont vu et entendu, comme autrefois les Chevaliers de la Table Ronde lorsqu'ils rentraient à la cour d'Arthur et de Guenièvre. Et je lisais aussi les pages magnifiques où Victor Hugo évoque un Paris de la fin du XVe siècle, à travers les ricanements des gargouilles et les sourires des anges qui gardent les dédales obscurs d'une cité enfouie dans la mémoire. Le Moyen Age, pour moi, ce ne pouvait être qu'une époque bénie où l'on risquait à chaque pas de rencontrer une merveille.

J'ai su depuis que tout cela n'était que leurre et fantasme, mais je ne regrette certes pas d'avoir ainsi rêvé un univers médiéval qui correspondait alors pour moi à un besoin fondamental. Après tout, on sait que Viollet-le-Duc, lorsqu'il a reconstitué certains monuments à peine échappés aux morsures du temps, a opéré selon sa propre imagination, et qu'il n'a jamais prétendu faire autre chose que de donner sa propre vision du Moyen Age. Cela ne nous empêche nullement de considérer Pierrefonds ou la façade de Notre-Dame de Paris comme d'authentiques chefs-d'œuvre. A la limite, on pourrait même dire que ces monuments ainsi reconstitués correspondent davantage à notre sensibilité contemporaine qu'en leur état d'origine, lorsque les bâtisseurs s'acharnaient encore dans leur combat contre la pierre.

Ainsi donc, je rêvais le Moyen Age, moi aussi, à travers des églises gothiques, à travers quelques vestiges entrevus, à

I

ENTRE MONTS ET GRANDES GRÈVES

Le Mont-Saint-Michel, c'est d'abord une très belle histoire d'amour. On y célèbre en effet les noces perpétuelles du Ciel et de la Terre, de la Terre et de la Mer, de la Mer et du Ciel. Et comme dans toutes les belles histoires d'amour, cela ne va pas sans violence, sans orage, sans souffle de vent, sans lumière derrière les brumes profondes qui se glissent entre monts et grandes grèves pour signifier que l'heure est venue d'accomplir de mystérieuses et silencieuses liturgies.

Durant mon enfance, le Mont-Saint-Michel n'a guère été pour moi que quelques cartes postales retrouvées dans une vieille malle, et sur lesquelles, sans comprendre, je commençai à rêver sur les folles architectures du Moyen Age. Mon imaginaire se plaisait à construire des villes qui n'existaient pas, et je créai, sans prendre appui sur autre chose que des bribes d'images, des pays merveilleux où il faisait bon se perdre en dehors du temps et de l'espace. A cet égard, les cartes postales désuètes qui représentaient le cloître du Mont, des arcs-boutants, des flèches, des clochetons, des

remparts, formaient une étonnante pâte que je ne demandais qu'à faire lever afin d'en recouvrir les éléments qui, dans mon vécu quotidien, constituaient un obstacle à toute évasion.

Car le Moyen Age, tel que je le voyais à l'époque, à travers ces images quelque peu défraîchies, à travers aussi quelques monuments que j'avais l'habitude de fréquenter, était un prétexte à partir pour un voyage sans fin. Mais c'était un voyage immobile et, de ce fait, peut-être encore plus efficace parce qu'il permettait d'atteindre l'autre côté de l'horizon, là où plus rien n'est impossible, là où se rejoignent les rescapés de toutes les tourmentes pour se raconter les uns aux autres ce qu'ils ont vu et entendu, comme autrefois les Chevaliers de la Table Ronde lorsqu'ils rentraient à la cour d'Arthur et de Guenièvre. Et je lisais aussi les pages magnifiques où Victor Hugo évoque un Paris de la fin du XVe siècle, à travers les ricanements des gargouilles et les sourires des anges qui gardent les dédales obscurs d'une cité enfouie dans la mémoire. Le Moyen Age, pour moi, ce ne pouvait être qu'une époque bénie où l'on risquait à chaque pas de rencontrer une merveille.

J'ai su depuis que tout cela n'était que leurre et fantasme, mais je ne regrette certes pas d'avoir ainsi rêvé un univers médiéval qui correspondait alors pour moi à un besoin fondamental. Après tout, on sait que Viollet-le-Duc, lorsqu'il a reconstitué certains monuments à peine échappés aux morsures du temps, a opéré selon sa propre imagination, et qu'il n'a jamais prétendu faire autre chose que de donner sa propre vision du Moyen Age. Cela ne nous empêche nullement de considérer Pierrefonds ou la façade de Notre-Dame de Paris comme d'authentiques chefs-d'œuvre. A la limite, on pourrait même dire que ces monuments ainsi reconstitués correspondent davantage à notre sensibilité contemporaine qu'en leur état d'origine, lorsque les bâtisseurs s'acharnaient encore dans leur combat contre la pierre.

Ainsi donc, je rêvais le Moyen Age, moi aussi, à travers des églises gothiques, à travers quelques vestiges entrevus, à

Édition du Club France Loisirs, Paris
avec l'autorisation des Éditions Pygmalion

ISBN 2-7242-3855-9

JEAN MARKALE

LE MONT SAINT-MICHEL
et l'énigme du dragon

FRANCE LOISIRS
123, boulevard de Grenelle, Paris

LE MONT-SAINT-MICHEL
et l'énigme du dragon

L'Éternel Retour, transposition de la légende de Tristan et Yseult par Jean Delannoy et Jean Cocteau, n'allait désormais plus me quitter. Et je dévorais tous les ouvrages qui traitaient de la littérature médiévale, ouvrages fort rares à cette époque, et que je recherchais avec une patience que je peux qualifier d'angélique. J'ouvrais tous les livres d'art qui me montraient des architectures compliquées, avec des arcs-boutants qui s'entremêlaient dans mon imagination, ne formant plus qu'une vaste et ténébreuse forêt de pierres, à travers laquelle brillait le soleil rouge que j'espérais toujours découvrir à l'ouest du monde. A vrai dire, je ne saisissais pas très bien la différence entre l'art roman et l'art gothique. Je savais seulement que le mot « gothique » était un terme péjoratif inventé par les gens du XVIIe siècle classique pour rendre compte d'une barbarie honnie et rejetée sous les stucs du néo-grec. Et je préférais encore la folie de cet art gothique à la sagesse — du moins le croyais-je — de la voûte romane, que je confondais arbitrairement avec une décadence de l'architecture *romaine*. Et dans cet engouement qui frisait la frénésie, m'obligeant à pénétrer dans la moindre chapelle pour y repérer un vestige médiéval, me conduisant au fond de chaque musée pour y découvrir le seul objet qui valût la peine d'être admiré, le Mont-Saint-Michel grandissait, comme le point de mire qu'on regarde trop attentivement et qui, se détachant de tout le reste, devient le centre du monde.

Car, à force de l'entrevoir dans des livres, à force de l'imaginer à travers de multiples descriptions plus ou moins inspirées ou plus ou moins techniques, le Mont-Saint-Michel était réellement pour moi un endroit que je connaissais fort bien sans y être jamais allé. J'aurais presque pu prétendre que je le connaissais mieux que ceux qui avaient eu la chance — avant cette maudite guerre — de pouvoir y rôder pendant quelques heures à la recherche des ombres du passé. Mais quant à penser pouvoir y aller moi-même, cela ne me venait même pas à l'esprit. D'ailleurs, cela n'avait aucune importance : le Mont-Saint-Michel faisait partie de mon domaine intérieur. Dans ces conditions, pourquoi aurais-je été le chercher ailleurs que dans ma mémoire ? Et puis, la guerre, avec son cortège de destructions systématiques, pouvait très bien l'anéantir. Cela n'avait pas d'importance non plus, puisqu'il se trouvait profondément caché en moi.

C'est dire que, dans les années de l'après-guerre, alors qu'il était possible, et même facile d'y parvenir — et, de plus, il était intact ! —, je n'eus jamais l'idée saugrenue de visiter le Mont-Saint-Michel. De toute façon, il était en dehors de mes routes habituelles qui menaient invariablement de Paris à la Bretagne en passant par cette zone mi-beauceronne, mi-normande qu'est le Perche. Peut-être que si le Mont avait été en Bretagne, mon désir d'y aller aurait été déterminant. Mais je m'étais rangé à l'opinion courante qui veut que « le Couesnon, dans sa folie, a placé le Mont en Normandie ». Certes, cela se discute. La frontière est proche. Elle est même imprécise, difficile à déterminer. Dans la baie du Mont-Saint-Michel, le patriotisme se borne souvent à défendre son propre emplacement de pêche ou son parc à huîtres. N'en demandons pas plus. Et le Cotentin, tout proche, ne fait-il pas partie du massif Armoricain ? Or, qui dit Armorique dit Bretagne. Du moins, c'est ce que je croyais, sans pour cela réclamer la restitution du Mont à l'archevêque de Dol. Depuis la Révolution, il n'y a plus d'évêque, ou d'archevêque depuis le XIIe siècle, à Dol-de-Bretagne, l'une des premières fondations religieuses des Bretons lorsqu'ils émigrèrent de l'île de Bretagne pour s'établir dans la péninsule armoricaine. Mais il y a toujours un évêque à Coutances, sur la rive normande.

Ces querelles de clochers m'ont toujours fait sourire. Certes, il est glorieux de posséder la Merveille de l'Occident. Mais à qui appartient réellement un tel monument ? A des hommes, à des institutions ? Certainement pas : le Mont-Saint-Michel appartient à l'humanité tout entière. Il constitue le témoignage le plus convaincant et le plus émouvant que la destinée de l'homme est d'aller toujours plus loin, vers la transgression du possible. Serait-ce donc que l'être humain est capable de lancer son esprit aussi loin qu'il le veut et sur un simple signal de sa volonté, de son Libre Arbitre ? L'image de l'Archange, qui surplombe le monument, défie l'espace en même temps qu'il défie le Dragon. Nous n'en sommes plus à mesurer à quelle hauteur se trouve le visage de Michel. Le nom de Michel a une signification : il veut poser une question, une question à laquelle personne, jusqu'à présent, n'a su répondre. Et cette question, cette éternelle question, c'est : Qui est comme Dieu ? Alors, dans ces conditions, les querelles de clocher ne sont plus de mise. L'interrogation majeure de l'humanité sur sa destinée, sur les rapports qu'elle peut entretenir avec un Dieu dont elle ignore tout mais dont elle sent l'indicible présence, cette interrogation suffit, surtout quand elle est matérialisée par cette gigantesque statue trônant au-dessus d'un sanctuaire qui lui-même défie les lois les plus élémentaires de l'équilibre et de la sagesse. Et l'on est bien obligé de se poser une autre question : pourquoi a-t-on senti le besoin d'implanter là, en cet endroit impossible, un sanctuaire aussi construit, aussi élaboré que l'abbaye du Mont-Saint-Michel ?

Cette question, je me la suis posée bien plus tard, un jour d'automne de 1957, lorsque j'aperçus pour la première fois, de façon réelle, la masse prodigieuse du Mont sur un ciel qui était à la limite de la brume et de l'azur. Je n'avais pas pris les chemins habituels pour venir jusque-là. Je venais de Brocéliande, qui était mon domaine, et hors duquel je m'aventurais très peu, sans doute parce que je n'avais pas encore complètement maîtrisé les ombres que j'y rencontrais dans les sentiers perdus et les chemins creux entre deux landes. C'était l'abbé Gillard, celui qu'on ne connaissait que sous la bizarre appellation de « Recteur de Tréhorenteuc », qui m'avait convié à l'accompagner dans son périple pour découvrir les secrets et les symboles dispersés partout dans les églises et les chapelles. Nous étions dans une vieille voiture que conduisait un autre prêtre, l'abbé Gernigon, qui, à l'époque, était le vicaire-instituteur de Néant-sur-Yvel. Et j'étais avec Claire, à qui j'avais, sans trop de mal, fait partager ma folie pour le Moyen Age et les errances à travers la forêt vers un château du Graal toujours inaccessible, mais qu'on entrevoyait chaque jour derrière de nouvelles frondaisons. Nous étions passés par Dinan où le spectacle de la vieille ville — à l'époque pourtant bien peu mise en valeur — nous avait plongés d'emblée dans ce passé médiéval que nous recherchions avec tant de constance et d'acharnement. Dans les rues en pente de Dinan, des échoppes nous tendaient des pièges, nous invitant à entrer dans le cœur de ces maisons échappées au temps. Mais notre but n'était pas là : il fallait aller plus loin.

Une fois la Rance franchie, nous entrions dans un pays que je ne connaissais guère, bien que ce fût un des visages essentiels de la Bretagne. Les collines s'amenuisaient. Le bocage, toujours aussi verdoyant, devenait plus mystérieux, plus mélancolique. Je songeais à Chateaubriand : je voyais le nom de Combourg briller sur des pancartes, à la croisée des routes. J'imaginais René quelque part dans ce paysage, la chevelure tourmentée par l'aquilon que je sentais hurler tout autour, comme un animal prêt à bondir sur sa proie. Pourquoi faut-il qu'en quelque endroit que j'aille, ce soient les souvenirs ou les évocations littéraires qui l'emportent sur tous les autres ?

Nous arrivâmes dans une plaine dont on ne distinguait pas les contours. Mais il était visible que nous nous trouvions sur un sol spongieux, difficilement arraché à la mer. Effectivement, nous aperçûmes la flèche de la cathédrale de Dol, au milieu des marais asséchés, ces polders où paissent des troupeaux paisibles, et que l'on distingue parfois le soir, lorsqu'ils ameutent le ciel par leurs cris qui sont autant de prières pour que le soleil renaisse le lendemain. Nous eûmes le temps de jeter un rapide coup d'œil sur le sanctuaire gothique qui a remplacé l'antique abbatiale de saint Samson, au temps où les Bretons avait fait de Dol la métropole religieuse de toute la Bretagne. La beauté de l'architecture ne me fit pas oublier qu'elle est de facture entièrement normande. Où est donc le style breton ? Dans le sud de la Bretagne, c'est le style angevin qui domine. Dans le nord, c'est incontestablement le style normand, même si les Bretons ont délaissé le calcaire pour s'attaquer à un terrifiant granit qu'ils ont réussi malgré tout à vaincre et à découper de manière surprenante. Bref, un peu ému parce que j'étais au cœur même de l'église bretonne des temps anciens, je voulais aller encore plus loin, et remonter les siècles. C'est pourquoi nous allâmes sur le Mont-Dol.

Là, les traces du paganisme sont évidentes. On a beau avoir sanctifié le lieu par une chapelle, une statue et une croix, le socle même reflète des cultes bien antérieurs à l'Histoire, ou même à la Protohistoire. Le site a été occupé par les peuples que, faute de mieux, on appelle les constructeurs de mégalithes. Et s'il a été utilisé pour des fins matérielles, quotidiennes, comme lieu de défense aussi, il a surtout été consacré. A qui ? A quelque divinité de lumière apportant l'espoir pour tous ceux qui avaient le courage de grimper jusque-là et de contempler le vaste horizon autrefois occupé par une impénétrable forêt depuis lors engloutie. Lieu sacré, c'est certain, et que les Druides gaulois ont régénéré avant de laisser leur place à ces saints missionnaires qui venaient d'Irlande ou du Pays de Galles sur des auges de pierre dérivant sur la mer sans que personne ne les guidât. Mais, entre-temps, il dut y avoir en ce même lieu des cérémonies en l'honneur de Mithra, ce dieu oriental qui ressemble tellement à saint Michel, qui est le dieu brillant, jeune et fort qui s'attaque au Taureau de la Terre, le tue et verse le sang de l'animal sur ses fidèles assemblés en un étrange baptême de sang. On a retrouvé deux autels tauroboliques, dans la colline du Mont-Dol. Et la chapelle actuelle érigée au sommet du Mont se trouve à l'emplacement exact d'un temple de Diane. Les cultes se perpétuent, même s'ils changent d'appellations ou de prêtres. La chapelle est sous le vocable de Notre-Dame-de-l'Espérance. On sait que la Diane antique, la Diane d'Éphèse, lieu supposé de la retraite de la Vierge Marie, est l'Artémis grecque, la déesse solaire des Scythes, autrement dit la Déesse des Commencements, celle qui est à l'origine de tout et qui peut tout procurer à ses enfants, les humains. Notre-Dame-de-l'Espérance ? Comme le dit si magnifiquement Gérard de Nerval, « la treizième revient, c'est encore la première ».

Il va sans dire que le Mont-Dol excitait ma curiosité. J'y sentais des présences qui m'aideraient à franchir le chemin qui me restait à faire pour parvenir au Mont-Saint-Michel. Et j'avais l'impression qu'un pèlerinage au sanctuaire de l'Archange ne pouvait être entrepris qu'en passant par l'étape du Mont-Dol. Le Christianisme est, qu'on le veuille ou non, l'héritier du paganisme, quel que fût l'aspect de celui-ci, et notamment dans ces régions occidentales qui ont été des lieux de confrontation. Chaque fois que je me trouve en présence de vestiges d'un culte païen, je sens croître mon exaltation. Suis-je donc *païen* ? C'est très possible. Mon insistance à passer par le Mont-Dol en est une preuve. Mais je sais qu'on ne pourra jamais comprendre le Christianisme, avec sa théologie complexe, ses textes sacrés incomplets ou maltraités, ses pratiques cultuelles parfois aberrantes, sans se référer à ce qui l'a précédé et à ce qui l'a *constitué*. En ce sens, le Mont-Dol est la porte qu'on doit ouvrir avant de se diriger vers ce qu'on appelait autrefois le Mont-Tombe.

D'ailleurs, l'Archange n'est pas absent du Mont-Dol. Sur le sommet, près de la chapelle dédiée à Notre-Dame, s'amoncellent des rochers déchiquetés, comme s'il s'agissait de plaies ouvertes dans la pierre. La tradition locale prétend que ces plaies sont les traces des griffes de Satan et des pieds de saint Michel lorsqu'ils se livrèrent à cet endroit le combat que nous rapporte l'Apocalypse. Il est infiniment probable que le Diable et l'Archange sont les aspects christianisés de deux héros celtiques que le clergé, ne pouvant les faire disparaître de la mémoire du peuple, a ainsi récupérés en les parant de couleurs nouvelles. Et le Mont-Dol, comme le Mont-Saint-Michel, comme l'îlot de Tombelaine, sont des cailloux jetés, comme chacun sait, par Gargantua, le grand dieu-géant de la mythologie celtique, lui aussi grand chasseur de monstres, et pourtant monstrueux lui-même. Et puisque nous sommes en Bretagne — là, aucune contestation n'est possible —, n'oublions pas non plus que le fondateur de Dol, le célèbre saint Samson, a son mot à dire dans cette bataille entre l'Archange et le Diable : sans son intervention, saint Michel n'aurait jamais pu être vainqueur. Si vous ne le croyez pas, consultez les vieilles chroniques. Et quelque part, vers le sud, en direction de Combourg, non loin d'un village du nom de Carfantin — déformation évidente d'un ancien toponyme breton qui serait actuellement Kerfeunten ou Kerfetan —, se trouve un menhir haut de 9,50 mètres, l'un des plus grands de la région, au milieu d'un champ traditionnellement nommé le Champ-Dolent.

Il est plus que probable que le terme *Dolent* dérive de Dol (qui serait en breton actuel *daol*), qui signifie « table », ce qui qualifie aisément le site du Mont-Dol. Mais une tenace légende locale prétend que, dans le Champ-Dolent, s'est déroulée une bataille inexpiable entre deux frères rivaux. La violence y était telle que les moulins d'alentour allaient plus vite à cause des flots de sang qui gonflaient les ruisseaux. Mais, au moment où les deux frères allaient s'entre-tuer, une énorme pierre tomba du ciel et vint se planter entre eux. Cette pierre, c'est évidemment le menhir de Champ-Dolent, dont le nom serait alors « Champ de la Douleur ». Étrange histoire... Les sceptiques prétendent qu'il s'agit simplement du souvenir d'une bataille réelle qui opposa en 960, dans la région, le roi mérovingien Clotaire Ier à son fils révolté Chramme, qui avait trouvé refuge auprès de saint Samson. Peut-être. Mais l'histoire réelle ne fait que recouvrir un mythe : le combat de Michel et de Satan. *Car Satan n'a pas été tué par l'Archange,* celui-ci se contentant de le chasser, ou de le maîtriser, ou encore, selon certaines versions de la légende, de l'enfermer dans une grotte d'où il ne surgira qu'à la fin des temps. Alors, dans ces conditions, le combat inexpiable de Champ-Dolent n'est sans doute qu'une localisation de ce que certains appellent le « drame dans le ciel », lorsque Satan entraîna avec lui les Anges déchus — mais toujours Anges — et se heurta aux cohortes d'Anges restés fidèles à

Dieu et conduits par le plus brillant d'entre eux, celui qui pose éternellement la même question à Satan comme à nous-mêmes : qui est comme Dieu ?

C'est ce contexte mythologique qui m'intéressait le plus en cette première visite du Mont-Dol. Certes, la beauté du paysage m'étonnait. Du haut de ce tertre de 65 mètres, l'ensemble des marais de Dol s'étale dans une immense vision de l'infini. Au loin, dans la brume légère, le rocher de Cancale. Vers l'est, dans une demi-teinte violacée, quelques contours qu'on me dit être le Mont-Saint-Michel. Mais j'avoue que je ne distinguais rien de précis. Il y avait surtout l'immensité. Décidément, c'était un bel endroit pour le combat de l'Ange et du Démon, du Ciel et de la Terre, de la Lumière et des Ténèbres, de la Terre et de la Mer. Et les troupeaux paissaient paisiblement au pied des rochers, là où autrefois s'était élevée une forêt de chênes trapus, là où, plus tard, le flot de la mer avait balayé de son écume les rochers déchiquetés. Mais c'était dans le temps... Au temps où l'on croyait aux *merveilles* que racontaient les bardes inspirés par Brigitte, la déesse celtique de la poésie, la fille de Dagda, le dieu qui porte une massue bien étrange : une massue qui tue quand on en frappe par un bout, et qui ressuscite lorsqu'on en frappe par l'autre. Et derrière Dagda, le « dieu bon », c'est l'ombre de Gargantua qui se profile. N'ai-je pas raison de préférer le « paganisme » au Christianisme ?

Je n'oublie pas que nous étions guidés par l'abbé Gillard, et conduits par l'abbé Gernigon. Ce dernier était manifestement plus intéressé par le café installé près de l'ancien moulin à vent restauré que par la signification du site. Mais il voulait nous faire plaisir, et il savait que la manie de l'abbé Gillard était de pénétrer dans chaque sanctuaire qu'on pouvait rencontrer et de se livrer à une étude systématique de ce qui s'y trouvait, vitraux, statues, ornementations diverses, tout ce qui offrait matière à réflexion. Et comme le « Recteur de Tréhorenteuc » me répétait sans cesse que Jésus n'était pas venu pour innover, ni même pour inventer quoi que ce soit, mais simplement pour mettre l'accent sur des principes essentiels qu'on avait eu tendance à oublier, je me sentais moi-même parfaitement à l'aise pour insister sur ce qui me paraissait spécifiquement pré-chrétien, pour ne pas prononcer le mot de païen, ce qui est toujours très désagréable à l'oreille d'un prêtre catholique. De toute façon, après chaque visite d'un monument, tandis que l'abbé Gernigon se précipitait vers un café pour étancher sa soif qu'il avait grande, l'abbé Gillard, Claire et moi, nous tenions une sorte de conférence pour mettre en commun nos observations. Et comme j'avais souvent des arguments qui ne concordaient pas tout à fait avec ce qu'il avançait lui-même, je me permettais, sans y être autorisé, de provoquer la discussion. Mais l'abbé Gillard ne me donnait jamais raison : il n'écoutait que ce que disait Claire, ce qui ne l'empêchait pas, à chaque fois, de me faire parler abondamment. C'était un système, chez lui, un système qui sortait je ne sais d'où, et qui consistait à me faire aller aux extrêmes limites de la patience. Et comme j'avais pour lui plus qu'une grande patience, mais une réelle affection, j'en arrivais à admettre ses arguments tout en pensant qu'ils étaient boiteux. Et pendant ce temps, Claire triomphait, puisque c'était elle qui avait trouvé la bonne réponse. Au Mont-Dol, cela avait été comme partout. Mais je savais très bien qu'à travers mes impertinences et les fins de non-recevoir de l'abbé Gillard, il y avait quelque chose d'autre, que j'ai compris seulement plus tard, quelque chose qui débouchait sur une étonnante ascèse intellectuelle. Je dois beaucoup à ce modeste « Recteur de Tréhorenteuc » qui avait cru au jeune présomptueux que j'étais alors. Il m'a fait entrevoir que l'escalier qui mène en haut de la tour ne se trouve pas forcément dans la tour elle-même.

Peut-être que la longue quête que j'ai entreprise aux jours les plus sombres de mon adolescence devait passer par le Mont-Dol, en ce mois de septembre 1957. Plus j'y pense, plus j'en suis persuadé. J'ai mis trente ans à revenir sur le plateau battu par les vents du Mont-Dol, près des grands arbres majestueux qui puisent une force incroyable dans les entrailles de la terre. Trente ans... Cette fois, c'est Môn que je conduisais sur ce tertre hanté par les fantômes de mon passé, et par les spectres que sa présence faisait surgir. Ce n'était plus la même chose. Et pourtant, c'était la même route que je suivais. Et si c'était moi qui guidais Môn jusqu'au sommet, j'ai bien l'impression que c'était elle qui prenait ma main et m'obligeait à regarder ce que je n'avais pas vu la première fois. Une certitude demeure : il n'est pas possible de parvenir réellement au Mont-Saint-Micheel sans s'arrêter, ne fût-ce que l'instant d'une méditation, sur l'étrange plateau du Mont-Dol.

Ayant récupéré notre chauffeur, nous repartîmes à travers les prairies qui sentaient le suint et le sel. La mer était présente partout, mais il n'était pas possible de l'entrevoir tant la verdure était dense et tant la mer se dérobait sur des rivages que rien ne limitait, pas même le ciel. Nous passâmes le Couesnon. Cette fois, nous étions bel et bien en Normandie. Les maisons de Pontorson me faisaient penser à une ville du nord de l'Europe, en des pays que le froid fait surgir de la terre dans les creux des vallées, là où le vent n'ose plus s'aventurer par crainte d'être dévoré par les gouffres de l'ombre. Et nous allions justement vers le nord. Tout à coup, au détour de la route, en face de nous, se dressa le fantôme d'une montagne surmontée d'un édifice indescriptible qui se terminait par une pointe que j'imaginais immédiatement être une proie rêvée pour la foudre. C'était donc ça, le Mont-Saint-Michel, cette forteresse du fond des âges, qui grandissait au fur et à mesure que nous nous en approchions. La digue prenait des allures de serpent. La mer ? Il n'y avait pas de mer, mais des arènes monstrueuses qui engloutissaient les moindres de mes pensées. Le Mont-Saint-Michel au Péril de la Mer avait pris possession de mon âme, et je suivais des yeux la moindre échancrure que je pouvais distinguer sur ses flancs tortueux que rien ne peut apaiser, pas même le sourire d'un Ange chargé d'annoncer que le monde est redevenu le Paradis terrestre. Ce que je voyais dépassait de beaucoup tout ce que j'avais pu imaginer, et, malgré tout, ce n'était pas ce que j'avais enfoui au fond de moi. Le choc du rêve et de la réalité me faisait mal. Qu'allais-je donc découvrir de terrifiant à l'intérieur de cette enceinte qui rampait le long du rivage de l'île, grimpant et redescendant soudain, comme une flamme subitement abandonnée aux caprices du vent ?

Ma première vision du Mont-Saint-Michel a été décevante, et cependant magnifique. Dès la première porte franchie, je me sentis dans une de ces villes que j'avais bâties en évoquant les héros de mes légendes familières. Ce qui me frappait le plus, c'était cette unique rue qui montait, bordée de maisons qui possédaient encore un je ne sais quoi d'autrefois, et dont l'étroitesse était une garantie de sécurité. Je compris alors pourquoi j'avais tant évoqué ces villes du Moyen Age : par un besoin inné d'être protégé, d'être à l'abri, de me sentir en dehors des grands espaces où soufflent les tempêtes. Je me souvenais des Baux-de-Provence, des vieux quartiers du Puy-en-Velay, des alentours de la cathédrale, à Rouen, que j'avais découverts au milieu des ruines de la guerre, de la bastide de Cordes, aussi, et des remparts d'Aigues-Mortes. Mais le Mont-Saint-Michel condensait tout cela dans cette rue. Les mouettes qui tournoyaient au-dessus de nous lançaient des messages très rauques que je ne parvenais pas à déchiffrer. Par endroits, des trouées entre les maisons laissaient passer les appels du vent. Mais ces appels, je ne les comprenais pas non plus. Mon attention était attirée par le sommet, par cette masse prodigieuse qui écrasait la ville avec une sorte d'orgueil : et sur la flèche, la statue de l'Archange veillait aux quatre coins du monde.

Lorsque nous visitâmes l'abbaye, le temps humain sembla s'arrêter brusquement. Une fois parvenus sur la plate-forme de l'église, après avoir franchi les degrés qui font de cette montée un périple initiatique, le vent reprit possession du Mont. Je vis le Couesnon, bordé d'arbres, se perdre dans les terres. Je vis la côte bretonne s'estomper dans d'incertaines fondrières. Je vis des sables tourmentés, parcourus par des torrents à sec. Je vis un fronton d'église qui ne correspondait à rien de ce que j'avais déjà vu dans mes évocations solitaires du Mont. En fait, cette première fois, le Mont-Saint-Michel n'a été pour moi qu'un incroyable jaillissement de colonnes, d'arcs, de voûtes, de verrières, le tout planté sur un volcan prêt à se réveiller, faisant ainsi apparaître une fragilité qu'on n'imagine pas lorsqu'on aperçoit le monument de loin. Cette sensation de fragilité et d'instabilité permanente, je l'ai vécue surtout dans le cloître. Ces colonnes si minces, mais bien sûr d'une élégance raffinée, cette toiture provisoirement fixée à la terre mais soumise à tous les tourbillons de la tempête, ce jardin suspendu, cela me paraissait bien précaire, et finalement beaucoup moins grandiose que je ne l'avais cru. Il y eut pourtant un moment extraordinaire, celui où je regardai par la verrière qui clôt le trou béant du cloître, là où les architectes du Mont avaient prévu de construire un prolongement à la Merveille. Brusquement, je me sentis happé par le vide : en bas, après les terrasses des jardins, c'était le rivage, avec le petit oratoire de saint Aubert. Et plus loin, les sables. Et plus loin, l'infini. J'eus le vertige. Peut-être est-ce cela que les moines recherchaient, lorsqu'au cours de leurs déambulations dans le cloître, ils s'arrêtaient un instant pour constater que l'être humain n'est qu'une poussière parmi des milliards de poussières.

Je ne me souviens plus combien de temps nous restâmes au Mont. En redescendant la rue, j'emportais avec moi quelques images qui n'avaient guère plus d'importance que celles que je voyais tous les jours autour de moi. L'essentiel était que je me trouvais bien, que j'avais eu l'occasion de connaître enfin dans la réalité sensible ce qui avait autrefois constitué un objet de fantasme. Claire et moi, nous étions satisfaits de notre visite, mais un peu comme si nous avions sacrifié à une obligation, celle de voir ce qui doit être vu. Nous retournames a la voiture, garée sur la grève, à l'ombre de la digue, alors que l'eau commençait à monter dans la baie. Sur le chemin du retour, des bruits étranges sous le capot inquiétèrent suffisamment notre conducteur pour qu'il s'arrêtât devant un mécanicien. Oh ! surprise... Le moteur de la deux-chevaux, qui n'était plus retenu à la carcasse que par un modeste boulon, était prêt à nous fausser compagnie au premier virage mal « négocié » ! Décidément, on ne revient pas sans mal du Mont-Saint-Michel... Peut-être eût-il fallu y rester davantage ? Peut-être eût-il fallu y chercher quelque chose ? L'incident me donna à réfléchir. Au fait, pourquoi avait-on construit cet édifice qui défiait toutes les lois de l'équilibre au sommet de cette butte, et non ailleurs ? Et pourquoi ce culte rendu à saint Michel en cet endroit précis ? L'abbé Gillard me répétait toujours que saint Michel était un tricheur, qu'on le représentait souvent, au moment de la pesée des âmes, en train de fausser le jeu en faisant pencher la balance du *bon* côté. Il en concluait d'ailleurs que saint Michel symbolisait ainsi, non la justice, mais la Charité, et que cette Charité était toujours marquée par la couleur rouge, celle de la flamme. Qu'est-ce que tout cela voulait dire ?

Mais l'incident fut vite clos grâce à quelques boulons replacés par l'obligeant mécanicien. L'abbé Gernigon, tout en fulminant contre son garagiste habituel coupable de négligence, avait repris le volant et nous conduisait vers le sud. Brave abbé Gernigon, ce n'était certes pas un intellectuel, bien qu'il fût vicaire-instituteur ; ce n'était certes pas un passionné de symbolisme religieux, ni même de visions pittoresques du Moyen Age, mais il avait le cœur sur la main et était toujours prêt à rendre service. Il demeure pour moi l'un des exemples de ces prêtres de campagne qui ne savent peut-être pas très bien pourquoi ils ont pris le chemin du sacerdoce, mais qui ont délibérément placé leur vie au service des autres, sans compter leur temps ni leur peine. Le dévouement est aussi une des formes de la sainteté.

Nous avions regagné Brocéliande dans une nuit sur laquelle le vent n'avait aucune prise. Mes fantômes familiers revinrent me hanter et il ne fut plus question de l'Archange de Lumière, ni de ce tertre étonnamment hérissé de pierres travaillées par la foi des hommes de l'ancien temps. Le Mont-Saint-Michel quitta ma mémoire comme s'il n'avait jamais existé autrement que dans mes rêveries d'adolescent dévoré par le désir de remonter au-delà de la naissance, vers les horizons qu'on a connus autrefois, dans les limbes mystérieux du non-être.

J'ai mis vingt ans à retourner au Mont-Saint-Michel. C'était à la fin du mois d'octobre 1977. Il existait alors une association de poètes, présidée par mon ami Michel Velmans, qui organisait des « Rencontres du Mont-Saint-Michel ». A vrai dire, ces « rencontres », amicales et poétiques, se déroulaient une année sur deux au Mont, et l'autre année en forêt de Brocéliande, à Néant-sur-Yvel plus exactement. En 1977, cela se passait donc au Mont, et j'y étais convié pour parler de je ne sais plus quel sujet. J'étais alors en plein désarroi, dans une période noire et instable, au bord de la dépression. Claire, avec qui j'avais fait route pendant si longtemps sur des rivages que nous avions découverts avec enthousiasme, Claire était allée vers d'autres îles qui m'étaient étrangères, ou tout au moins qui n'étaient plus les miennes. Je m'égarais alors en de multiples aventures que je savais sans lendemain et qui ne parvenaient même pas à calmer mon angoisse. J'étais parti de Paris, avec une fille que je n'ai même pas envie de nommer — quelle importance, elle ou une autre ? — et je me dirigeais donc vers le Mont-Saint-Michel à travers une Normandie que l'automne commençait à roussir lentement, sur les bords des routes et des chemins, dans les grandes forêts majestueuses que nous traversions. Des noms chantaient dans ma mémoire, des noms que j'hésitais à prononcer parce qu'ils me rappelaient un peu trop le passé : L'Aigle, Moulins-la-Marche, Sées, dont la cathédrale perçait le ciel de ses flèches arrogantes, Carrouges, qui allait être pour moi plus tard une oasis de rêves et d'étrangetés, la Ferté-Macé, avec les panneaux qui indiquaient la direction d'un Bagnoles-de-l'Orne que je n'avais plus revu depuis mon enfance, Domfront avec cette Notre-Dame-sur-l'Eau, chef-d'œuvre d'un style roman que j'ai appris à connaître et à aimer. Puis ce fut Saint-Hilaire-du-Harcouët, dont le nom sonne si bien breton, Ducey, au nord de la Sélune, cette rivière qui m'évoque toujours des pays d'Autre Monde, et enfin Pontaubault où la route qui vient de Paris croise la route qui va de la Normandie à la Bretagne. Le Bocage normand, avec sa verdure déjà dévorée par l'approche des mois sombres, avait quelque peu atténué mon angoisse. Mais celle-ci s'était changée en une mélancolie persistante. La Toussaint approchait, avec son cortège d'images. Pourtant, la Toussaint est une fête de la Joie, une fête où se retrouvent les vivants et les morts dans une communion parfaite, celle qui échappe au temps et à l'espace. La Toussaint chrétienne n'a fait que remplacer l'antique fête celtique de *Samain*, le nouvel An des peuples d'autrefois, la « fin de l'été », et aussi le début de l'hiver, l'entrée dans la période du froid, du retranchement et de la méditation. La grande nuit de *Samain* s'approchait donc, et j'en avais pleinement conscience, tout en roulant sur les routes normandes, en cette fin d'octobre 1977. Je me répétais que, selon la croyance druidique, pendant la nuit de *Samain*, les « Tertres » étaient ouverts, c'est-à-dire que le monde des morts était ouvert aux vivants et celui des vivants aux morts. Ce n'était pas un hasard si le poète Michel Velmans avait choisi la Toussaint et les jours qui précédaient, pour célébrer dignement la mémoire des poètes disparus et l'éloge des poètes vivants.

Après Pontaubault, au lieu de prendre la route classique de Pontorson, je voulus suivre la route côtière qui serpentait dans les marais, à travers des villages dont l'aspect m'était totalement inconnu. Et puis, tout à coup, à travers un rideau d'arbres qui commençaient à se dépouiller, le Mont m'apparut, dans la brume dorée, étincelant comme le glaive de l'Archange, préfigurant peut-être une porte du Jardin d'Éden qui se cachait à l'ombre des murailles de l'abbaye. Cela était beau, grandiose. J'avais l'impression de parvenir enfin à quelque sanctuaire où j'aurais aimé prier, où j'aurais tout au moins essayé de communiquer avec ce qui est incommunicable. Après tout, n'allais-je pas à une réunion de poètes ?

Ce fut là mon deuxième séjour au Mont-Saint-Michel. Il faisait bon. L'air était humide et doux. Le vent avait quitté les rivages de ce monde. Les maisons, ce soir-là, dormaient paisiblement le long des remparts. Les grèves étaient nues, désertées par les oiseaux. Le lendemain, je visitai attentivement ce qui n'était pas montré à tout le monde, dans les sous-sols de l'abbaye. Mais, ce lendemain, c'était un dimanche, et, l'après-midi, alors que le soleil devenait particulièrement chaud, le Mont fut envahi par des hordes de visiteurs. Je voulus m'enfuir. Pour moi, le Mont n'avait d'intérêt que si j'y étais seul, ou presque seul. Nous repartîmes ainsi vers le sud. Mais ce n'était plus vers Brocéliande que j'allais. Les temps n'étaient plus les mêmes. Cependant, je crois qu'à ce moment, j'ai compris que quelque chose m'attirait très fort dans ce Mont-Saint-Michel au Péril de la Mer, et que je devrais y revenir : alors de mystérieuses portes s'ouvriraient et me laisseraient pénétrer dans le cœur même de l'antre où le Dragon, maîtrisé par l'Archange de Lumière, attend l'heure et le jour où il doit de nouveau affronter son adversaire.

L'année suivante, la Rencontre poétique avait lieu en Brocéliande. J'y allai, mais, cette fois, avec Môn. J'étais allé la chercher à la gare de Rennes, et je l'avais conduite à travers la forêt, vers cet étrange village qu'est Néant-sur-Yvel, surmonté d'une « butte saint Michel ». En fait, c'est Môn qui me guidait dans la brume, ses yeux dévoraient la nuit de *Samain,* parmi les landes et les tertres d'où surgissaient parfois des ombres familières. Et, en 1979, après un séjour à Saint-Malo où j'avais participé à une curieuse élaboration d'une liste bretonne délirante pour les élections européennes, nous longeâmes la côte, Môn et moi, avant de rejoindre Paris. Nous fîmes alors une courte halte au pied du Mont-Saint-Michel, restant sur la digue et n'entrant même pas dans la ville. Et nous repartîmes aussitôt sur les routes normandes. C'est là que nous nous arrêtâmes à Carrouges, dans un étrange Hôtel du Nord qui méritait bien son nom, puisque, le lendemain, quand nous en sortîmes, le pare-brise de ma voiture était entièrement givré, et que j'eus toutes les peines du monde à faire démarrer le moteur. Et les mots d'un poème facétieux de Max Jacob me revenaient sans cesse en mémoire : « A Carrouges, sur un cheval rouge... »

Nous retournâmes au Mont pour la Rencontre poétique, les derniers jours d'octobre. La réunion se tenait à l'intérieur de l'abbaye, grâce à l'hospitalité du Père de Senneville, prieur de cette communauté, à vrai dire quelque peu artificielle, qui s'est installée depuis 1966 dans ce monastère déchu, depuis près de deux siècles, de sa fonction primitive. Dans la salle — magnifiquement restaurée — de Belle-Chaise, les poètes écoutaient de graves dissertations sur le langage, dont ils se seraient volontiers passés, préférant sans doute la lecture des poèmes eux-mêmes. Nous avions eu quelque difficulté avec les représentants des Beaux-Arts, gestionnaires des lieux, parce que nous avions avec nous le petit chien de Môn. On sait très bien que les animaux ne sont pas admis dans les Monuments Historiques, à plus forte raison dans une abbaye. Que deviennent alors le bœuf et l'âne de la crèche, et le Loup de saint François d'Assise ?

Môn n'éprouvait aucune attirance particulière pour le Mont-Saint-Michel. Elle y était déjà venue avant de me connaître et elle pensait, d'une part, que le style gothique ne l'intéressait pas, d'autre part, que le Mont était un lieu d'exploitation touristique qui valait, ni plus ni moins, les autres sites du même genre en France et dans le monde. Je n'étais pas loin de penser comme elle, mais, malgré tout, je me sentais en présence d'un site qui était loin d'être expliqué et qui devait bien receler quelque secret ne pouvant être divulgué à n'importe qui, sous prétexte qu'on a acquitté un droit d'entrée, plus un droit de stationnement sur les grèves ou sur la digue, plus des taxes fort onéreuses, mais vraisemblablement justifiées si l'on considère le soin extrême avec lequel est entretenu le Mont-Saint-Michel.

Par la suite, nous revîmes souvent la masse fantomatique du Mont, mais dans le lointain, lorsque nous roulions à toute allure sur la voie expresse qui relie Pontorson à Avranches, lorsque nous allions de Bretagne vers Paris, ou de Paris vers la Bretagne en passant par les verdures normandes. Sur certaines buttes franchies par la route, et où le vent nous fouettait brutalement, comme pour attirer notre attention, le Mont se montrait à nous tel qu'il était, c'est-à-dire comme un fantôme. Mais ce fantôme m'échappait toujours.

Il a fallu que je reprenne le périple originel. Les chemins qui mènent à certains sanctuaires ne sont pas innombrables, et surtout, ils sont jalonnés de signes qu'il est nécessaire de déchiffrer avant d'aller plus loin. Je devais obligatoirement passer par le Mont-Dol pour pénétrer dans la caverne où le Dragon est en dormition. J'y fus donc avec Môn. C'était la première fois qu'elle montait sur ce tertre, et pourtant, je sus tout de suite qu'elle connaissait mieux que moi les repères qui se dressaient sur notre route. De la même façon qu'elle s'était jetée nue, un jour — la première fois qu'elle avait atteint la clairière sacrée —, dans l'eau froide de la fontaine de Barenton, en plein cœur de Brocéliande, Môn se dirigea dans les méandres du Mont-Dol avec la sérénité et la promptitude d'une prophétesse qui connaît déjà ce qui se trouve au détour du chemin. Elle fut la première à découvrir la puissance monstrueuse des grands arbres qui jaillissent du rocher. Elle fut la première à sentir l'énergie de la terre pénétrer tout son corps et se répandre en longues ondes sur son visage de sphinx posant des énigmes à celui qui l'accompagnait. Môn au visage de sphinx. Môn, la *Sphynge* qui dévore ceux qui ne répondent pas à ses questions. Ce redoutable voisinage provoquait en moi une rupture essentielle avec le monde d'où nous surgissions. J'étais ailleurs. Sous la grande croix où l'on a représenté un crucifié famélique tout juste bon à réveiller les fantasmes masochistes des adorateurs de l'horrible, je me mis à délirer. Je n'étais plus moi-même, et ce n'était pas moi qui parlais. Je me sentais transpercé par une énergie qui n'avait plus rien à voir avec l'humain, quelque chose qui surgissait des entrailles de la terre et qui m'animait. Je ne sais plus ce que j'ai raconté. Mais j'ai dû aller me calmer à l'autre extrémité de la butte, là où la statue de la Vierge, Notre-Dame-de-l'Espérance, apaise les angoisses de ses enfants qui veulent bien lui confier les turbulences qui leur tordent le ventre. Là, j'ai compris enfin ce que je cherchais.

Nous reprîmes ensuite la route, par Pontorson, et nous suivîmes le Couesnon. Alors le Mont-Saint-Michel nous apparut dans toute sa splendeur et dans toute sa mystérieuse auréole. *C'était autre chose.* Et Môn, hallucinée elle-même, voyait avec une stupeur grandissante cette permanente *explosion* qu'est le Mont-Saint-Michel, dans un mélange de brume, de soleil, de ciel bleu, de sable, de scories volcaniques, d'oiseaux tourbillonnants, de vents plus bruissants que des cris de mouettes, de silences encore plus étendus que les lagunes qu'on devinait sans fin... Ce spectacle indescriptible était enfin *notre* spectacle, notre rêve profond devenu réalité pure.

Nous étions en crise, Môn et moi. Nous nous tourmentions et nous nous provoquions mutuellement, parfois avec des raffinements de cruauté qu'aurait enviée une victime amoureuse de son bourreau. Sur la digue, alors que je lançais ma voiture à toute vitesse, j'eus brusquement l'impression que rien ne pourrait plus nous arrêter : nous étions prêts, Môn et moi, à nous engloutir dans la caverne profonde qui gît sous le Mont et à réveiller le Dragon. Ainsi serions-nous les témoins privilégiés du prodigieux combat qui opposerait à nouveau l'Archange à Satan, combat héroïque, combat primordial mais cependant éternel, car *sans ce combat rien de ce qui est visible n'existerait.*

C'était cela, la justification du Mont-Saint-Michel. A travers le déchirement et la violence qui surgissaient entre Môn et moi, se justifiaient pleinement le mythe et le site, le sanctuaire et la statue de l'Archange. Chaque fois que des nuages s'amoncellent au-dessus du Mont, la foudre tombe sur l'Archange. Mais il ne faut jamais se fier aux apparences : scientifiquement, on sait que ce n'est pas le feu du Ciel qui tombe sur la terre, *mais le feu de la terre qui jaillit jusqu'au ciel,* provoquant ainsi l'éclair qui illumine le monde tout en le terrifiant. L'éclair, c'est une déchirure entre le Ciel et la

Terre, *mais c'est aussi un lien* d'une telle intensité que rien ne peut l'égaler.

Nous marchâmes longtemps à travers la ville, grimpant les marches et les redescendant au rythme de notre respiration. Nous nous arrêtâmes sur la Tour du Nord dans l'espoir que les grèves se peupleraient d'ombres venues du grand large. Mais le silence s'était installé autour du Mont, un silence bénéfique au cœur duquel il faisait brusquement bon vivre. Nous savions pourtant qu'au-dessous de nous, dans la torpeur du crépuscule, le volcan n'était pas éteint et qu'il pouvait à tous moments faire éclater le socle sur lequel la folie des hommes avait bâti une Merveille. Nous errâmes longtemps sur les remparts et dans la moindre ruelle, à la recherche de l'entrée de la caverne. La nuit fut douce. Et sous la silhouette de l'Archange, après avoir franchi des ponts et suivi des chemins de ronde, dans une sorte de pénombre que les projecteurs braqués vers le haut ne parvenaient pas à dégrader, j'eus encore une poussée de délire, comme au Mont-Dol. Tout était facile, tout était précis, tout était clair. Je savais maintenant pourquoi, en cet endroit de la terre, on avait construit un temple à la lumière divine, car le Mont-Saint-Michel était peut-être le seul endroit au monde où pouvait s'accomplir l'éclosion de cette lumière, au point de rencontre de l'Archange et du Dragon. Et Môn me fit remarquer que, dans l'abbaye, les représentations du Crucifié étaient fort rares, tandis que tout glorifiait Michel et la Vierge. Car il n'y a pas de lieu consacré à Michel qui ne soit également voué à la Vierge. Il y avait là de quoi réfléchir. Nous formions un couple très étrange, ce soir-là, Môn et moi, et nous savions que, dans nos entrailles, brûlaient les flammes rouges du Dragon. Et nous savions que nul ne peut appréhender le Sacré s'il ne le sent mordre sa propre chair. Le Mont s'endormait, comme chaque nuit, d'un sommeil qui ne serait pas sans cauchemars. Le Mont s'enlisait dans les sables. Nous aussi, nous nous enlisions dans des sables.

Le Mont-Saint-Michel au Péril de la Mer vacillait sur son socle de granit, chancelait comme ivre de vent et de feu, s'enfonçait lentement dans la nuit de l'attente. Et l'Archange protégeait le monde de son épée flamboyante, celle qui provoque des blessures qui ne saignent pas.

II

LE MONT DES MERVEILLES

Ce qui frappe le plus, lorsqu'on voit pour la première fois le Mont-Saint-Michel dans son environnement, c'est son isolement orgueilleux au milieu de cette plaine de sable dont on ne sait pas exactement quelle en est la nature, si c'est la mer ou des marécages, si ce sont des dunes arasées par le vent ou des lambeaux de terre rongés par une mer qui s'infiltre sournoisement jusqu'aux grandes herbes majestueusement caressées par le vent.

La baie du Mont-Saint-Michel constitue le plus curieux de tous les paysages littoraux français. On ne se rend pas bien compte de sa grandeur réelle qui est de quelque deux cent cinquante kilomètres carrés. Aux marées d'équinoxe, qui sont les plus remarquables, le flot peut atteindre, dans l'entonnoir terminal de la baie, une élévation verticale de quinze mètres. A ces époques, lorsque la marée remonte, on dit qu'elle est plus rapide qu'un cheval au galop, ce qui est évidemment très exagéré, mais qui témoigne de la brusquerie du flot et du danger que le phénomène représente pour les audacieux qui se risquent dans ces zones. En fait, il est très rare que la mer recouvre toute l'étendue de la baie : le flot se contente bien souvent d'emprunter les chenaux qui servent d'écoulement aux ruisseaux et aux rivières qui débouchent aux alentours du Mont. Mais, aux grandes marées, il est possible de voir, en quelques heures, cette immense étendue de sable recouverte d'une nappe d'eau grisâtre qui va même plus loin que les limites du rivage, remontant dans les embouchures des rivières jusqu'au pied de la colline d'Avranches ou des quais de Pontorson. Au moment du reflux, les eaux se retirent avec une même rapidité, jusqu'à douze kilomètres du rivage, laissant à nu de grandes plages parcourues par les deltas souterrains des ruisseaux. C'est à ces endroits que se forment des fondrières d'autant plus dangereuses qu'elles se discernent mal. Il est difficile d'imaginer qu'autrefois, au lieu de cette immense désert de sable, existait une forêt dense et touffue, la forêt de Sissiac, qui s'étendait alors très loin dans les terres, jusqu'à ce qu'on nomme maintenant les « Marais de Dol », et qui, par suite d'affaissement, aux environs du IXe siècle, fut lentement détruite, puis envahie par la mer. On sent cependant que le sol demeure fragile, mouvant, que rien n'est sûr dans cette baie qui, à l'heure actuelle, s'ensable de plus en plus parce que la digue qui relie le Mont au continent constitue un obstacle à l'écoulement et à la répartition normale des eaux du Couesnon et de la Sélune. Seuls l'îlot de Tombelaine et le Mont-Saint-Michel semblent stables au milieu de cette plaine ambiguë où rôdent les oiseaux de mer.

Le Mont-Saint-Michel est une colline granitique de forme arrondie, et même conique, de 900 mètres de circonférence et de 50 mètres de hauteur, bâtiments non compris. Sur les flancs sud et est, s'étage le village. Au sommet, se dressent les nombreuses constructions de l'abbaye. Des remparts entourent le Mont, rappelant qu'il a non seulement été un sanctuaire, mais également une forteresse souvent assiégée, mais imprenable. Dans les jardins des maisons les plus hautes, des arbres surgissent de la terre. Mais le rocher affleure partout, constituant l'élément de base de tout édifice.

Quand on arrive du continent, par la digue, on se trouve devant une tour, dite Tour du Roi, qui servait de première défense, et l'on entre dans la ville par la Porte de l'Avancée. Là s'ouvre une première cour, une sorte de sas qui permettait de contrôler efficacement ceux qui voulaient aller plus avant. C'est là que se dressait le Corps de Garde. On y voit actuellement des pièces de canon qu'on nomme les Michelettes, et qui avaient été abandonnées par les Anglais, au XVe siècle, témoignage des guerres inexpiables qui se livrèrent au cours du Moyen Age pour la possession du Mont, principalement entre Anglais et Français, mais aussi entre Bretons et Normands.

Il faut alors franchir une seconde porte, dite du Boulevard, ce qui conduit dans la Cour du Boulevard, où se trouve le célèbre restaurant Poulard qui doit sa réputation mondiale à la recette d'omelette de la « Mère Poulard ». Au fond de cette cour, il faut franchir une troisième porte, sous un bâtiment qu'on nomme Porte et Logis du Roi. La porte date du XVe siècle, et elle a conservé sa herse et ses mâchicoulis. Au-delà, c'est le plein cœur de la ville, autrement dit une Grande Rue qui se déroule en une longue courbe montante jusqu'à la porte de l'abbaye. Car, au fond, le Mont-Saint-Michel, c'est une rue unique, flanquée de quelques ruelles minuscules ou d'impasses. Cette rue se termine en escalier divisé en plusieurs rampes. Ici, tout est porté à dos d'homme. Il n'est pas question d'utiliser des véhicules, sauf, à la rigueur, dans la partie basse. On se sent réellement dans une autre époque, dans un autre monde, bien que tout soit conçu de façon pratique et qu'on entende parfois des flots de musique moderne à l'intérieur des boutiques ou des auberges.

Le Mont est évidemment le domaine du Commerce. Que pourrait-on y faire d'autre, sinon d'y vivre de ses rentes ? La seule activité possible est l'accueil des visiteurs, qui sont nombreux, venant non seulement de toute la France, mais du monde entier. Et cela a toujours été ainsi : les commerçants et les hommes de guerre se sont partagés la ville, laissant aux hommes de Dieu le soin de prier le ciel, plus haut, sur le sommet de la butte. La Grande Rue est bordée de maisons à pignons dont la plupart datent des XVe et XVIe siècles, et ont été restaurées avec goût. Ce sont d'anciennes hôtelleries de pèlerins qui n'ont pas perdu de leur vocation primitive, puisque ce sont aujourd'hui des restaurants, des hôtels, des bars, des boutiques de souvenirs et aussi des musées. Mais les pèlerins d'autrefois sont devenus, dans la plupart des cas, des touristes amateurs de pittoresque ou désireux de parfaire leur connaissance de l'art et de l'architecture du Moyen Age. Signe des temps...

Sur la gauche, en montant, un petit renfoncement permet d'accéder à l'église paroissiale qui est d'ailleurs le siège de la confrérie des pèlerins de saint Michel. Car il y a quand même des visiteurs qui sont des pèlerins et qui manifestent leur piété de diverses façons. Derrière l'église, se trouve le petit cimetière qui est ainsi en plein cœur de la ville, à peine séparé des maisons, enserré entre elles et le rocher qui surplombe. L'église a été construite aux environs de 1440, remplaçant un édifice antérieur. Elle conserve une Vierge Noire dite « Notre-Dame du Mont-Tombe », ce qui est une référence à l'ancien nom de la butte. Et, bien entendu, il y a une chapelle dédiée à saint Michel, garnie de boiseries sculptées du XVe siècle et provenant de l'abbaye. Cette église, que délaissent trop souvent les visiteurs, a été un élément important de la vie religieuse du Mont : il ne faut pas oublier que l'abbaye constituait un monde à part et que les habitants n'y avaient pas toujours accès. Il y règne une atmosphère étrange, comme si, sous ces voûtes, retentissait un chant lointain venu du fond de la terre. Qui est donc cette mystérieuse Vierge Noire sans laquelle saint Michel ne peut assurer sa mission ?

Au-delà de l'église, sur la gauche, se trouve une maison qui a été très restaurée mais qui excite toujours la curiosité : c'est la maison que fit bâtir, en 1366, le célèbre Bertrand du Guesclin pour sa femme Tiphaine Raguenel, celle qui avait la réputation d'être astrologue et même quelque peu sorcière.

Et près de cette maison, dans un jardin, se trouvent des vestiges romans, un portail et trois grands cintres. C'est tout ce qui reste de l'ancienne ville, avant que les incendies et les destructions de la guerre n'aient obligé les habitants à la reconstruire, à la fin du Moyen Age.

La Grande Rue devient alors un escalier, montant et tournoyant vers l'entrée de l'abbaye et permettant l'accès au chemin de ronde qui encercle la ville, du côté de la baie, ainsi qu'aux différentes tours, dont celle du Nord, la plus belle et la mieux conservée, d'où l'on a un point de vue remarquable sur Tombelaine — qui paraît tout proche bien qu'il soit à trois kilomètres — et sur la côte du Cotentin. Les escaliers frôlent le mur de l'abbaye, ce mur qui protège les jardins établis par les moines sous leurs bâtiments et qui sont, eux aussi, un défi aux lois de la pesanteur.

Au Mont-Saint-Michel, comme d'ailleurs dans certains sites monumentaux, l'escalier constitue une œuvre d'art en lui-même. Le Grand Degré extérieur est tout à fait remarquable. Il conduit donc de la ville à l'abbaye, et il a une double fonction, militaire et religieuse. C'est en effet un passage obligé pour piétons, et ce passage ne peut s'effectuer que lentement, donnant ainsi le temps aux défenseurs de l'abbaye de contrer l'avance d'éventuels assaillants. Tout a été prévu à ce sujet, et une embouchure à acon a été percée dans la muraille. A mi-hauteur, une porte pivotante pouvait couper complètement l'accès, et tout le long du Degré, une courtine, c'est-à-dire un mur rectiligne de fortification, permettait de surveiller ou d'attaquer tous ceux qui s'y seraient risqués sans autorisation. A droite de ce Degré, il y avait — et il existe toujours — un autre escalier qui reliait la Tour du Nord, principal point de défense, à l'abbaye, et là se trouvait la Tour Claudine, dont l'intérieur servait de soute à munitions. Et l'escalier est aussi une sorte de vestibule où l'on doit peiner avant d'atteindre l'enceinte sacrée.

L'entrée proprement dite de l'abbaye est défendue par un Châtelet, c'est-à-dire par une fortification indépendante, un « petit château », précédé d'une barbacane, ouvrage avancé, rectangulaire et muni de créneaux. Le Châtelet est flanqué de deux très belles tourelles qui encadrent l'entrée elle-même, et l'escalier abrupt, qu'on appelle parfois le « Gouffre », qui conduit à la Salle des Gardes, était fermé par une herse. Si le système de défense de l'entrée de la ville était compliqué, on peut facilement voir que le système de défense de l'entrée du monastère n'était pas moins sophistiqué. Sous le Châtelet, près de la poterne méridionale, se dresse un bâtiment qui était autrefois une taverne, la « Truie qui file », lieu de perdition bien entendu, que fréquentaient les gardes de l'abbaye, lorsque que tout était calme dans les environs, et parfois même, au dire de certaines chroniques, quelques moines que la règle conventuelle ne parvenait point à assagir.

A l'intérieur de l'abbaye, la Salle des Gardes, qui date du XIIIe siècle, est voûtée. Elle est protégée par la Tour Perrine, du XIIIe siècle également, et forme avec cette tour et le Châtelet le groupe de bâtiments qu'on nomme Belle-Chaise. La troisième travée, au sud de cette salle, est ouverte, et, par une série de marches, conduit à ce qu'on appelle la Cour de l'Église. A droite, se dressent en effet l'Église abbatiale, et, à gauche, les logis abbatiaux, commencés vers 1250 et continués tout au long du XIVe siècle. C'est là que s'ouvre le magnifique Grand Degré intérieur.

Ici aussi, la fonction est double. Gravir un escalier monumental est un acte sacré, non seulement pour le modeste pèlerin qui se rend dans l'église et qui peut méditer ou prier à chaque marche, mais pour un grand dignitaire, civil ou ecclésiastique, lorsqu'il est reçu en grande pompe. L'entrée d'un roi, d'un évêque, d'un noble, dans une ville ou dans une abbaye, s'accompagnait toujours d'un cérémonial compliqué : il fallait donc que l'architecture fût adaptée à ce genre de rituel. Et dans cette optique, le Grand Degré intérieur du Mont-Saint-Michel est particulièrement étudié pour permettre l'allongement de la cérémonie : cet escalier, avec ses nombreux paliers et ses larges marches, fait en effet à peu près toute la longueur de l'abbaye, allant de la porte d'entrée à la plate-forme devant l'entrée de l'église. Il est tortueux à souhait, longeant à la fois l'église dans ses fondations et dans ses parties moyennes, et les logis abbatiaux, lesquels ont souvent été modifiés en vue de cette fonction cérémonielle pour permettre au Grand Degré d'acquérir un aspect le plus majestueux possible.

Cela n'empêche nullement la fonction de défense. En tant que passage obligé entre le sanctuaire et les logis, seul chemin vers l'entrée de l'église, il constitue un véritable fossé entre deux murailles. Du haut de deux ponts fortifiés, les gardes et les moines pouvaient facilement en interdire l'accès. L'un de ces ponts, en pierre, avec des mâchicoulis, a été édifié au XVe siècle, et il servait également à relier directement le logis abbatial à la partie souterraine de l'Église. L'autre pont, en bois et en ardoises, fut construit au XVIe siècle.

On aboutit alors à la plate-forme du sud, dite Sault-Gautier, ou encore Beauregard, ou Mirande, à 75 mètres d'altitude, qui permet une vue étendue sur la digue et le Couesnon. En passant par un bâtiment où est installée de nos jours une librairie, on parvient enfin à la plate-forme de l'ouest, partie de l'abbaye qui a le plus souffert du temps, puisqu'on s'aperçoit que trois travées de la nef primitive de l'église ont été démolies, et que l'ancien portail a dû être remplacé au XVIIIe siècle par une façade de style néo-classique qui n'est certes pas dans le ton général de l'architecture du Mont. C'est sous cette plate-forme de l'ouest que se trouvent les principaux vestiges de la primitive abbaye romane, dont l'entrée, à cette époque, s'ouvrait par là, à flanc de colline, dans des conditions d'accès assez difficiles.

Il y a heureusement d'autres exemples de cette architecture romane qui a été celle de l'ancienne abbaye, quatre travées de la nef, les piliers et les arcs triomphaux qui supportent la tour centrale également romane. C'est au-dessus de cette tour qu'on a érigé la flèche de 40 mètres qui est elle-même surmontée de la fameuse statue en cuivre repoussé et doré de saint Michel, œuvre du sculpteur Frémiet. A l'époque romane appartiennent aussi le transept et ses deux chapelles semi-circulaires, ainsi que quelques chapiteaux de l'ancien portail encastrés dans la façade de style jésuite.

Le chœur roman s'est effondré en 1421, apparemment par suite d'un glissement de terrain qui n'a rien à voir avec un vice de construction. Il a été reconstruit de 1450 à 1521 en style gothique flamboyant tout à fait remarquable par sa hardiesse. Ce qui frappe, dans la partie ogivale de l'édifice, c'est la volonté délibérée de maintenir de justes proportions : on passe insensiblement d'une époque à l'autre sans trop s'en rendre compte. C'est d'ailleurs en vertu de ce principe que le Mont-Saint-Michel, en dépit des nombreuses destructions, dues en partie à la foudre, a gardé une simplicité et une unité assez peu communes dans le cas d'un monument qu'on a mis plusieurs siècles à édifier.

Cependant, si l'église abbatiale demeure un bon exemple de juste cohabitation entre deux styles essentiellement divergents, c'est la partie nord de l'abbaye, ce qu'on appelle la Merveille, qui retient le plus l'attention des visiteurs. Par le côté gauche de l'abbatiale, on peut pénétrer dans le cloître qui occupe, avec le dortoir des moines, l'étage supérieur de cette Merveille, dont la Salle des Chevaliers forme l'étage intermédiaire, l'Aumônerie et le Cellier l'étage inférieur. Tout est ici construit sur le vide et ne tient que par la volonté des architectes qui, de 1203 à 1264, en plein épanouissement du style gothique rayonnant, ont entrepris la réalisation d'une des œuvres les plus audacieusement folles de toute la Chrétienté occidentale. La Merveille est en effet un immense édifice composé de deux bâtiments qui se font suite, avec des niveaux d'étages un peu différents et des ordonnancements architechtoniques particuliers. C'est l'enceinte claustrale qu'on peut reconnaître dans tous les autres monastères, là où vivaient les religieux, en dehors du monde et du bruit, dans le silence et la méditation, loin des pèlerins et des hôtes — qui étaient logés au sud, loin même de l'abbé, n'ayant pour spectacle que la vue sur l'immensité de la mer et les brumes tenaces qui, de tous temps, envahissent la baie.

Tout est en granit, d'une roche qu'on est allé chercher aux îles Chausey et transportée sur des bateaux à fond plat. Tout répond ici à un plan savamment mis au point et que, malheureusement, les circonstances n'ont pas permis de mener à son terme : car la Merveille, dans l'esprit de ceux qui l'ont conçue, devait continuer plus loin vers le nord-ouest et contribuer à faire de l'abbaye du Mont-Saint-Michel le plus vaste monastère de l'Europe occidentale. Certes, répétons-le, c'est de l'art normand, du plus pur style normand. Mais au lieu d'utiliser le calcaire, les tailleurs de pierre du Mont, comme les constructeurs bretons de Tréguier et de Saint-Pol-de-Léon, ont réussi à domestiquer le granit, cette pierre dure et qui se travaille si mal, car elle s'effrite si on la martèle trop violemment, et à en faire la matière d'une immense Œuvre philosophale dans laquelle se trouvent enfermés les schémas les plus purs d'un art qui a osé défier le temps et le vide.

Le cloître, qui est de loin la partie la plus célèbre, a été achevé en 1228. Par suite des dégradations, il a fallu le restaurer considérablement aux alentours de 1880, lorsque l'abbaye est devenue un des sanctuaires de la civilisation médiévale. C'est, comme on le dit souvent, un authentique « bijou d'architecture » composé de 220 colonnettes dont la finesse étonne, formant un rectangle de 25 mètres de long sur 14 mètres de large. Une centaine de ces colonnes décorent les murailles latérales. Les 120 autres forment une colonnade à jour dont les voûtes sont soutenues par d'élégantes nervures. Entre les arceaux, on peut remarquer des sculptures, rosaces, bas-reliefs, inscriptions, d'une grande variété et d'une grande finesse d'expression : le seul problème est de savoir ce qui reste des colonnettes anciennes. Il y en a très peu, le cloître étant dans un état lamentable lorsque la restauration du monument a été entreprise. Mais la reconstitution mérite la reconnaissance de tous les amateurs d'art et des puristes eux-mêmes. L'ensemble demeure parfait, d'une sobriété qui fait rêver. Au-dessus de ces arceaux et des 70 arcades qui entourent le cloître, on peut apercevoir une frise composée de 140 roses, constituant une remarquable continuité. Il y a d'autres sculptures dans ce cloître, sur les murs, en particulier les effigies de trois des artistes, l'un religieux, les autres laïques, qui ont dirigé ou exécuté ces travaux d'un raffinement exemplaire. Dans la galerie méridionale, on peut remarquer le *lavatorium,* c'est-à-dire la fontaine où les moines procédaient à des ablutions rituelles à l'occasion de certaines cérémonies, et qui servait, de façon tout aussi ordinaire, à laver les corps des morts. Les fenêtres donnent toutes sur la mer, ou sur les sables, dominant le rivage à cent mètres d'altitude. Une porte qui, selon le plan des architectes, aurait communiqué avec un autre bâtiment qu'il était prévu de construire plus à l'ouest, est actuellement fermée par une verrière, ce qui permet d'admirer le paysage et de savourer les délices quelque peu morbides du vertige. Le cloître est au même niveau que l'église et le dortoir des moines, ce qui montre avec certitude que la vie monastique se déroulait essentiellement entre l'heure du sommeil, l'heure du culte et l'heure de la méditation.

Dans la galerie orientale du cloître s'ouvre une grande porte qui donne sur le Réfectoire des Moines, vaste salle parfaitement éclairée par de multiples verrières, avec une chaire de lecteur bâtie dans le mur, et d'où la voix peut parvenir sans aucun effort jusqu'aux moindres recoins de la salle. Il n'y a pas de voûte en pierre ici, mais une simple charpente en plein cintre, immense carène renversée qui, à l'époque gothique, rappelle évidemment le vaisseau de la « nef » romane. Il fallait un mur très épais pour supporter cette charge continue, et ainsi se posait le problème de l'éclairage : on y remédia avec génie, car au lieu d'affaiblir la muraille par de grandes verrières, on se contenta de fenêtres étroites comme des meurtrières, mais agencées de telle sorte que, invisibles à l'entrée du réfectoire, elles parviennent quand même à donner une luminosité étonnante à l'ensemble. Au sud, entre le réfectoire et l'abbatiale, se trouvaient l'office et la cuisine.

A l'étage intermédiaire, exactement sous le Cloître, se

trouve la fameuse Salle des Chevaliers, qu'on appelle également le Scriptorium, qui est divisée en quatre nefs, de largeur inégale, par trois rangées de colonnes monocylindriques supportant des arceaux avec des clefs sculptées. Ces colonnes comportent de beaux chapiteaux. C'était autrefois la biliothèque et le lieu de travail des moines, d'où le nom de « scriptorium ». C'était, à l'intérieur même de l'enceinte claustrale, le seul lieu qui fût abondamment chauffé et éclairé. Dans l'angle nord-ouest de cette magnifique salle, qu'on peut considérer comme la plus douillette, la plus habitable, se trouve l'entrée du Chartrier, où l'on conservait les documents précieux, composé de deux petites salles superposées et communiquant entre elles par un escalier à vis.

A ce niveau intermédiaire, on peut reconnaître l'ancien cloître, bâti dans les premières années du XIIe siècle, et devenu le « Promenoir des Moines ». Nous sommes là dans la partie romane de l'abbaye : au-dessous s'étend une crypte qu'on appelle la Galerie de l'Aquilon, l'ancien charnier, ou cimetière des Moines, et surtout, ce qui a été au cœur même de l'ancien établissement, entre les deux niveaux, la chapelle Notre-Dame-de-Sous-Terre, en style préroman caractéristique de l'époque carolingienne. Ce n'est évidemment pas le premier sanctuaire établi sur le Mont, mais celui qui a dû immédiatement succéder à la chapelle primitive, sur le sommet du cône rocheux. D'ailleurs, le fait qu'elle soit consacrée à la Vierge nous indique qu'elle devait être placée en contrebas du sanctuaire de saint Michel : la disposition demeure toujours à peu près la même dans tous les lieux où voisinent le culte de l'Archange et celui de la Vierge Marie.

Il y a d'ailleurs d'autres chapelles qui sont maintenant souterraines depuis que les bâtiments de la Merveille et l'église abbatiale ont été élevés, en particulier une ancienne chapelle mortuaire qu'on appelle Notre-Dame-des-Trente Cierges, qui se trouve sous la plate-forme du Sault-Gautier, et qui communique, par une brèche, avec la chapelle Saint-Étienne, laquelle date du XIIIe siècle. Sur le côté méridional, on peut également voir une énorme roue en bois, qui était mue par des hommes qui s'y introduisaient, et qui servait à actionner un treuil permettant de monter les matériaux et les vivres dans l'intérieur même de l'abbaye.

Du côté de la Merveille, sur le flanc oriental, et sous le vaste Réfectoire des Moines, se trouve la Salle des Hôtes, munie de deux immenses cheminées, et qui était réservée aux visiteurs de marque. Immédiatement à côté, on pouvait pénétrer dans la petite chapelle Sainte-Madeleine, et un peu plus loin, sous le chevet de l'église, dans la Crypte des Gros Piliers, assez récente puisqu'elle a été construite en même temps que le chevet gothique, à la fin du XVe siècle. En fait, elle a été creusée à même la roche, et les énormes piliers contribuent à assurer la solidité de la masse du chevet, servant ainsi de base aux piliers du chœur de l'Église abbatiale.

Au niveau inférieur, le bâtiment de la Merveille se divise en deux salles. L'une, plus à l'ouest, est le Cellier : là est le ventre de l'abbaye, où étaient engrangées les nourritures et les boissons, dans un local très sombre et bien aéré, donc toujours très frais sans être vraiment froid. Ce cellier a trois nefs, dont les voûtes d'arête reposent sur des piles carrées supportant les colonnes de la Salle des Chevaliers qui se dresse juste au-dessus. Tout à côté, vers l'est, se trouve une vaste salle à deux nefs, qu'on appelle l'Aumônerie, et où les moines recevaient les indigents.

A cette masse imposante constituée par l'Église abbatiale et la Merveille, masse construite autour du sommet du piton rocheux qui termine le Mont, s'ajoutent les logis abbatiaux, de l'autre côté du Grand Degré intérieur. Parfaitement restaurés, ces bâtiments abritent actuellement la Communauté monastique qui réside au Mont-Saint-Michel depuis 1966, tentant de redonner à l'ensemble son vrai visage d'abbaye. Ces logis comprennent les habitations des moines, un réfectoire et une vaste cuisine, divers lieux de réunions, des chambres pour les hôtes, et la magnifique salle de Belle-Chaise, d'une remarquable sobriété, qui, à partir du XIVe siècle, fut occupée par l'*officialité*, c'est-à-dire par le tribunal de l'abbé. C'est donc là que l'abbé jugeait, car il avait droit de justice sur tous les hommes de ses domaines. Seules les affaires criminelles lui échappaient en vertu du fait qu'un homme d'Église ne doit jamais verser le sang, et ne peut donc condamner à mort un criminel. L'abbé, en cette circonstance, siégeait sur une « chaire », une « chaise » qui donna bientôt son nom au lieu. A l'entresol, une petite salle servait de greffe du tribunal. Au-dessous, c'est la porterie, installée là en 1257 — alors qu'autrefois, l'entrée de l'abbaye romane se trouvait à l'ouest, sous la plate-forme et l'ancien réfectoire aujourd'hui détruit — et qui contient la plus belle cheminée de tout le monastère, décorée de riches moulures. Mais à la fin du XIVe siècle, lorsque le Mont devint une véritable citadelle, la porterie devint alors la Salle des Gardes.

De toute façon, les logis abbatiaux étaient destinés davantage à recevoir des hôtes qu'à assurer l'ordinaire des moines. Seul l'abbé y avait ses appartements. Il se trouvait ainsi en contact avec les pèlerins et les nobles visiteurs qui ne manquaient pas d'accomplir publiquement leurs dévotions à saint Michel. C'est donc incontestablement la partie « mondaine » de l'abbaye, celle qui a toujours été entretenue et restaurée, jusqu'à servir de geôle pour les prisonniers politiques, ce qu'on nommait alors le Petit Exil et le Grand Exil. A côté des logis abbatiaux proprement dits, un bâtiment servait à abriter les cuisines. Il y avait également une chapelle Sainte-Catherine-des-Degrés et le Logis des Prieurs, plus près du Sault-Gautier, et la tourelle polygonale qui sépare ce groupe de bâtiments est occupée par un très bel escalier à vis.

Lorsqu'on est à l'intérieur de l'enceinte de l'abbaye, on se trouve donc dans un monde à part, complètement isolé du reste du Mont. L'abbaye constitue une véritable ville dans la ville, dont le Grand Degré est la rue principale. Mais la multiplicité des passages, des ouvertures plus ou moins dissimulées, des corridors qui doublent parfois les murs entre le vide et les salles, tout cela fait songer à un gigantesque labyrinthe dont seuls peuvent sortir ceux qui en connaissent le secret. Le mystère de l'abbaye du Mont-Saint-Michel réside avant tout dans cette accumulation de bâtiments construits avec un souci permanent d'harmoniser la beauté et l'efficacité. L'abbaye excitait les convoitises, donc il fallait la protéger : et l'aspect qu'elle offre au visiteur qui la contemple du bas de la ville, ou même depuis la Tour du Nord, est celui d'une forteresse dans laquelle il est peut-être difficile d'entrer, mais de laquelle il est également très difficile de sortir. C'est sans doute pour cela qu'elle a servi de prison pour ceux que l'autorité royale voulait écarter des affaires, puis, à partir de la Révolution et jusqu'au Second Empire, pour des condamnés de droit commun et des prisonniers politiques, parmi lesquels Barbès fut le plus célèbre.

C'est dire la force qui émane de l'abbaye. Il est bien certain qu'il ne pouvait en être autrement, puisque le but de cette fondation était de rendre hommage à un Archange de Lumière qui, grâce à sa puissance, parvenait à dompter les forces ténébreuses du Dragon. Dans cette lutte contre l'Ombre, il fallait donc construire quelque chose qui pût résister aux assauts les plus sournois et les plus violents de l'Adversaire. Et, au fond, la ville n'a été construite que pour servir l'abbaye : d'abord pour accueillir les pèlerins, ensuite pour protéger davantage l'abbaye, et par là même tout ce qu'elle représentait.

On s'en rend parfaitement compte, lorsqu'on sort de l'enceinte du monastère et qu'on rejoint la Tour Claudine. C'est de là que part, à l'ouest, le front septentrional des remparts qui, eux, protégeaient directement les bâtiments monastiques, flanqués de trois tours dont deux très rapprochées, qui sont appelées le Châtelet de la Fontaine, protègent un escalier qui aboutit, entre des parapets, à la Fontaine Saint-Aubert, source d'eau douce abritée par une belle tour cylindrique. Du côté de l'est, après la Tour du Nord, qu'on appelle également Tour Morillaud, la plus élevée de l'enceinte, celle de laquelle on a la meilleure vue vers la Normandie, ce n'est qu'une suite de remparts datant des XIVe et XVe siècles, jusqu'au bastillon de la Tour Boucle, et à la Tour elle-même. Ensuite, on rencontre la Tour Basse et la

Tour de la Liberté, puis la courtine du Sud et la Tour de l'Arcade, enfin celle du Flot. Ces deux dernières sont reliées par une courtine d'où l'on peut redescendre dans la Grande Rue de la ville, près de la porte du Roi. De l'autre côté, c'est-à-dire immédiatement sous l'abbaye, protégeant le chemin des Monteux, seul à pouvoir accepter une circulation automobile, à vrai dire fort réduite, les remparts continuent jusqu'à l'échauguette de la Pilette et se terminent à la Tour Gabriel par une amorce de remontée qui s'interrompt dans le flanc même de la colline, particulièrement raide et escarpé à cet endroit. C'est dire que le système de protection a été étudié avec soin et en fonction de la configuration du terrain. L'ouest étant inaccessible, il n'était pas nécessaire de fermer la muraille : les jardins et les terrasses de l'abbaye, qui s'avancent sur une sorte de promontoire impressionnant, donnent directement sur le vide.

Cependant, au pied du rocher, vers le sud-ouest, et en dehors de l'enceinte, s'élevaient les magasins ou *fanils* de l'abbaye. L'entrée en était protégée par une tour dont subsiste la base. Quant à la Tour Gabriel, ainsi nommée à cause de celui qui en ordonna la construction en 1534, le gouverneur Gabriel du Puy, elle s'est trouvée, au début du XIXe siècle, surmontée d'une tourelle qui servait de moulin à vent. Et, à la pointe nord-ouest, toujours en dehors des remparts, c'est la chapelle ou ermitage de Saint-Aubert, qui date de la fin du XIIIe siècle : elle s'élève sur les escarpements du rivage et on ne peut y accéder qu'en suivant la grève, à marée basse.

Le Mont-Saint-Michel est un monde clos dans une baie fermée, où ne parviennent jamais les houles du grand large. C'est une ville au milieu des sables. C'est une abbaye qui couronne une colline. C'est une forteresse imprenable au milieu d'un désert. Ici, tout est déroutant. Ici, tout est sans commune mesure avec les paysages d'alentour. Au large, l'îlot de Tombelaine, avec ses quelques vestiges de maisons et quelques traces de fortifications, paraît bien désolé en face de la masse orgueilleuse et fière du Mont-Saint-Michel au

Péril de la Mer. Site unique en Europe occidentale, l'antique Mont-Tombe sur lequel les druides honoraient le dieu lumineux vainqueur de la nuit est une sorte de phare étincelant que tous ceux qui l'ont contemplé, ne fût-ce qu'un instant, ne peuvent plus retirer de leur mémoire. C'est en effet le propre des Merveilles d'étonner sans cesse ceux qui croient encore à la puissance de la Lumière.

III

UNE HISTOIRE SAINTE ET TRAGIQUE

Au début était le Mont-Tombe. Le Mont-Saint-Michel est entré dans l'Histoire sous une autre appellation. Mais avant l'Histoire, il y avait la Protohistoire, et puis la Préhistoire, et il est probable qu'à ces époques reculées, le Mont portait encore un autre nom. Ce nom primitif, nous l'ignorons. Cependant, il est permis de risquer une hypothèse. De toute évidence, le nom de l'îlot voisin contient le terme *belenos*, qui est un adjectif gaulois signifiant « brillant » et qui sert d'épithète au dieu de Lumière du panthéon celtique, en l'occurrence Lug, dont le nom même se réfère à la racine indo-européenne de la lumière et de la blancheur. Ce Tombelaine à côté d'un Mont-Tombe paraît bien étrange, d'autant plus que le terme celtique *tum* signifie en premier lieu « tertre », « élévation ». Comme le nom de Mont-Tombe n'apparaît que pendant la période chrétienne, il est possible qu'il y ait eu interférence entre Tombelaine et le Mont-Tombe, ce dernier étant primitivement un Mont-Belen, affublé d'un nom païen devenu insupportable pour des oreilles évangélisées. Tombelaine était peut-être le nom du

Mont principal, mais du fait de la christianisation, le nom a très bien pu être transféré sur la hauteur voisine, quitte à faire du tertre le plus important un pléonasme : après tout, *Tombe* ne signifie pas autre chose que *Mont*. Mais cela n'est qu'une hypothèse. Pourtant, il ne fait de doute pour personne que le brillant Archange saint Michel n'a fait que remplacer ici le non moins brillant dieu Lug-Belenos.

Et comme il ne suffisait pas que le Mont-Saint-Michel entrât dans l'Histoire sous un faux nom, voici qu'il y entre également par le canal d'une légende hagiographique. Il s'agit pourtant d'un personnage bien réel qui fut évêque d'Avranches au VIIIe siècle, un certain Aubert. Il aurait eu, trois nuits de suite, la vision de saint Michel lui demandant de bâtir un oratoire à lui consacré sur le Mont-Tombe, et pour mieux décider l'évêque à lui obéir, l'Archange, pour preuve de l'authenticité de son apparition, lui aurait enfoncé un doigt dans le crâne, lui causant ainsi un trou qui ne se referma jamais. Voilà pourquoi, dans les boutiques du Mont-Saint-Michel, on peut voir des multitudes de crânes troués exciter la curiosité ou la convoitise des visiteurs.

Le mythe est évident, et très révélateur. Mais c'est un autre problème. Sur le plan historique, il y a beaucoup de choses à dire également. Il s'agit en effet d'une substitution de cultes : l'évêque d'Avranches, probablement inquiet des résurgences du paganisme celtique — ou gallo-romain — dans la région du Mont-Tombe, a voulu opérer une récupération. Comme il ne pouvait extirper la croyance que sur le Mont-Tombe, que frappait régulièrement la foudre, se trouvait l'un des séjours — et pourquoi pas le principal séjour — d'une divinité céleste combattant avec les forces des Ténèbres, il prit exemple sur ce qui s'était passé en Italie, dans les Pouilles, au Monte-Gargano. Saint Michel était apparu au Monte-Gargano : pourquoi n'apparaîtrait-il pas au Mont-Tombe ? Il faut noter cependant que c'est à Avranches et non sur le Mont que saint Aubert aurait eu sa vision. Mais la légende hagiographique ajoute que, se rendant sur le Mont-Tombe pour y accomplir le vœu de l'Archange, à savoir la construction d'un sanctuaire, il aurait déterminé l'emplacement de ce sanctuaire, *comme au Monte-Gargano*, par la présence d'un taureau, ce qui évidemment nous renvoie au culte mithraïque particulièrement florissant dans cette région, si l'on en croit les nombreuses découvertes archéologiques qui y ont été faites d'autels tauroboliques.

Historiquement, la fondation d'un oratoire dédié à saint Michel par saint Aubert sur le Mont-Tombe est l'indice d'une substitution de culte. Le reste est affaire de foi et de mythologie. Mais cet événement a conditionné, pour de nombreux siècles, non seulement le comportement religieux des habitants de l'Avranchin et des riverains de la Baie, mais encore toute la Chrétienté occidentale, avec des prolongements en Grande-Bretagne et en Irlande.

Il est fort probable que, sur le Mont-Tombe, des ermites avaient trouvé un asile discret et isolé pour leurs méditations lorsque l'évêque d'Avranches décida de mettre en œuvre l'ordre de saint Michel. Aubert dut les convaincre de la réalité de sa vision et leur conseilla certainement de participer à l'œuvre qu'il allait entreprendre. Et, avant toutes choses, pour être sûr d'assurer la continuité, il envoya des hommes de confiance, des moines, vers le Monte-Gargano, avec mission de rapporter une relique de saint Michel qui pût emporter l'adhésion et l'enthousiasme des fidèles évidemment sollicités pour mener à bien le projet. Les messagers rapportèrent ce que demandait Aubert : un morceau du manteau rouge que Michel portait lors de son apparition en Italie, et un fragment de l'autel de marbre sur lequel il avait posé le pied. Il n'en fallait pas plus pour justifier le nouveau sanctuaire, et ces précieuses reliques — que n'importe qui pouvait se procurer n'importe où — furent déposées pieusement sous l'autel du nouveau sanctuaire que s'était empressé de faire bâtir l'évêque d'Avranches. Où se trouvait ce sanctuaire ? Peut-être sur le sommet, à l'emplacement probable d'un mégalithe, d'un menhir si l'on en croit une légende locale.

Quoi qu'il en soit, c'est le 16 octobre 708, ou 709, que

l'évêque d'Avranches consacra le lieu à l'Archange saint Michel. Et du même coup, il organisa la vie religieuse du Mont. Jusqu'alors, il n'y avait que quelques ermites qui occupaient des cabanes de branchages et qui, semble-t-il, ne formaient aucune communauté véritable. Saint Aubert les réunit dans une foi et un culte qu'il tint à entretenir lui-même jusqu'à la fin de sa vie. Mais cette nouvelle « fraternité » ne devait avoir rien de comparable avec un monastère : tout au plus s'agissait-il d'une de ces abbayes à la mode celtique qui regroupait, autour d'un sanctuaire, des ermites qui priaient ensemble et s'entraidaient quand le besoin s'en faisait sentir. Cependant, saint Aubert les attacha fortement au sanctuaire de saint Michel et leur donna des terres prises sur les biens de l'évêché. Ainsi naquit Saint-Michel-en-Tombe. Et, lorsqu'il mourut, l'évêque d'Avranches se fit enterrer dans une chapelle Saint-Pierre qu'il avait fait construire. La légende raconte d'ailleurs que saint Aubert avait pourvu au ravitaillement en eau potable de la communauté en faisant surgir, par miracle, une source d'eau douce à l'emplacement de l'actuelle fontaine, sur la rive du nord, sous les remparts de l'abbaye.

Saint-Michel-en-Tombe devint très vite un lieu de pèlerinage très fréquenté. Sans doute était-on attiré par l'étrangeté du lieu qui se prêtait fort bien à une évocation du combat de l'Archange et du Dragon. Et cela d'autant plus que le paysage s'était complètement métamorphosé : la forêt de Sissiac était devenue une grande plaine d'eau et de sable. Catastrophe naturelle, bien sûr, qui eut lieu sur une longue période, par suite de l'effondrement et de l'affaissement des terres entre le Cotentin et les îles Anglo-Normandes. Le cas n'est pas unique. Mais la légende s'en est emparée et on a voulu faire de la disparition de la forêt de Sissiac une nouvelle version de celle de la ville d'Is. Ainsi a-t-on évoqué la destruction du menhir qui se dressait sur le Mont-Tombe, menhir qui faisait office de signal et de gardien des forces souterraines. On a ajouté que par l'effondrement du menhir, le Ciel avait voulu libérer les forces pour donner au lieu choisi par l'Archange son visage définitif : celui d'une terre dressée face au vent, au feu du ciel, aux eaux changeantes, celui d'un « centre du monde au caractère unique [1] ».

On n'a guère de renseignements sur le premier établissement de Saint-Michel-en-Tombe. Il y eut certainement une période de décadence après la mort de Saint-Aubert, puis une renaissance à la fin du IXe siècle. C'est probablement là qu'on construisit la chapelle Notre-Dame-de-Sous-Terre, le plus vieux sanctuaire qui existe encore au Mont, avec une double nef et deux absides, deux autels dédiés l'un à la Vierge, reine des Anges, l'autre à la Trinité. Au fond, le mur est fait de blocs de granit qui continuent le rocher du Mont. Les deux nefs sont séparées par un mur percé de deux arcades en briques plates, ce qui est caractéristique du style carolingien, héritier de l'architecture romaine. Ce sanctuaire, qui est maintenant *sous terre*, était évidemment en surface, à l'époque.

En 992, un incendie détruisit les bâtiments. La légende s'empara de l'événement, et l'on raconta que cette destruction avait été annoncée par une comète et le débordement de la Sélune. La comète est un symbole qui va de soi quand on évoque saint Michel, mais il est vrai que : « si le Mont-Saint-Michel est " au péril de la mer ", un autre élément s'y manifeste avec une rare violence, c'est le feu. Le feu du ciel, élément angélique par excellence : les anges sont de feu, et la racine du mot " séraphin " signifie " brûler ". Tout au long de l'histoire du Mont, la foudre va frapper et frapper encore. Ce sera pour les constructeurs l'une des plus rudes épreuves qu'ils sauront surmonter » (Paul Sérant). Les dégâts sont réparés en 996, à la veille de l'An Mil. La charpente en bois de Notre-Dame-de-Sous-Terre a été remplacée par une voûte de pierre. La crypte de Notre-Dame-des-Trente-Cierges est réalisée en 1023, et sert de support à la nef de l'église abbatiale : l'art roman est en passe de sub-

1. Paul Sérant, *Le Mont-Saint-Michel, ou l'Archange par tous les temps*, 1974, Paris, éd. S.O.S., p. 56.

merger l'Europe, récupérant du même coup les techniques romaines et les délires celtiques.

C'était l'époque des invasions normandes, ou plutôt des incursions des Vikings sur le territoire des Francs et des Bretons. Le Mont-Tombe, qui avait de plus en plus tendance à devenir le Mont-Saint-Michel, se fortifia selon les méthodes du temps. Mais sa position privilégiée, à l'égard des eaux profondes en dehors desquelles les drakkars ne pouvaient naviguer, éloigna la menace des Hommes du Nord. D'ailleurs, ce danger normand eut une conséquence inattendue pour le Mont : en forçant un grand nombre de familles du continent, aussi bien du côté breton que du côté normand, à chercher refuge dans l'île, la conjoncture donna naissance au bourg proprement dit. Cette présence d'une communauté laïque au bas du Mont fut une source de revenus pour la communauté ecclésiastique qui occupait le sommet et qui commençait à bâtir un grand ensemble promis aux plus hautes destinées.

C'est Richard Ier, duc de Normandie, qui, en 966, transforma l'aspect du Mont et lui donna sa dimension nouvelle. Il découvre en effet que les clercs chargés de desservir le pèlerinage sont peu soucieux de leurs fonctions et que, d'ailleurs, ils sont trop peu nombreux pour suffire aux besoins. Il décide alors de faire du sanctuaire de Saint-Michel une authentique abbaye qu'il organise lui-même et confie à des religieux bénédictins. C'est l'acte de naissance de l'abbaye du Mont-Saint-Michel.

A partir de cette date, l'abbaye va croître et embellir, et ses bâtiments conventuels prendre une importance considérable au fur et à mesure que les pèlerins vont affluer. En 1017, le nouveau duc de Normandie, Richard II, y fait célébrer son mariage avec la princesse Judith, sœur du duc de Bretagne : le geste est symbolique, car c'est au Mont que se réconcilient Normands et Bretons pourtant opposés sur bien des points, ce Mont qui est comme la frontière mythique et sacrée entre les deux nations. Mais une chose est sûre, la petite église carolingienne est insuffisante pour contenir tous les invités. Richard II, en accord avec le maître des lieux, l'abbé Hildebert II, décide alors de faire construire une nouvelle église et de nouveaux bâtiments d'accueil.

Les travaux débutent en 1023, sous la direction de Guillaume de Volpiano, abbé de Cluny, qui vient de terminer la construction de Sainte-Bénigne de Dijon. Ce mystique et maître d'œuvre de génie n'hésite pas : en dépit des difficultés, il entreprend de bâtir le nouveau sanctuaire sur le sommet du roc lui-même, en parsemant les flancs de cryptes qui prendront appui sur la chapelle carolingienne. « Ainsi commence, à partir du sanctuaire primitif, ce lent enroulement des édifices qui va préciser, dans le cours des siècles, le plan en spirale conçu dès l'origine. Plan qui n'est pas sans évoquer, à l'échelle la plus grandiose, l'humble coquillage des grèves d'alentour. Ainsi marqué du sceau de la mer qui l'enveloppe, l'ensemble s'offre jusqu'à plus de quatre-vingts mètres de hauteur à tous les déchaînements du ciel : vent, soleil et foudre. »[1] Le monastère roman est achevé en 1063.

Mais, en 1103, une partie de la nef, le dortoir et la voûte du promenoir des moines s'écroulent et, en 1112, la foudre tombe à nouveau, incendiant la plupart des bâtiments. Il faut penser à reconstruire, et le plus rapidement possible, car le Mont, qui est maintenant devenu le Mont-Saint-Michel, devient le point de mire de toute la chrétienté. L'abbaye, comblée de bienfaits par les ducs de Normandie, a profité de la conquête de l'Angleterre par Guillaume le Bâtard : des possessions anglaises se sont ajoutées aux possessions continentales, en particulier une île, à l'extrême sud-ouest des Cornouailles, qui deviendra bientôt un prieuré du mont normand, le Mont-Saint-Michel de Penzance. Les richesses ne manquent pas, mais le temps presse. En 1136, tout est pratiquement reconstruit, et le prieur Bernard du Bec fait édifier la grande tour du clocher.

La grandeur de l'abbaye romane trouve son apogée sous la longue gestion de Robert de Thorigni, entre 1154 et 1186.

1. Paul Sérant, *op. cit.*, p. 62.

Il ne faut pas oublier qu'à cette époque, le Mont était en territoire anglais, puisqu'il faisait partie des domaines anglo-normands des Plantagenêts. Or, Robert de Thorigni était un fidèle ami du roi Henry II, le souverain le plus puissant et le plus riche de toute l'Europe, ce qui ne l'empêchait pas d'ailleurs d'avoir d'excellents rapports avec le roi de France Louis VII. Robert de Thorigni bénéficia des largesses d'Henry II, et comme c'était, en plus d'un habile courtisan, un homme fin et cultivé, amateur d'art, diplomate intelligent et préoccupé par l'avenir, il fit du Mont-Saint-Michel non seulement un joyau artistique, non seulement le plus grand centre de pèlerinage de l'Europe occidentale, mais encore le lieu de rencontre des souverains qui cherchaient à établir la paix entre eux. C'est au Mont-Saint-Michel, grâce aux bons offices de Robert de Thorigni, que se déroula la rencontre d'Henry II et de Louis VII, au milieu d'un cortège grandiose qui comptait, outre les deux plus grands princes d'Occident, un archevêque, un évêque et cinq abbés dont deux furent plus tard souverains pontifes.

Mais Robert de Thorigni était résolument dans le camp anglo-normand, et plus particulièrement parmi les amis d'Henry Plantagenêt dont il approuva, même dans les plus discutables circonstances, la politique de grandeur et d'hégémonie. En 1161, en compagnie de l'évêque d'Avranches, c'est lui qui tint l'une des filles d'Aliénor d'Aquitaine sur les fonts baptismaux. Il participa, en Grande-Bretagne, à la translation des restes du saint roi saxon Edouard le Confesseur. Il prépara le mariage de Geoffroy Plantagenêt, fils d'Henry II, avec l'héritière de Bretagne, Constance. Il fit nommer un prêtre italien, doyen du chapitre d'Avranches, fidèle aux Plantagenêt, sur le siège épiscopal de Dol-de-Bretagne. Il encouragea le roi d'Angleterre à contester l'obligation de l'hommage qu'il devait au roi de France pour le duché de Normandie. Après le meurtre de Thomas de Canterbury, perpétré sur les ordres d'Henry II, Robert de Thorigni se garda bien de blâmer le roi d'Angleterre : au contraire, il prépara activement la réconciliation solennelle du Plantagenêt avec l'Eglise.

Tout cela n'était pas sans contrepartie. Henry II combla de bienfaits l'abbé du Mont, notamment par la charte de 1175 par laquelle le roi d'Angleterre confirmait de façon définitive les multiples donations qui avaient été accordées à l'abbaye. Partout où cette abbaye possédait des biens, Robert de Thorigni fit reconnaître l'autorité monacale comme supérieure à l'aurorité civile. Parfois même, l'abbé eut à assumer des fonctions militaires, comme à Pontorson. Robert s'était fait donner l'église de Pontorson par Henry II, mais Aquilin de Tours, seigneur du château de Pontorson, commettait des exactions sur les terres appartenant au Mont. Robert de Thorigni protesta si vigoureusement auprès du roi que celui-ci ôta la garde de la place à Aquilin de Tours pour la confier à l'abbé. Ainsi Pontorson, la plus proche ville du Mont, constitua-t-elle une protection efficace et durable dans le système de défense du Mont, ce qui n'était nullement négligeable par ces temps troublés. Et Robert de Thorigni voyait son prestige grandir : il fut non seulement un remarquable meneur d'hommes, mais un conseiller souvent sollicité et écouté par les grands de ce monde.

Dans l'abbaye elle-même, il comprit qu'avec l'afflux des pèlerins, il fallait augmenter le nombre des moines qui passèrent ainsi en quelques années de trente à soixante, permettant ainsi une meilleure répartition des tâches et un meilleur accueil pour les visiteurs. De plus, l'accroissement des richesses rendait nécessaire une surveillance plus complexe et plus étroite du domaine monastique. Cela n'empêcha pas l'abbaye de pourvoir à l'entretien de prêtres réguliers en dehors de l'enceinte claustrale, et la ville proprement dite devint une paroisse desservie par des chanoines. Quant aux bâtiments conventuels, ils furent agrandis pour permettre le logement des malades que soignaient les moines et celui des novices qui étaient formés sur place. Et l'abbé poursuivit l'embellissement de l'église, notamment la façade occidentale aujourd'hui disparue, et deux grandes tours furent construites, dont il ne reste rien, mais qui, paraît-il, ressemblaient à celles de l'abbaye de Jumièges.

Enfin, Robert de Thorigni fut un homme de lettres. Il écrivit lui-même quelque cent quarante ouvrages d'ordre essentiellement historique, en particulier une « Histoire du Mont », des traités sur les abbayes normandes, des commentaires sur Pline l'Ancien et saint Augustin. Héritier de la tradition intellectuelle de l'abbaye du Bec-Hellouin, où il avait été moine pendant sa jeunesse, il provoqua l'éclosion d'une véritable école montoise, tant au point de vue historique et littéraire qu'au point de vue musical. Le plus célèbre disciple de cette école montoise sera le moine Guillaume de Saint-Pair, un authentique « trouvère » qui écrivait non plus en latin, comme Robert de Thorigni, mais en langue « vulgaire », c'est-à-dire en *roman* : sa principale œuvre reste une histoire en vers du Mont-Saint-Michel dans laquelle se mêlent étroitement les faits authentiques, les traditions et les légendes locales. Et l'œuvre est évidemment un hommage sans réserve au pèlerinage, une exaltation de la joie et des bienfaits que retirent tous ceux qui font l'effort de venir jusqu'à « monsieur saint Michel » au Péril de la Mer...

Si la fin du XIIe siècle, grâce à la dynastie des Plantagenêts qui furent les protecteurs assidus de l'abbaye, marque l'apogée de la grandeur du Mont-Saint-Michel, le début du XIIIe siècle, à cause de la dynastie capétienne, va être au contraire une période de décadence et de destruction. Par suite des erreurs de Jean sans Terre, le dernier des fils d'Henry II, le duché de Normandie est annexé au royaume de France par Philippe Auguste. Et l'allié principal du roi de France est Guy de Thouars, troisième époux de Constance, la duchesse de Bretagne [1]. Guy de Thouars, à la tête des troupes bre-

1. Le jeune Arthur de Bretagne, fils de Constance et de son premier mari Geoffroy Plantagenêt, héritier légitime de tous les domaines des Plantagenêts, fut assassiné par Jean sans Terre, à Rouen, ce qui explique aisément la violence de Constance et de Guy de Thouars envers le roi d'Angleterre et tout ce qui dépendait de lui.

tonnes, se lance vers le Cotentin, et, en passant, il fait le siège du Mont, s'empare du village dont les habitants sont massacrés, mais s'arrête sous les murs de l'abbaye, décidément imprenable. Malheureusement, l'incendie qui a été allumé dans la ville s'étend bientôt à tout l'édifice sacré dont les toitures et les charpentes deviennent la proie des flammes. C'est la catastrophe.

Pour réparer les exactions de son allié, Philippe Auguste fait don à l'abbé Jourdain d'une immense somme d'argent destinée à la restauration des bâtiments. C'est alors qu'est décidée la construction, sur la face nord, de ce qu'on appellera plus tard la Merveille. Il faut dire que la rapidité avec laquelle ces bâtiments ont été réalisés, entre 1210 et 1228, avec la perfection technique et la beauté artistique que l'on sait, a tout de suite provoqué l'admiration et l'émerveillement. Mais cela n'a pas été sans conséquence sur la vie monastique elle-même.

En effet, à la mort de l'abbé Jourdain, en 1212, l'état de l'abbaye laisse à désirer : la plupart des biens ont été dilapidés, non seulement pour entreprendre et payer d'avance les travaux, mais aussi pour subvenir aux frais énormes des réceptions organisées par l'abbé, grand amateur d'art et de luxe. La communauté des moines est déchirée par d'incessantes querelles de clans et la règle n'est plus guère observée. C'est la décadence. Heureusement, le successeur de Jourdain, l'abbé Raoul des Iles, à force de patience et de rigueur mêlée de bonté, parvient à rétablir la paix parmi les moines et faire appliquer de nouveau la règle, tout en poursuivant activement les travaux entrepris.

Au mois d'avril 1256, saint Louis accomplit un pèlerinage au Mont-Saint-Michel et déposa sur l'autel un sac rempli d'or, voulant ainsi témoigner son attachement au culte michaélique et l'intérêt qu'il prenait à l'abbaye. Les travaux purent donc se poursuivre, mais ils furent doublés, par la volonté du roi de France lui-même, d'une militarisation : un système complet de fortifications fut élaboré en quelques années. Ainsi l'abbaye du Mont-Saint-Michel fut-elle désormais une abbaye militaire qui eut, sous les ordres de l'abbé, un gouverneur nommé par le roi de France et une garnison entretenue aux frais communs du roi et du monastère.

Le 13 juillet 1300, la foudre frappa de nouveau sur la tour centrale : l'incendie qui s'ensuivit fut si violent que les cloches fondirent, toutes les charpentes brûlèrent, et le village fut détruit en entier. Il fallut donc se remettre au travail. Grâce à la ténacité de l'abbé Guillaume du Château, la restauration est entreprise dans les plus brefs délais, et, en 1306, lorsque le roi Philippe le Bel vient accomplir un pèlerinage au Mont, l'église abbatiale est rétablie à peu près dans son état antérieur. Apparemment, le Mont-Saint-Michel reprenait sa splendeur première.

Mais les apparences sont trompeuses. De graves problèmes continuaient à bouleverser la vie des moines. Lorsque le Mont se trouvait en territoire anglo-normand, les rois-ducs s'y intéressèrent de très près et furent les véritables protecteurs de l'abbaye. Les rapports de ces rois-ducs avec les abbés du Mont furent toujours excellents. Mais maintenant que le Mont, comme la Normandie tout entière, appartenait au royaume de France, la situation s'en trouvait changée. D'abord, les tentations politiques des abbés les situaient toujours dans la mouvance anglaise, quitte parfois à lorgner du côté de la Bretagne toute proche et qui était indépendante. Ensuite, du fait de son éloignement, le roi de France n'avait guère l'occasion, en dehors de quelques pieux pèlerinages, de participer activement à la vie de l'abbaye. La place vide fut occupée par le clergé séculier. C'est une vieille querelle : les séculiers, souvent frustrés d'importants revenus par l'extension des domaines monastiques, ne manquaient jamais une occasion d'intervenir dans les affaires intérieures des monastères par le biais de querelles judiciaires et économiques, quitte à rafler, lorsqu'ils le pouvaient, les biens dont la possession pouvait être contestée. Officiellement, les grands ordres monastiques ne dépendaient jamais des évêques : ils étaient rattachés directement à Rome et jouissaient d'exemptions et de privilèges considérables. Mais l'abbaye du Mont-Saint-Michel ne constituait pas un ordre. Appartenant à celui des Bénédictins par son origine, elle s'en était peu à peu détachée, mais n'avait aucune velléité de fonder son propre ordre. Les fondations opérées par l'abbaye du Mont-Saint-Michel ne sont que de modestes prieurés. De plus, la réforme cistercienne fait comprendre à beaucoup dans quelle décadence se trouve plongé l'antique ordre bénédictin. C'est une belle tentation pour l'évêque d'Avranches de se mêler des affaires du Mont.

Légalement, selon le droit canon, le Mont n'est pas *exempt*, c'est-à-dire qu'il doit être *visité* par l'évêque du diocèse sur le territoire duquel il se trouve. Lors de sa venue au Mont, l'évêque d'Avranches écoute les doléances de tous, juge l'état financier et la vie conventuelle du monastère, et, dans une charte qu'il fait rédiger, il prend les décisions qui doivent être exécutées par les moines.

Jusqu'alors, les *visites* de l'évêque avaient été, sinon de pure forme, du moins fort courtoises. Mais à partir du moment où le rôle de protecteur de l'abbaye ne fut plus assuré par le roi de France de façon permanente, l'évêque d'Avranches sentit grandir ses ambitions et pesa très lourdement sur la vie conventuelle. On se doute que les moines, leur abbé en tête, n'apprécièrent pas tellement ce qu'ils considéraient comme un abus de pouvoir. L'évêque n'était pas obligatoirement au courant des réalités quotidiennes de l'abbaye. Et pourtant, il se mêlait de tout régenter, y compris l'élection de l'abbé par ses frères. Différentes affaires dégénérèrent en querelles. On dut faire appel au pape, lequel ne montra aucun empressement à répondre. Finalement, on en vint à un compromis : l'évêque garda son droit de *visite*, mais n'assista pas à l'élection de l'abbé et ne se mêla plus de l'administration des affaires religieuses, celles-ci demeurant de la seule compétence de l'abbé et des frères. Et, en 1255, le pape Alexandre IV autorisa l'abbé Richard Turstin à porter les ornements épiscopaux, la mitre, l'anneau et la tunicelle, un vêtement de soie porté sous la chape. L'abbé du Mont-Saint-Michel pouvait alors affirmer haut et clair son indépendance.

Le problème interne de l'abbaye se compliquait dans la mesure où, les richesses affluant, les soucis matériels tendaient à occuper l'ensemble de l'activité de l'abbé. Il n'est plus seulement un chef spirituel, mais un administrateur de biens, sans cesse confronté aux réalités quotidiennes, et soucieux d'assurer encore plus de revenus au monastère. Les moines suivent l'exemple, et, devenus plus indépendants, ils vivent un peu à leur guise, délaissent la règle, sortent facilement de l'enceinte claustrale pour une raison ou pour une autre, toujours valable en théorie, prennent leurs repas dans les auberges de la ville, s'enivrent bien souvent et défrayent la chronique locale par leurs manquements évidents à la chasteté. La nécessité d'une réforme se fit sentir, et après plusieurs tentatives infructueuses, on finit par trouver un autre compromis : ce sont les *Usages* de 1258, rédigés avec l'accord de tous les moines, mais non de l'abbé, sous l'impulsion d'un Dominicain et d'un Franciscain qui avaient été envoyés au Mont pour y rétablir le calme.

De plus, étant donné la dispersion des possessions de l'abbaye, les moines avaient toujours l'occasion de quitter le Mont pour surveiller l'exploitation des terres, pour administrer un domaine, voire une ville qui appartenait à la communauté. Ainsi se fondèrent de nombreux prieurés qui, il faut bien le dire, étaient davantage des comptoirs économiques que des centres d'édification religieuse. Comme les prieurés bénéficiaient d'une relative autonomie financière, cela n'alla pas sans abus. Mais d'un autre côté, ces prieurés devinrent souvent des lieux de refuge ou de retraite pour les moines qui ne pouvaient plus supporter la vie communautaire du Mont.

Enfin, l'abbaye jouait un rôle politique, du fait que les abbés étaient des chefs temporels, donc seigneurs de domaines qui leur avaient été donnés. Au XIIIe siècle, l'abbé du Mont-Saint-Michel était baron de Genêts, baron de Saint-Pair et baron d'Ardevon, assise foncière constituée, au siècle précédent, par les rois-ducs de Normandie. Mais il était également seigneur de différentes terres, en Bretagne et dans diverses régions de l'ouest de la France, et également en Grande-Bretagne, dans le diocèse d'Exeter, sans compter le Mont-Saint-Michel de Penzance, à la pointe du Cornwall. Enfin, il ne faut pas oublier que le Mont est une île au milieu d'un domaine maritime : les îles Chausey, d'où furent extraits les blocs de granit utilisés pour la construction du sanctuaire et des bâtiments conventuels, appartenaient à l'abbaye, ainsi que certaines terres à Jersey et à Guernesey, et les îles de Sercq et d'Aurigny qui servirent souvent de lieu de retraite pour les moines. Cependant, le fait qu'il n'y a jamais eu de port au Mont-Saint-Michel, et que la baie n'est guère navigable, n'a pas fait de l'abbaye une puissance maritime.

Le XIVe siècle, avec la guerre de Cent Ans, va ouvrir pour le Mont-Saint-Michel une période à la fois glorieuse et tragique. Cette guerre débuta en 1335, et, immédiatement, la Normandie, traditionnellement liée à l'Angleterre, devint un champ de bataille obligatoire. Le Cotentin fut envahi par les troupes anglaises, et le Mont fut menacé. Puis, à partir de 1348, la Peste noire se mit à ravager le continent, et le Mont dut payer un lourd tribut à l'épidémie : si, en 1337, on comptait quarante-deux moines, en 1390, il n'y en avait plus qu'une vingtaine. En 1350, la foudre tombe sur l'église abbatiale qui est incendiée. On la restaure aussitôt, mais en 1374, toujours à cause de la foudre, elle brûle à nouveau, et cette fois le dortoir des moines ainsi qu'une partie de la ville sont la proie des flammes. Et la menace anglaise se précise, car une riche abbaye est toujours une proie tentante, d'autant plus que, affectivement pourrait-on dire, les rois anglais ont toujours considéré le Mont-Saint-Michel comme faisant partie de leur patrimoine. En 1356, les Anglais s'emparent de l'îlot de Tombelaine et y établissent une garnison qui, ne pouvant être délogée, va constituer pendant longtemps un danger pour toute la région, et un poste d'observation de première importance. L'année suivante, en raison des circonstances, l'abbé du Mont, par ordonnance royale, devint chef militaire : il prenait le commandement des six hommes d'armes et des huit archers qui constituaient la garnison, ce qui, en réalité, était très important, puisque chaque homme d'armes était un seigneur accompagné de plusieurs soldats qu'il entretenait lui-même. Mais pour subvenir aux besoins de cette garnison, l'abbé dut lever un impôt sur les marchands qui circulaient sur les terres appartenant au Mont. Et l'on fit d'importants travaux de fortification, quitte à détruire systématiquement certaines maisons trop exposées et trop fragiles, qui auraient pu être incendiées par l'ennemi. C'est pendant cette période que Bertrand du Guesclin fit bâtir une maison pour sa femme Tiphaine Raguenel, maison qu'il occupa lui-même chaque fois qu'il vint au Mont, dont il s'était plusieurs fois déclaré le protecteur, en tant que titulaire du titre de « capitaine de Pontorson ».

A partir de 1376, les difficultés de la guerre se compliquent du fait du malencontreux schisme d'Occident. Tandis que le pape Urbain VI règne à Rome, le cardinal de Genève est désigné lui aussi comme pape, mais réside en Avignon. Les moines du Mont reconnaissent le pape d'Avignon, qui prend le nom de Clément VII, suivant en cela l'exemple du roi de France, tandis que le roi anglais adopte le parti d'Urbain VI. Le Mont est assiégé plusieurs fois, mais il ne tombe jamais aux mains des Anglais.

En 1386, Pierre Le Roy devient abbé. C'est un organisateur d'une grande rigueur. Il s'occupe de faciliter l'activité intellectuelle des moines et entreprend de nouvelles constructions, celle du chartrier notamment, et celle de la Tour Perrine, qui lui doit d'ailleurs son nom. Et le système de fortifications est complété activement, de sorte que le roi Charles VI, qui visite le Mont en 1394, peut contempler un ouvrage entièrement achevé. Le successeur immédiat de Pierre Le Roy, Robert Jolivet, ajoutera seulement la série de remparts qui longent la mer, permettant ainsi à la ville d'être mieux protégée.

Après le traité de Troyes, en 1420, Robert Jolivet reconnaît Henry V d'Angleterre comme roi de France. Il est désavoué par sa communauté monastique. Mais, le 20 septembre 1421, le chœur roman de l'église abbatiale s'écroule. Ce n'est pas le moment de le reconstruire : les Anglais occupent le fief montois d'Ardevon et y établissent une bastille, tandis qu'ils reprennent Tombelaine avec des forces importantes qui menacent directement le Mont. De plus, une flotte anglaise fait le blocus de toute la baie, de Granville à Cancale. Mais, en 1425, sur l'initiative du duc de Bretagne, les Malouins se lancent à l'attaque de la flotte anglaise, dispersant celle-ci et assurant au Mont-Saint-Michel son ravitaillement permanent par voie de mer. Les pèlerinages reprennent, malgré la guerre, et les troupes anglaises laissent même passer les pèlerins qui se rendent au Mont. Cependant, en 1434, les Anglais réapparaissent en force et tentent de donner l'assaut au Mont-Saint-Michel. Jamais le danger n'a été plus grand. Ils pénètrent dans la partie basse de la ville. Les combats sont acharnés, mais les Montois réussissent à les mettre en fuite. C'est alors qu'ils abandonnent les deux bombardes qu'on voit encore à l'entrée actuelle de la ville. En 1444, il n'y aura plus de bataille entre Anglais et Français pour la possession du Mont, et en 1450 les derniers soldats anglais auront quitté la région. La guerre de Cent Ans est enfin terminée. Le Mont-Saint-Michel va connaître une nouvelle période de prospérité, au cours de laquelle on construira le nouveau chœur en gothique flamboyant.

Étrangement, la période noire de la guerre de Cent Ans, principalement la dernière phase, avec le siège et la délivrance du Mont, fut l'occasion d'un renouveau du culte de l'Archange. Cette fois-ci, le combat de Michel et du Dragon, et la victoire du premier sur le second, pouvaient être interprétés comme la lutte entreprise contre les Anglais par les Français protégés et soutenus par saint Michel. L'épopée de Jeanne d'Arc ne fit qu'ajouter à cette croyance fondamentale que le plus brillant des Archanges était le protecteur choisi par Dieu pour le salut de la France.

N'oublions pas, en effet, que l'action de Jeanne d'Arc fut tout entière placée sous le signe de saint Michel. Quelle que soit la réalité des visions de la Pucelle, quelles que soient les troubles circonstances qui entourent la naissance de la vocation de Jeanne d'Arc et son évidente manipulation par des gens dévoués à la belle-mère de Charles VII, la remarquable Yolande de Bar, duchesse d'Anjou [1], l'image de saint Michel domine largement la mission salvatrice dont elle s'est fait l'instrument et peut-être la victime.

Les minutes du procès de Rouen sont des documents incontestables. Voici ce que raconte Jeanne au sujet des apparitions qu'elle aurait eues : « C'est saint Michel qui est venu le premier. Je l'ai vu devant mes yeux. Il n'était pas seul, mais accompagné des anges du ciel. Il était sous la forme d'un vrai prud'homme pour l'habit... Je ne sais s'il a des cheveux. Il avait des ailes aux épaules, mais pas de couronne sur la tête. Par le parler et le langage, je crois fermement que c'étaient des anges. Je l'ai bientôt cru et j'eus la volonté de le croire. Saint Michel me dit que sainte Catherine et sainte Marguerite viendraient à moi et que je fisse selon leur conseil. Je le vis maintes fois avant de savoir que c'était saint Michel. La première fois, j'étais jeune enfant et j'eus peur ; depuis, il m'enseigna et me montra tant de choses que je crus fermement que c'était lui. Il me dit que je fusse bonne enfant et que Dieu m'aiderait... Et l'ange racontait la grande pitié qui était au royaume de France. »

Ces visions de Jeanne d'Arc, quelle qu'en soit la nature exacte, correspondent à une angoisse métaphysique partagée par tous ses contemporains et qui s'explique à la fois par la mythologie et par le contexte sociologique. Face aux malheurs de la guerre, engendrés évidemment par les Anglais et leurs alliés bourguignons, malheurs nécessairement parés de couleurs sombres, il fallait susciter une salvation, une délivrance qui ne pouvait être que lumineuse : le soleil chasse la

---

1. Voir Jean Markale, *Isabeau de Bavière,* Paris, Payot, 1982, notamment le parallèle entre Isabeau et Jeanne d'Arc.

nuit, et, par conséquent, le désir profond de chacun est de voir se lever un héros — ou une héroïne — de lumière pour chasser les ténèbres ennemies. C'est tout le sens de l'épopée de Jeanne d'Arc. Mais le patronage de sa mission, qu'elle a clairement identifié sous l'apparence de saint Michel, donna à l'Archange un renom et une puissance inégalables. Il devint, plus que tout autre saint, plus que tout autre Ange, le garant de la victoire sur l'ennemi anglais. C'était un ange guerrier, et il ne pouvait que plaire aux capitaines et aux hommes d'armes, surtout ceux qui avaient été les compagnons de Jeanne d'Arc. Le roi de France lui-même ne pouvait faire autrement que de reconnaître que son royaume avait été protégé par Michel, un Archange envoyé par Dieu. Et le culte de saint Michel devint quasi officiel.

On sait que chacun des princes d'Europe occidentale avait son propre ordre de chevalerie. En France, Jean le Bon avait créé l'Ordre de l'Etoile, mais il était tombé en désuétude, et Charles VII voulait le remplacer. En Bretagne, Jean IV de Montfort, qui avait obtenu la victoire, à la bataille d'Auray, sur son rival Charles de Blois et sur Bertrand du Guesclin, *le jour même de la fête de saint Michel* en 1364, avait fait bâtir une collégiale Saint-Michel sur l'emplacement du combat et fondé l'Ordre de l'Hermine. Le duc de Bourgogne Philippe le Bon avait créé la prestigieuse *Toison d'Or* dont les implications mythologiques et ésotériques ne sont plus à démontrer, et tous les grands seigneurs désiraient en être dignitaires. Louis XI fonda alors un nouvel ordre de chevalerie, l'Ordre de Saint-Michel, le 1er août 1469, au château d'Amboise. Il existe une légende selon laquelle la véritable fondation de l'Ordre aurait eu lieu au Mont-Saint-Michel, dans la salle dite « scriptorium » et devenue depuis « Salle des Chevaliers », mais aucun document ne vient confirmer cette affirmation. Il n'empêche que les statuts évoquent « un ordre de fraternité et amiable compagnie ». On donnait à l'Archange, « premier chevalier », la présidence suprême de cette fraternité « qui, son lieu et oratoire, appelé le Mont-Saint-Michel, a toujours heureusement gardé, préservé et défendu sans être subjugué ni mis aux mains des anciens ennemis de notre royaume ». Il est vrai que Louis XI avait visité le Mont en 1462 et qu'il avait été fort impressionné par le lieu et les beautés architecturales. En faisant rédiger l'acte de fondation de l'Ordre, il ne pouvait que penser à cette redoutable abbaye-forteresse qui, malgré la présence constante des ennemis, n'avait pas succombé à leur pression. Le Mont devenait un symbole patriotique — si tant est que ce mot pût exister à cette époque — en même temps qu'un symbole religieux et une image mystique.

Le nombre des chevaliers de l'Ordre était fixé à trente-six. Ils devaient porter, comme signe distinctif, le collier de l'Ordre, c'est-à-dire des coquilles d'or entrelacées d'un double nœud en forme de huit. Ces décorations étaient fixées sur une chaîne à laquelle était suspendue une médaille représentant le combat de saint Michel et du Dragon. La devise de l'Ordre, *immensi tremor oceani* (la terreur de l'immense océan), y était inscrite, rappelant que l'Archange effrayait les ennemis du Mont en suscitant des orages et des tempêtes sur la mer. Le collier était seulement confié au dignitaire. Il appartenait à l'Ordre, et, à chaque décès, il devait être rendu.

En fait, les réunions de l'Ordre ne se tinrent jamais au Mont-Saint-Michel qui était trop éloigné et qui convenait mal aux cérémonies royales. Elles eurent lieu dans la chapelle Saint-Michel, dans la cour du palais de l'île de la Cité. Au XVIe siècle, on perdit quelque peu le sens véritable de l'Ordre de Saint-Michel : il fut souvent remis par les princes à leurs partisans et ne fut plus autre chose qu'une récompense pour bons et loyaux services. Et quand Henri III créa, en 1579, le nouvel Ordre du Saint-Esprit, l'Ordre de Saint-Michel ne fut plus attribué qu'aux hommes de lettres ou de science et aux artistes. Tombé en désuétude au cours des siècles, il fut définitivement supprimé par Louis-Philippe en 1830.

Cependant, le Mont-Saint-Michel eut tout à gagner de ce regain de ferveur envers l'Archange de Lumière. Des foules de pèlerins s'y précipitèrent, augmentant immédiatement les ressources de l'abbaye et permettant l'achèvement de tous les travaux de reconstruction de l'église abbatiale et l'entretien des immenses bâtiments conventuels. Mais chaque chose a son revers : le triomphe du Mont allait provoquer sa décadence.

En effet, l'abbé Robert Jolivet, à l'encontre de tous ses moines, avait eu la malchance de choisir le parti bourguignon et de reconnaître le roi d'Angleterre comme roi de France. On ne lui pardonna pas et il fut destitué. Les moines élurent un certain Jean Gonault, mais le prestige de l'abbé avait été atteint par la « trahison » de Robert Jolivet. En fait, le Mont était maintenant au pouvoir des militaires qui étaient les véritables vainqueurs de la guerre. Le capitaine du Mont, le baron d'Estouteville, réclama la charge d'abbé pour son frère, le cardinal Guillaume d'Estouteville, grand dignitaire de l'Eglise, qui était archevêque de Rouen et évêque d'Ostie, mais également abbé de Saint-Gildas-des-Bois en Bretagne, et aussi prieur de Lehon, près de Dinan. Le pape et le roi Charles VII durent accepter, pour des raisons diplomatiques, et malgré ses résistances, Jean Gonault fut écarté sous promesse d'une bonne pension et de substantiels bénéfices ecclésiastiques.

La gangrène se mettait au Mont. Le cardinal d'Estoutevile n'y vint qu'une seule fois, en 1452, ce qui ne l'empêchait pas de toucher les revenus de l'abbaye, bien qu'il ne fût pas moine mais seulement prêtre séculier. Ainsi fut instituée la pratique de la *commende*, qui permettait de nommer n'importe qui à la tête d'une abbaye, pour des motifs peu religieux, en pourvoyant le titulaire — qui n'était pas obligé de résider dans son abbaye — de fructueux bénéfices et avantages. Cette pratique de la *commende* est responsable de la décadence de la plupart des monastères, et le Mont-Saint-Michel n'échappa pas à la règle commune. Certes, le prestige du cardinal d'Estouteville était tel qu'il contribua à accroître le renom de l'abbaye. Mais la vie monastique commençait sérieusement à se dégrader.

En 1509, la foudre fit encore des ravages. Les cloches fondirent et la voûte de la nef brûla. Le successeur de Guillaume d'Estouteville, Jean de Lamps, fit tout remettre en état et termina les derniers aménagements des logis abbatiaux ainsi que le chœur de l'église et le Grand Degré intérieur : c'est par cet escalier monumental que le roi de France, François Ier, fit son entrée solennelle dans l'abbaye du Mont en 1518.

La paix sera cependant de courte durée. Les guerres de Religion vont redonner au Mont son aspect de citadelle militaire. C'est d'ailleurs pour des raisons strictement stratégiques qu'un arrêt du Parlement de Rouen, en 1569, oblige l'abbé François Le Roux, lequel ne vient jamais dans son abbaye et néglige son entretien, à effectuer des réparations indispensables. Placé entre une Bretagne fidèle au catholicisme et une Normandie qui s'ouvrait aux idées protestantes, le Mont-Saint-Michel allait se trouver encore une fois au milieu d'opérations militaires peut-être peu importantes mais néanmoins incessantes. Les moines, au lieu de mener la vie austère et studieuse à laquelle ils avaient aspiré, se préoccupèrent davantage de résister aux Huguenots et même, parfois, d'en tirer quelques avantages grâce à des rançons ou des primes de guerre. Pourtant, comme pendant la guerre de Cent Ans, le Mont résista à tous les assauts et ne fut jamais occupé. Le lieutenant du roi, Gabriel Dupuy, avait achevé les fortifications du sud, notamment l'avancée et la Tour Gabriel.

A partir de 1562, l'Avranchin est le théâtre d'affrontements entre Catholiques et Huguenots. Gabriel de Lorges, comte de Montgommery, qui avait tué le roi Henri II au cours d'un tournoi, s'était fait protestant. Et, installé à Pontorson, il pillait régulièrement toutes les terres du monastère dont il rêvait de s'emparer. Des coups de main eurent lieu, mais comme la forteresse était réputée imprenable, on utilisa la ruse. En 1577, les Huguenots du capitaine Le Touchet se déguisèrent en marchands désireux d'accomplir un pèlerinage, pénétrèrent dans l'enceinte, gagnèrent la confiance des soldats en leur offrant du vin et firent pieusement leurs dévotions. Puis ils s'installèrent sur le Sault-Gautier en attendant des renforts. Mais un novice soupçonneux comprit le stratagème. Les religieux ameutèrent la ville et les faux marchands durent se rendre.

Une autre fois, dix gentilshommes protestants furent envoyés, certains déguisés en femmes, d'autres en pêcheurs. Les gardes méfiants furent assassinés. Ils ouvrirent les portes et les troupes huguenotes pénétrèrent dans la ville. Le gouverneur, Louis de Vicques, était absent à ce moment-là. Il revint en hâte, et comme il ne pouvait pas traverser la ville occupée, il se fit hisser, à l'aide de cordes, jusqu'à l'enceinte fortifiée de l'abbaye et organisa une contre-attaque : pris entre deux feux, les Huguenots durent se rendre et furent enfermés à Tombelaine.

Cette fidélité du Mont au catholicisme en fit rapidement un bastion de la Ligue. Les religieux se placèrent sous la protection du duc de Mercœur qui rêvait de constituer une sorte de royaume breton ultra-catholique allié de l'Espagne, et qui combattait avec acharnement les partisans d'Henri IV tout autant que les Protestants. Ce n'est qu'en 1595 que les moines du Mont se soumirent au roi de France. Mais un an plus tôt, le 23 mars 1594, la foudre a frappé une nouvelle fois : le clocher et la charpente de l'église sont dévorés par les flammes et les cloches fondent, se transformant en coulées incandescentes. L'état de l'abbaye est alors lamentable. En 1603, à la suite de plaintes répétées de la part des moines, le Parlement de Normandie condamne le cardinal François de Joyeuse, abbé commendataire, à payer les frais de réfection.

Mais ces réparations matérielles de l'abbaye ne suffisent plus. Si le rythme des pèlerinages ne se ralentit pas, la vie monastique connaît un déclin rapide. Le relâchement des mœurs devient un scandale public. La charge d'abbé, au début du XVIIe siècle, avait été confiée à un jeune garçon de la famille de Guise, dont la mère s'était faite le tuteur. Elle chargea le fameux cardinal de Bérulle, fondateur de l'Oratoire, de s'occuper des affaires du Mont. Le cardinal envoie un homme de confiance pour tenter de réformer la vie monastique et donner une nouvelle impulsion au culte de l'Archange. Mal lui en prend : les religieux se méfient, car ils craignent d'être remplacés par des Oratoriens, et finalement, la mission du cardinal de Bérulle et de son représentant ne fait qu'accentuer la débâcle de l'abbaye.

Après bien des hésitations, des discussions, des tergiversations, on finit par décider d'adjoindre aux anciens moines du Mont-Saint-Michel des membres de la Congrégation de Saint-Maur, fondée en 1618. Les moines du Mont acceptèrent la fusion, ou plutôt la cohabitation, en 1622. Chaque religieux conservait son logement et recevait une pension. Mais les Mauristes s'installaient comme chez eux et introduisaient ainsi cette réforme qu'on peut qualifier de néo-bénédictine.

Cette alliance a une double conséquence. Sur le plan matériel, l'abbaye va être saccagée, parce qu'il faut que chacune des deux communautés ait ses propres domaines. Le réfectoire est coupé en deux par un plancher, ce qui permet d'installer ainsi deux dortoirs superposés. La Salle des Hôtes devient le nouveau réfectoire. La chapelle Sainte-Madeleine devient la nouvelle Salle des Hôtes. Dans l'église abbatiale, le croisillon nord du transept est fermé par une muraille et on y aménage une sacristie qui peut éventuellement servir de salle de chapitre. Et d'autres travaux, plus modestes en apparence, contribuent à dégrader le plan harmonieux du bâtiment primitif.

Mais sur le plan spirituel et intellectuel, l'amélioration est évidente. Les Mauristes sont jeunes, pleins de foi et d'enthousiasme, et ils partagent leur temps entre la prière, l'étude et le travail, cela dans la plus grande austérité. Le Mont-Saint-Michel devint alors une pépinière de religieux savants, compétents, dévoués, qui essaimèrent un peu partout en France et en Europe. La philosophie, la théologie et l'histoire furent privilégiées. Les Mauristes contribuèrent grandement à sauver les moindres vestiges du passé : ils collectionnèrent les manuscrits, les recopièrent et entreprirent souvent de les restaurer. Il y eut parmi eux des archivistes consciencieux et des chroniqueurs de talent. Bref, si l'abbaye du Mont-Saint-Michel n'avait plus sa grandeur d'autrefois, elle brillait encore dans l'ombre, comme un de ces lieux secrets où l'esprit prépare des lendemains plus triomphants.

Malheureusement, l'abbaye servait aussi de prison d'État. On y envoyait non seulement les religieux en pénitence, mais tous ceux qu'une décision royale gratifiait d'une lettre de cachet. C'est dans ce sens qu'on a pu parler de la « Bastille des Mers ». Cette vocation pénitentiaire allait se maintenir pendant longtemps et donner au Mont une réputation assez fâcheuse, en tout cas peu conforme à sa vocation ancienne. Et, bien entendu, c'était toujours une forteresse, avec une garnison, ce qui provoquait toujours des problèmes insolubles entre religieux et militaires.

Le coup de grâce, ce fut la Révolution qui le donna. Le décret de 1790 qui supprimait les ordres religieux et les vœux monastiques ne faisait que confirmer une tendance. Les moines n'étaient plus que douze au Mont. Et l'abbaye devint une prison pour prêtres réfractaires. Ne parlons pas du pillage et du saccage des bâtiments : cela se passa au Mont-Saint-Michel comme partout ailleurs, dans le plus pur mépris des ouvrages du passé et dans l'intolérance la plus complète. La Merveille de l'Occident, en quelques années, ne fut plus qu'une forteresse sinistre perchée sur son rocher.

Pendant l'époque de la Restauration, Louis XVIII fit de l'abbaye une « maison de force » destinée aux condamnés aux travaux forcés ou à la déportation. Ils attendaient là leur départ vers les bagnes d'outre-mer. Cette nouvelle utilisation des lieux accentua la déchéance du site. La nef romane fut divisée en trois parties par deux planchers. On y installa, ainsi que dans le chœur, des ateliers de tisserands et de cordonniers. Dans les chapelles latérales du chevet, on aménagea des ateliers de fabricaton de chapeaux de paille. Les salles des Hôtes et des Chevaliers devinrent des filatures.

Mais en 1834, un incendie ravagea toutes les installations et fit de nombreuses victimes.

C'est en 1836 que Victor Hugo vient visiter le Mont en compagnie de Juliette Drouet. Dans une lettre adressée à sa femme, il décrit l'état lamentable des lieux avec une pertinence remarquable : « On monte. C'est un village immonde, où l'on ne rencontre que des paysans sournois, des soldats ennuyés et un aumônier tel quel. Dans le château, tout est bruit de verrous, bruits de métiers, des ombres qui gardent des ombres qui travaillent (pour gagner vingt-cinq sous par semaine), des spectres en guenilles qui se meuvent dans des pénombres blafardes sous les vieux arceaux des moines, l'admirable salle des Chevaliers, devenue atelier, où l'on regarde par une lucarne s'agiter des hommes, hideux et gris, qui ont l'air d'araignées énormes, la nef romane changée en réfectoire infect, le charmant cloître à ogives si délicates transformé en promenoir sordide, partout l'art du XVe siècle insulté par l'eustache sauvage du voleur, partout la double dégradation de l'homme et du monument combinés ensemble et se multipliant l'une par l'autre. Voilà le Mont-Saint-Michel maintenant ! Pour couronner le tout, au faîte de la pyramide, à la place où resplendissait la statue colossale dorée de l'Archange, on voit se tourmenter quatre bâtons noirs. C'est le télégraphe. Là où s'était posée une pensée du Ciel, le misérable tortillement des affaires de ce monde. C'est triste... » La description et l'opinion de Victor Hugo se passent de tout commentaire.

Sous le règne de Charles X, sous celui de Louis-Philippe et pendant la Seconde République, le Mont servit également de lieu de relégation pour les prisonniers politiques, fort nombreux d'ailleurs, bien qu'ils ne fussent pas toujours du même bord. Il y en a eu de célèbres : Gracchus Babeuf, le premier « communiste », le sabotier Mathurin Bruneau qui se présentait comme le fils de Louis XVI, le peintre démocrate Colombat, Barbès et Auguste Blanqui, l'éternel insurgé. Certes, ces prisonniers politiques jouissaient d'un traitemnt de faveur par rapport aux prisonniers de droit commun, mais leur séjour n'était guère agréable, bien qu'il fût sans commune mesure avec le sort des prisonniers de Louis XI, en particulier le cardinal de La Balue, inventeur des cages de fer et de bois dites « fillettes », et qui, par suite de la défaveur du roi, en expérimenta lui-même la redoutable efficacité. Au reste, ces prisonniers politiques tentèrent bien des fois de s'évader. Le peintre Colombat y réussit à force de courage et de persévérance, mais Barbès eut la malchance de se faire repérer au moment où il se trouvait au pied du rocher.

C'est en 1863, le 20 octobre, qu'un décret de Napoléon III sauva le Mont-Saint-Michel. L'abbaye cessait d'être une « maison de force » et devenait propriété des Monuments Historiques. Cela ne fit d'ailleurs pas plaisir à tout le monde : le conseil municipal du Mont protesta vigoureusement auprès de l'empereur parce que les habitants craignaient de perdre ce qui faisait leur fortune, à savoir les activités secondaires autour d'une prison.

Il fallait alors penser à réhabiliter le Mont. Ce fut une tâche de longue haleine, et elle est loin d'être terminée. Le premier architecte commis à cette restauration fut Edouard Corroyer, lequel s'attacha surtout à dresser un état complet des lieux. Entre-temps, l'église abbatiale avait été réparée et rendue au culte. De 1867 à 1884, une colonie de huit religieux de Saint-Edme vint s'installer dans la place, contribuant à la renaissance du pèlerinage. En 1888, le nouvel architecte, Petitgrand, entreprend la reconstruction de la tour centrale qui menaçait de s'effondrer et d'entraîner dans sa chute les arcades du transept. C'est alors que fut posée la statue de l'Archange due au sculpteur Frémiet. En 1898, c'est Paul Gout qui entreprend les restaurations les plus remarquables, en particulier celle de la Merveille. En 1966, quelques moines bénédictins venus de l'abbaye du Bec-Hellouin, sous l'autorité du Père de Senneville, s'installent dans les logis abbatiaux et tentent de reconstituer une communauté monastique au Mont.

Le Mont-Saint-Michel a connu une longue histoire remplie d'épisodes glorieux et de moments tragiques ou sordides. Mais il est plus que jamais présent dans cet Occident qui se cherche, comme un phare dont le rayonnement s'étend chaque jour et chaque nuit sur un monde déchiré entre l'Ombre et la Lumière. Plus que jamais, la statue dorée de l'Archange qui domine le Mont demeure un symbole.

IV

IL Y A D'AUTRES MONTS SAINT-MICHEL

Le Mont-Saint-Michel au Péril de la Mer est unique. Mais il n'est certes pas le seul *mont* à être dédié à l'Archange de Lumière. Cela tient au fait que les hauteurs sont des lieux privilégiés pour que s'accomplissent les mystérieux échanges entre le Ciel et la Terre, entre ce que certains appelleront les courants cosmiques et les courants telluriques.

Mais ce sont pas forcément les grands sommets qui sont voués ainsi à saint Michel : la plupart des lieux qui sont consacrés à l'Archange sont en effet des collines ou des montagnes très modestes, voire de simples buttes. Il semble que, symboliquement, en établissant des sanctuaires sur de faibles hauteurs, on ait cherché à mettre en évidence que l'Archange *se mettait à la portée des humains,* qu'il venait parmi eux leur infuser la Lumière divine, et que, dans ces conditions, il n'était pas nécessaire d'aller le chercher plus haut. Un simple tertre mégalithique, butte artificielle, comme le tumulus de Saint-Michel à Carnac (Morbihan), suffit donc à rendre compte de la fonction de l'Archange. Et cette fonction est double. D'une part, il montre la lumière d'en-haut à tous les vivants, mais d'autre part, puisque le tumulus est un tombeau, il assume son rôle de psychopompe, c'est-à-dire de conducteur des âmes dans l'Autre Monde : il est celui qui protège les morts et qui les guide vers la Lumière éternelle. Mais en aucun cas saint Michel n'est imaginé dans un Olympe nuageux ou dans un Annapurna défiant le monde : cela, c'est le domaine des dieux. Et Michel n'est pas Dieu. Il se contente de poser la question de savoir *qui est comme Dieu*. On sait que poser une question, c'est en connaître intérieurement la réponse. Michel connaît cette réponse, mais il ne la dit pas : il se contente d'obliger les humains à se poser la même question, donc à tenter d'exprimer cette réponse. C'est dans cette problématique que se justifie le choix des sites dédiés à l'Archange : car il est le lien entre l'intelligence divine et l'intelligence humaine, celui qui assure la fusion entre le feu du ciel et celui de la terre. Par conséquent, tout lieu consacré à saint Michel doit être un lieu d'exception, un lieu *très fort* en magnétisme terrestre, et également très exposé au rayonnement sidéral. Ainsi se dessinent les éléments fondamentaux d'une géographie sacrée.

Il ne s'agit certes pas, ici, de dresser un inventaire de tous les « monts » Saint-Michel qui existent par le monde car, du plus simple au plus grand, ils sont innombrables. Mais des remarques sur certains d'entre eux, en Europe occidentale, peuvent nous faire comprendre plus facilement la portée exacte du culte michaélique et l'importance de l'ancien Mont-Tombe dans cette géographie sacrée.

Le modèle se trouve évidemment au Monte-Gargano, en Italie, lieu de la première apparition dûment répertoriée de l'Archange sur le territoire européen. Le Monte-Gargano est un sommet anciennement consacré à un dieu géant qui est le Gargantua des traditions populaires. Mais aux premiers temps du Christianisme, on devait y célébrer le culte de Mithra, d'où la légende selon laquelle on trouva un taureau dans une grotte et qu'ainsi ce taureau fut sauvé de la mort. Cela signifie en clair que les fondateurs du culte michéalique au Monte-Gargano interdirent aux populations de pratiquer le taurobole, le sacrifice du taureau, et remplacèrent cet acte rituel par le culte chrétien, principalement par le sacrifice de la Messe, autrement dit la mise à mort de Jésus-Dieu dont le sang rejaillit sur les fidèles en leur donnant la vie éternelle. Historiquement, c'est une simple substitution de cultes, et cela n'apparaît guère original.

Cependant, comme il est difficile d'éliminer toute référence au passé, les éléments « païens » de l'ancien culte sont demeurés. On y trouve une grotte et des souterrains, et, comme on l'a dit, le parcours des lieux d'approche aussi bien que le parcours à effectuer dans le souterrain constituent un véritable voyage initiatique. Une tradition, chargée évidemment de significations, veut que les portes du sanctuaire se fermaient d'elles-mêmes au coucher du soleil pour se rouvrir d'elles-mêmes au soleil levant. On peut ainsi comprendre que l'armée céleste des Anges, conduite par Michel, descend chaque nuit dans le temple pour y célébrer une mystérieuse liturgie dont très peu d'humains ont la possibilité d'être les témoins. A cet égard, ce que l'on raconte au sujet de l'empereur germanique saint Henri, deuxième du nom, qui vécut de 973 à 1024, est assez significatif.

Henri le Saint était venu en pèlerinage au Monte-Gargano en 1022, deux ans avant sa mort. Or, le soir, il s'écarta volontairement de sa suite, et se laissa, dit-on, enfermer dans la grotte-sanctuaire. Et là, il eut une vision qu'on hésite à classer comme mystique, mais qui serait plutôt du domaine initiatique.

Il aurait vu en effet une multitude d'Anges d'une beauté fulgurante et aussi brillants que le soleil. Ils auraient pénétré dans le sanctuaire en faisant cortège à l'Archange Michel, en l'éclatante majesté de son épiphanie. L'empereur aurait ainsi assisté aux splendeurs liturgiques de la Jérusalem céleste et l'Ange qui avait présenté le Livre Saint au baiser de l'Archange (liturgie parallèle à celle de la Messe pontificale), l'aurait présenté également au baiser d'Henri II qui était demeuré à l'écart, tremblant de tous ses membres. Ce que voyant, l'Ange lui aurait dit : « Ne crains pas, élu de Dieu, redresse-toi et accueille avec joie le signe de la paix divine qui t'est donné. » Et la légende rapporte qu'aussitôt, la hanche de l'empereur se démit : c'est ainsi qu'il resta boiteux le reste de sa vie. Bien entendu, tout cela a un rapport avec la lutte de Jacob avec l'Ange, lequel le frappe à l'emboîture de la hanche, et aussi avec les nombreuses traditions mythologiques où l'on voit des humains qui ont des rapports avec des déesses être frappés de claudication : l'exemple d'Anchise, le père d'Enée, qui fut l'amant de la déesse Vénus-Aphrodite, en reste le plus connu.

C'est dire que le sanctuaire du Monte-Gargano est un lieu initiatique. C'est dire aussi que l'étymologie du nom du dieu-géant Gargan n'est certainement pas celle que Rabelais a popularisée . il ne s'agit pas d'une référence à la *gorge (gurgem)*, mais au qualificatif celtique donné à la divinité boiteuse, puisqu'une version bretonne de la légende fait du *Gergam* (ou *Gargam*) un marchand de sel (comme Pantagruel le lanceur de sel) « à la cuisse courbe », signification littérale du mot, c'est-à-dire « boiteux »[1]. Le contact intime avec le divin ne se produit pas sans conséquence physique : le cas du Roi-Pêcheur de la légende du Graal appartient à la même croyance.

Le Monte-Gargano est un roc escarpé sur les côtes de l'Adriatique, face au soleil levant. Il se présente réellement comme la première face d'un monument dont le Mont-Saint-Michel au Péril de la Mer est la deuxième, face au soleil couchant. Il y a continuité entre les deux sanctuaires. Il y a aussi équivalence. Et l'auteur de la statue en marbre de saint Michel, qui orne le sanctuaire du Monte-Gargano, le sculpteur Sansovino, qui vécut au XVe siècle, a eu également sa révélation initiatique. On raconte en effet qu'il se désespérait de ne pouvoir terminer son œuvre, ne sachant pas exactement comment représenter les traits de l'Archange. Mais saint Michel lui serait apparu en songe dans son atelier

1. Voir Jean Markale, *La Tradition celtique en Bretagne armoricaine*, Paris, Payot, 1975, pp. 25-26.

et aurait sculpté lui-même son propre visage sur la statue. Décidément, l'Archange de Lumière, s'il est manifestation divine, prend un soin remarquable à descendre sur cette terre ténébreuse pour y imprégner sa marque fulgurante.

Il est évident que le Mont-Tombe a été choisi par l'évêque saint Aubert par référence au Monte-Gargano. Mais se développant dans un contexte culturel légèrement différent, le culte michaélique a évolué différemment sur les rivages de la Manche, et le sanctuaire a pris une tout autre allure, sacrifiant à la magnificence romane avant de succomber aux délires gothiques flamboyants. Mais quel style, autre que le « flamboyant », pouvait mieux symboliser et transmettre en même temps le message de l'Archange de Lumière ?

On sait qu'un prieuré du Mont fut établi dans une petite île de la baie de Penzance, dans les Cornouailles britanniques, à l'extrémité occidentale de la péninsule. Sans avoir la grandeur, ni la célébrité de la maison mère, ce Saint-Michael's-Mount est tout de même assez étrange et impressionnant. Il s'agit effectivement d'une tentative d'imitation, mais le site a été choisi parce qu'il correspondait à une sorte de point essentiel de protection, face à l'immense océan, face également, si l'on se réfère à toutes les légendes celtiques, à cet Autre Monde qui est quelque part, dans une île des régions du soleil couchant.

Saint-Michel est de garde à la porte du Paradis, nous dit-on. Mais il est aussi de garde à l'ouest du monde, et c'est assez révélateur des fonctions qu'on lui attribue. Il est plus que jamais le protecteur des âmes devant l'inconnu, mais aussi l'introducteur de ces âmes dans ce même inconnu qu'est l'Autre Monde. On retrouve cette idée dans un autre sanctuaire dédié à saint Michel en Irlande, dans une île minuscule au large des côtes du Kerry. Il s'agit de Skellig Michael, le plus grand — si l'on peut dire — des îlots qu'on appelle les Skelligs. Sur cette butte rocheuse isolée en pleine mer, s'est accroché un monastère celtique du VIIe siècle, à demi creusé dans le roc, à demi construit dans le vent, en pierres sèches, avec des cellules qui ressemblent davantage à des trous qu'à des habitations. Des moines ont vécu là longtemps, aux époques des Chrétientés celtiques. Et ils se sont placés sous le patronage de l'Archange brillant, de celui qu'on voit apparaître au milieu des tempêtes. Ce qu'on ne dit pas, c'est que c'est peut être Michel lui-même qui déchaîne les tempêtes pour savoir si les humains dont il a la charge sont capables de supporter l'épreuve et d'assumer leur destin. La problématique est entièrement celtique.

Ici, rien ne vient rappeler la splendeur du Mont normand ou la préciosité du Mont cornique. Tout est abrupt, et l'escalier qui mène du débarcadère vers le sommet est loin d'être un Grand Degré monumental : il fait corps avec l'îlot, il est abrupt, absolument *naturel*, en conformité parfaite avec la pensée druidique qui jugeait inutile et stupide de construire des temples et d'y enfermer la divinité. Le sanctuaire, c'est la nature : nulle part mieux qu'à Skelling Michael, on ne peut avoir ce sentiment profond que l'adoration de la divinité ne peut s'accomplir que dans l'œuvre divine elle-même, au milieu des turbulences de la mer et de la sauvage ruée des vents, toujours en quête d'un roc pour mener l'éternel combat de Michel et du Dragon.

La sauvagerie du site est le garant de son authenticité. Ici, l'Archange peut apparaître à travers les nuées sans qu'il soit nécessaire de lui donner une image précise par une statue dorée. Le roc parle par lui-même et renvoie l'écho de la voix divine. La lumière est celle du soleil ou celle de la foudre qui, inlassablement, comme au Mont-Tombe, s'acharne contre la terre en voulant signifier que rien ne peut être accompli sans l'union de deux forces en apparence contradictoires. Et, en face, c'est vraiment l'immensité de l'Autre Monde, où seuls des oiseaux jacassent, transmettant aux rares humains qui les écoutent un message qu'ils ne sont même pas capables de comprendre tellement ce message est hors du temps et de l'espace.

Ce n'est sûrement pas un hasard si saint Michel est ainsi honoré aux frontieres du monde occidental. Et si l'on observe attentivement une carte, on s'aperçoit qu'une ligne droite peut être tracée depuis le Mont-Saint-Michel au Péril de la Mer jusqu'à Skellig Michael en passant par le Saint-Michael's-Mount de Cornwall[1]. Le fait mérite d'être noté, car il est assez étrange et révèle un plan d'ensemble de l'extension du culte michaélique. Qu'y a-t-il exactement à l'emplacement de cette ligne ? A quelle référence tellurique l'établissement de ces trois points d'ancrage michaélique doit-il d'avoir été réalisé ? Sommes-nous en présence d'une faille profonde de l'écorce terrestre par laquelle pourrait s'échapper l'haleine enflammée du Dragon des profondeurs, celui qui n'attend que le sommeil de Michel pour rompre l'équilibre fragile de l'univers et renverser le destin de Dieu et des hommes ?

Bretagne armoricaine, Bretagne insulaire, Irlande gaélique. Le monde celtique est ainsi parcouru — *à ses extrémités* — par une véritable ligne de force michaélique. Il faut se garder de toute conclusion hâtive, mais il faut quand même se poser certaines questions : à quoi correspond exactement le culte michaélique et quel est son archétype dans les croyances préchrétiennes du monde celte ? Nous verrons plus loin de quelle image divine se revêt la figure de l'Archange de Lumière pour apparaître aux hommes. La mythologie n'est jamais absente de l'angélologie pas plus que de la géographie sacrée. Et à travers la mythologie, toujours suspecte de délires fantasmatiques, quelles sont les réalités profondes qui se cachent ainsi sournoisement ?

---

1. Certains auteurs considérés comme sérieux ont établi une ligne droite entre le Saint-Michael's-Mount, le Mont-Saint-Michel et le Monte-Gargano. C'est en particulier ce que prétend Henry Corbin (« L'Ange et l'Homme », in *Cahiers de l'Hermétisme,* Paris, Albin Michel, 1978, p. 52), prenant appui sur une carte établie par un certain Adalbert Graf von Keyserlingk, parue à Stuttgart en 1970. Le moins qu'on puisse dénoncer ici, c'est la légèreté d'Henry Corbin qui croit aveuglément ses informateurs. La moindre vérification faite sur une carte démontre la fausseté de cette affirmation qui alimente une louche exégèse du culte michaélique dans le ton de ce qui s'est passé à propos du Graal à Montségur. Voir Jean Markale, *Montségur et l'énigme cathare,* Paris, Pygmalion, 1986.

En Bretagne armoricaine même, le culte de saint Michel est fort répandu. De l'autre côté de la Loire, c'est évidemment, dans le pays de Retz, Saint-Michel-Chef-Chef, au nom bien étrange, et qui n'est finalement pas très éloigné d'un autre site michaélique, en Vendée cette fois-ci, à Saint-Michel-Mont-Mercure, où la filiation entre l'Archange et le dieu gaulois Mercure-Lug se trouve affirmée de façon formelle. Mais dans la Bretagne de tradition bretonnante, quatre sites, ayant chacun leur spécificité, sont remarquables à bien des points de vue : Saint-Michel-en-Grève, Saint-Michel-de-Brasparts, Saint-Michel-de-Carnac et Saint-Michel-du-Mané-Gwenn.

Sur la Manche, à la limite de l'ancien diocèse du Trégor et de celui de Léon, dans une zone sableuse qui fait irrésistiblement songer à la baie du Mont-Saint-Michel, la plaine littorale de Saint-Michel-en-Grève recèle d'étranges mystères, non seulement par le site, mais par les traditions locales. On rapporte en effet que sous les sables de la grève gît une ville engloutie par suite d'une malédiction, une sorte de ville d'Is qui d'ailleurs était régentée par une magnifique princesse. Mais, « la nuit de la Saint-Jean, pendant que l'horloge sonnait les douze coups de minuit, la mer s'ouvrait et le château se montrait aux hommes assez hardis pour aller sur la grève. Si quelqu'un avait pu entrer dans le château et s'emparer d'une baguette magique qui se trouvait dans l'un des appartements, il serait devenu le maître de la princesse et de ses richesses. Mais s'il ne réussissait pas, c'en était fait de lui : il périssait »[1].

Un jeune homme courageux du nom de Skouarn (nom

---

1. Ce conte était connu dans la région dans la deuxième moitié du XIXe siècle. Il a été recueilli par J.-M. Comault et publié par lui dans la *Revue des Traditions populaires*, III, pp. 103-104, et il a servi de modèle pour la transcription littéraire d'Emile Souvestre intitulée « La Nuit de la Pentecôte » l'un des contes du *Foyer breton.* J'ai incorporé ce récit dans mon essai de reconstitution de la légende de la Ville d'Is, dans *La Tradition celtique*, pp. 107-108, car son caractère fruste en fait vraisemblablement un témoignage authentique de la légende dans son état primitif.

significatif, car le terme veut dire « oreille », faisant allusion au fait qu'il sait écouter la tradition, qu'il est *initié*) se lance dans l'aventure. Entre les douze coups de minuit, il se précipite dans la forteresse engloutie, résiste aux invitations de la belle princesse qui l'attire près d'elle, s'empare de la baguette avant qu'il ne soit trop tard. « Avec sa baguette, il commanda à la mer de se retirer et il chassa du château les esprits malins. La princesse fut heureuse d'être sauvée par un si beau garçon. Ils firent de belles noces à ce que l'on assure, et Skouarn, pour remercier la Providence, fit construire une chapelle à saint Michel. Cette chapelle existe encore. »[1]

Les rapports entre Saint-Michel-en-Grève, où une ville est engloutie sous les sables du rivage, et la baie du Mont-Saint-Michel, où gisent les vestiges de l'antique forêt de Sissiac, sont plus qu'évidents. Mais il y a bien plus : l'épreuve à laquelle est confronté le dénommé Skouarn ressemble étonnamment à une lutte entre deux forces antagonistes. D'un côté, il y a le beau jeune homme qui s'empare de la baguette, de l'autre, les *esprits malins* qui représentent l'obscurité et l'engloutissement, la baguette étant elle-même la forme « folklorique » de l'épée flamboyante. Skouarn joue en quelque sorte le rôle de l'Archange. Et la fin du conte nous le révèle : en remerciement de ce qui lui est arrivé, il fait bâtir une chapelle dédiée à saint Michel. Donc, fatalement, l'aventure est liée au combat de l'Archange et du Dragon dont elle n'est que la version laïcisée et devenue folklorique, c'est-à-dire adaptée à la compréhension populaire d'un siècle quelque peu malmené par le rationalisme antichrétien. De toute façon, à travers ces diverses manifestations, le mythe demeure dans ses structures essentielles.

---

1. La conteuse Marc'harid Phulup, qui fut l'informatrice privilégiée de François-Marie Luzel et d'Anatole Le Braz, était persuadée que la Ville d'Is se trouvait à cet endroit. « A Lomikel (Saint-Michel-en-Grève), les jours de très grandes marées, quand la mer déchale au loin, on voit poindre encore, au-dessus des sables, la croix rouge qui surmontait le plus haut clocher de la Ville d'Is » (Le Braz, *La Légende de la Mort*, II, p. 41).

Mais il y a une autre tradition locale à Saint-Michel-en-Grève, qui n'est au fond qu'une variante de la précédente. Cette fois, il s'agit de saint Efflam, auquel on a adjoint le fabuleux roi Arthur. L'historiographe et hagiographe du XVIIe siècle Albert Le Grand rapporte en effet que le jeune Efflam, originaire d'Irlande, qui s'était marié avec la princesse de Bretagne insulaire Enora, n'avait pas consommé son mariage et s'était enfui sur les côtes d'Armorique pour y mener une vie érémitique. Or, à peine est-il installé qu'il voit un monstrueux dragon entrer dans la caverne qui lui sert de refuge. Le lendemain, il rencontre le roi Arthur qui, appelé par les habitants du lieu, pourchasse en vain le monstre. Efflam guide Arthur vers la caverne. Le roi se bat contre le dragon, mais il ne peut l'atteindre. Alors, Efflam, par ses prières, oblige le monstre à se diriger vers la mer où il s'engloutit.

Voilà qui donne à réfléchir. D'abord, une des versions des romans arthuriens parle d'un combat entre le roi et un géant qui paraît bien être une autre apparence du Dragon, et qui réside sur l'îlot de Tombelaine. Ensuite, le nom d'Efflam, qui est incontestablement celtique, provient de la même racine qui a donné le mot français « flamme », ce qui est révélateur : Efflam, sans véritable jeu de mots, est une *flamme* qui fait fuir le Dragon des profondeurs, autrement dit les forces des Ténèbres, ou encore le feu tellurique qui est d'une autre nature, vers l'élément liquide qui le neutralise. Enfin, le combat d'Arthur, puis d'Efflam — par des moyens différents — contre le Dragon évoque irrésistiblement *le combat dans le ciel,* c'est-à-dire la lutte de l'Archange Michel contre Satan. La tradition de Saint-Michel-en-Grève a pris une autre coloration, mais elle est conforme à celle qui prévaut à l'ancien Mont-Tombe ou à Tombelaine. Mais ici, le saint celtique Efflam, à l'authenticité plus que douteuse, a pris la place de l'Archange de la tradition officielle chrétienne.

Un détail a de l'importance, celui de la grotte. Il est en effet constant, dans ce genre de récits à dominante mythologique, que la grotte soit toujours près de la mer, près d'une rivière ou au voisinage d'un marécage. Nous allons retrouver cette situation au Mont-Saint-Michel de Brasparts, en plein cœur des monts d'Arée, dans le centre-ouest de la péninsule armoricaine, et dominant une dépression marécageuse appelée le *Yeun-Ellez* en breton, et le « Réservoir Saint-Michel » en français.

Ce *Yeun-Ellez* est une vaste fondrière quelque peu inquiétante, entièrement enfermée dans un cirque dont l'allure est telle qu'on se croirait dans un monde clos, avec un horizon inexistant. Les traditions locales font de ce marécage l'un des points d'accès aux Enfers, et l'on raconte de sinistres histoires de pêcheurs qui se sont égarés dans cette immense étendue sans pouvoir jamais en revenir[1]. Il est d'ailleurs curieux de constater que le mot *Ellez* peut provenir d'une racine indo-européenne qui a donné le germanique *Hell*, désignant à la fois la déesse infernale et les Enfers eux-mêmes Mais, vers l'ouest, surmontant cette dépression, sur un sommet volcanique, se dresse la chapelle de saint Michel, comme si l'Archange veillait à la croisée des chemins qui mènent vers la Lumière et vers les Ténèbres. De plus, tout près de là, à Brennilis, se trouve une statue ancienne de Notre-Dame de Breach-Ilis ou Breach-Ellez, c'est-à-dire « Notre-Dame-des-Marais ». Plus que jamais, ici, la Vierge est considérée comme *l'impératrice des infernaux paluds,* et elle semble assister saint Michel dans sa mission de protection et de surveillance sur les frontières indécises des deux mondes.

On remarquera que la chapelle Saint-Michel qui surmonte la montagne, à quelque 380 mètres d'altitude, chapelle très simple et qui n'offre guère d'intérêt artistique, se trouve juste au-dessus d'un cône volcanique. Les volcans sont rares en Bretagne, mais il y en a quelques-uns qui, comme par hasard, sont des lieux sacrés. Et ici, la référence à saint

1. Comme les choses se perpétuent, le *Yeun-Ellez* sert de réservoir d'eau pour la centrale nucléaire expérimentale de Brennilis qui a été construite dans la dépression. Il est pour le moins surprenant de constater qu'un site nucléaire a été délibérément choisi dans un lieu qui évoque les bouches de l'Enfer. Le combat de l'Archange et du Dragon peut prendre de multiples formes, mais le schéma en demeure toujours le même.

Michel à propos d'un volcan le met évidemment en rapport avec le « feu tellurique », ce feu qui est craché par la gueule du dragon. Tout se passe comme si l'on avait voulu donner à l'Archange le rôle d'un portier : il doit, par sa présence constante sur le sommet de la montagne, empêcher celle-ci de s'ouvrir et de faire surgir les torrents de feu qu'elle recèle en son sein, torrents de feu qui sont actuellement maîtrisés, mais qui peuvent, d'un instant à l'autre, être libérés et remettre en cause de façon tragique l'équilibre de l'univers. Et n'oublions pas que, dans sa mission protectrice, saint Michel est toujours accompagné de la Vierge Marie, la reine des Anges.

On retrouve cette même conception au tumulus Saint-Michel de Carnac, splendide tertre mégalithique situé non loin des célèbres alignements et qui contient des galeries souterraines aboutissant à des chambres funéraires. Au-dessus, a été construite une chapelle dédiée à saint Michel. Ici également, l'Archange est à la porte de communication des deux mondes. Sur le sommet du tertre, il procure la lumière céleste, mais il est aussi le gardien vigilant de cette lumière *noire* qui rôde à l'intérieur du tertre, celle de l'Autre Monde où tout est inversé, mais où il a mission de conduire les âmes. Et quand on sait que la plupart des tertres mégalithiques sont placés également sous la protection d'une déesse funéraire — bien repérable dans certaines allées couvertes de Locmariaquer, sous forme de gravures sur les supports —, on peut encore prétendre qu'il y a ici alliance évidente entre l'Archange et la Vierge, même si cette Vierge se présente sous son ancien visage de Déesse des Commencements.

Cette alliance est encore plus nette au Mané-Gwenn, colline d'une centaine de mètres de hauteur, près de Guénin (Morbihan), dans un paysage qui provoque la méditation et le recueillement. A la base de la colline se trouve une source dédiée à la Vierge Marie. A mi-hauteur, sur le flanc oriental, a été construite, au début du XVIe siècle, une magnifique chapelle en gothique flamboyant sous le vocable de Notre-Dame du Mané-Gwenn, chapelle entourée d'un placître qui contient des arbres remarquables par leur taille et leur force. L'endroit est assurément très riche en énergie venue de la terre. Sur l'un des sommets de la colline, le plus haut, se trouve une chapelle assez récente, et sans intérêt artistique, mais qui est consacrée à saint Michel. Et sur l'autre sommet de la colline, séparé du premier par un petit vallon verdoyant, on découvre des pierres monumentales naturelles qui ont été utilisées aux époques préhistoriques, dont l'une, marquée de creux et de sinuosités, passe pour être la « Pierre du Sacrifice ». De toute évidence, même si l'on met en doute la réalité de la Pierre du Sacrifice (les creux et les rigoles sont le résultat de l'érosion), il s'agit d'un sanctuaire en plein air, d'un temple païen bien antérieur à la venue des Celtes.

Quant à la chapelle Saint-Michel, elle remplace incontestablement soit un édifice, soit une pierre qui a dû être considérée comme un objet cultuel ou votif. Le vocable de saint Michel, on le sait, ne peut pas être donné à n'importe quel endroit sans raison profonde. Si l'on manque de documents sur ce qui pouvait exister *avant* à cet emplacement, les noms, par contre, nous fournissent d'utiles renseignements. En effet, *Mané-Gwenn* signifie littéralement « Mont-Blanc », mais en breton le mot *gwenn* (comme le gaélique *finn*) a un sens beaucoup plus large qui se réfère à une racine indo-européenne reconnaissable dans le nom de la déesse Vénus, qui est, à proprement parler, la « lumineuse », la « belle ». Le Mané-Gwenn n'est donc pas seulement le Mont-Blanc, c'est aussi le « Mont-Lumineux » et le « Mont-Beau ». D'ailleurs, l'adjectif français « beau » (et « bel ») provient non pas du latin, mais du gaulois, et signifie tout simplement « brillant ». Il est plus que probable qu'à cet endroit, aux temps druidiques, un culte était rendu au dieu lumineux gaulois dont l'épithète est *Belenos* (Brillant), surnom donné au Mercure gallo-romain en lequel on reconnaît le dieu Lug des épopées irlandaises. Et le nom de Lug provient d'une racine indo-européenne qui signifie « blancheur », « lumière », reconnaissable dans le grec *Leukos*. Voilà trop de coïncidences, d'autant plus que le nom de la paroisse est Guénin, nom que la tradition locale prétend être celui du saint fondateur. Mais « saint » Guénin a une existence bien hypothétique, et il vaut mieux y voir un dérivé du mot *gwenn.* Dans ces conditions, il n'est pas étonnant de constater la présence de l'Archange brillant sur le sommet d'une montagne au pied de laquelle passe d'ailleurs la voie romaine (c'est-à-dire un ancien chemin préhistorique) qui va d'Angers à l'Aber Vrach en passant par Castennec et Carhaix, cette voie qu'on appelle, dans le pays, *Hent-Kornevek,* le « chemin de Cornouaille », et qu'ailleurs on nomme *Hent-en-Ahès,* « chemin d'Ahès », du nom d'une mystérieuse divinité féminine souvent confondue avec la Dahud de la légende de la ville d'Is.

Le Mané-Gwenn, avec la présence de saint Michel, est bien à l'image du Mont-Tombe, et comme lui, cela a dû être un Tombelaine, c'est-à-dire un *Tum-Belenos,* un tertre voué au culte d'une divinité de Lumière luttant contre les forces mystérieuses qui surgissaient de la terre. Il est plus probable que ce culte de Lug-Belenos fut institué face aux cultes telluriques qui étaient célébrés sur l'autre sommet de la colline, et qui représentaient des croyances encore plus archaïques. Saint Michel est venu détrôner tout cela, mais on lui a adjoint Notre-Dame, la Vierge, ce qui est tout à fait conforme à ce que l'on découvre dans tous les lieux de culte michaélique, au Mont-Saint-Michel comme ailleurs.

Mais il est un autre lieu voué à l'Archange qui mérite toute notre attention, bien qu'il soit précisément trop souvent éclipsé par le sanctuaire voisin de Notre-Dame du Puy-en-Velay : il s'agit du « mont » Saint-Michel d'Aiguilhe, ce « dyke », c'est-à-dire un bouchon de volcan, de 88 mètres de hauteur et de 57 mètres de diamètre qui surplombe la ville et fait face à la statue de Notre-Dame-de-France, elle-même établie sur le sommet d'un autre dyke, sur les flancs duquel s'est bâtie la vieille ville du Puy. En pleine terre, au milieu d'un cirque de montagnes, dans une région géologiquement instable, Saint-Michel d'Aiguilhe est à la fois un site extraordinaire et un monument remarquable.

C'est en 962 que le doyen du chapitre de la cathédrale du

Puy, un certain Truanus, entreprit de construire sur cette « aiguilhe » un oratoire dédié à saint Michel. La charte de fondation ne nous le dit pas, mais il est probable que le vertueux Truanus voulait là aussi opérer une substitution de cultes : depuis la plus haute antiquité, les gens du pays devaient honorer sur le sommet du dyke une divinité lumineuse, Lug-Mercure, à l'époque gauloise. C'était une véritable gageure de bâtir quelque chose sur le sommet de cette étroite pyramide, et le premier travail des constructeurs fut de tailler, à même le rocher, qui est en pierre de lave, un chemin pour y accéder. Il subsiste encore quelques vestiges de ce sentier primitif dans les 268 marches qui conduisent de la base au niveau de la chapelle.

A la base, on construisit, au XIIe siècle, un porche de style roman auvergnat, flanqué de deux colonnes surmontées de chapiteaux supportant une archivolte moulurée à claveaux blancs et noirs, et décorée de sphères. On a voulu signifier, par ce porche, qu'on entrait dans un domaine angélique, car c'est en effet la montagne tout entière qui est consacrée aux Anges : on n'accédait à la chapelle Saint-Michel qu'après s'être arrêté, au cours de l'ascension, auprès de deux oratoires aménagés dans le roc. Le premier, qui n'existe plus aujourd'hui, était consacré à l'Archange Gabriel, et le second, à mi-chemin, disparu également, était une petite chapelle dédiée à l'Archange Raphaël. Entre l'oratoire de Raphaël et le sommet, une autre chapelle avait été creusée, sous le vocable de saint Guignefort, un saint vénéré dans le Massif Central, et qui semble bien être la version christianisée et fortement édulcorée d'une divinité archaïque de la fécondation[1]. Et partout, on distingue des creux sur la paroi, comme si l'on avait voulu rappeler le souvenir de la grotte du Monte-Gargano : car il ne faut pas oublier que Le Puy-

1. Ce saint passe pour être d'origine écossaise et pour guérir les maladies contagieuses. Dans l'Ain, de curieuses légendes courent à son propos et en font un *chien* doué d'une âme. Mais l'étude de son nom conduit davantage à penser à l'épithète d'un dieu du genre de Priape.

en-Velay était un nœud de routes de pèlerinages entre l'Europe du Nord et la Méditerranée, et que l'établissement d'un sanctuaire sur le mont Aiguilhe était une conséquence directe de l'instauration du culte michaélique dans les Pouilles.

Sur le sommet, la chapelle de l'Archange fait corps avec le rocher. La porte de droite, qui ouvre sur le chemin de ronde, est un des derniers vestiges du modeste ermitage qui porta même le nom d'abbaye de Séguret, c'est-à-dire « lieu sûr », et qui abrita quelques ermites chargés de veiller sur le sanctuaire. La porte de la chapelle s'ouvre sur un arc trilobé, et l'ensemble est supporté par deux petites colonnes aux chapiteaux ouvragés. Celui de droite représente deux diacres portant des lys à la main. Sur le chapiteau de gauche, sont représentés des aigles prêts à s'envoler. Et de hideux animaux, sortes de chiens à pieds bovins, qui s'élancent pour fuir, de chaque côté de la porte, rappellent évidemment le combat de Michel contre les forces obscures. Enfin, le linteau représente deux sirènes qui semblent soutenir l'ensemble du portail et vouloir s'écarter, comme si elles étaient les gardiennes du seuil. Elles n'ont rien de maléfique, mais leur présence ici peut étonner. Après tout, comme dans la cathédrale de Clonfert, en Irlande, la sirène représente sans doute l'antique déesse-mère, divinité de la terre et des eaux, force tellurique incontestable, qui cède la place au culte céleste représenté ici par saint Michel. Il est fort possible que cette image soit un lointain souvenir du mythe d'Apollon vainqueur du serpent Pythôn. Quant à l'arc trilobé qui surmonte le portail, il est inspiré de scènes de l'Apocalypse. Et tout en haut, complétant ainsi la façade, on peut voir une frise constituée par cinq bas-reliefs sculptés, dont le personnage central est le Christ bénissant et présentant le « Livre de Vie ». A sa droite, se trouvent la Vierge et saint Jean, à sa gauche, saint Michel et saint Pierre.

Le sanctuaire proprement dit est constitué par un quadrilatère de quatre mètres de côté, enchâssé littéralement dans les aménagements romans du XIIIe siècle, et forme actuellement le chevet de la chapelle. Comme à Notre-Dame-de-Sous-Terre, au Mont-Saint-Michel, il s'agit du lieu de culte le plus ancien de ce site, et son style est également pré-roman. L'édifice est surmonté d'un clocher à cinq étages, qui date de la fin du XIIIe siècle, et qui est une réplique miniaturisée du clocher de la cathédrale du Puy. A l'intérieur, parmi des fresques très anciennes et en assez mauvais état, on peut remarquer une Vierge qui écrase la tête du Serpent, et, bien sûr, une statue de saint Michel. Cette statue est assez fruste, assez raide et difficile à dater. Mais ce qui surprend, c'est que saint Michel est représenté en guerrier gaulois. N'est-ce pas là la preuve évidente que l'Archange de lumière n'a fait que succéder au Mercure-Lug des anciens Gaulois ?

Il émane de cet ensemble une plénitude et une sérénité tout à fait exceptionnelles. On se sent dans un endroit privilégié, à mi-chemin entre le Ciel et la Terre, sur une cheminée de volcan qui menace peut-être d'éclater un jour et de renverser l'équilibre du monde. On comprend alors pourquoi, comme au Mont-Saint-Michel au Péril de la Mer, les hommes ont tant tenu à édifier un sanctuaire en l'honneur du plus brillant des Archanges. Il fallait qu'il y eût un gardien des forces telluriques menaçantes. Saint-Michel d'Aiguilhe pourrait être nommé « Saint-Michel au Péril de la Terre ». Les motivations sont les mêmes, mais la Terre, avec ses silences parfois sournois, est peut-être plus dangereuse encore que la Mer qu'on voit rouler dans le vent et dans le soleil. Ici, comme une sorte de socle sur les mondes enfouis, saint Michel veille sur le feu souterrain. Et, de l'autre côté de la ville, sur un autre cône volcanique, la Vierge Marie lui répond et le conforte dans sa mission salvatrice. Saint-Michel d'Aiguilhe est, avec l'ancien Mont-Tombe, l'un des pôles essentiels de l'équilibre qui maintient l'univers entre le Jour et la Nuit, entre la chaleur du soleil et la froideur des étoiles trop lointaines pour qu'on puisse sentir la force redoutable qu'elles recèlent en leur noyau de feu.

DEUXIÈME PARTIE

L'Archange et le Démon

I

LES SAINTS ET LES ANGES

Angelus nuntiavit Mariae... Cette pieuse psalmodie a bercé mon enfance comme elle a tourmenté autrefois des générations de Chrétiens rythmant leurs journées au gré d'une sonnerie de cloches évadée d'une tour et prolongeant à l'horizon le son infini du message divin. Mais les temps ne sont plus ce qu'ils étaient. Les sonneries de cloches, provoquées par la « fée électricité » (la laïcité est partout !), disparaissent progressivement sous prétexte qu'elles agressent les citadins dans leur sommeil matinal et qu'elles les dérangent, le soir, dans leur nouveau culte du feuilleton télévisé. L'*Angelus* de Millet est certes un chef-d'œuvre, de naïveté autant que de peinture, mais il est relégué au musée. Là, il ne dérange personne.

Le Christianisme a pourtant été bercé par les Anges, et leurs voix célestes ont inspiré bien des musiciens, célèbres ou anonymes, qui essayèrent tant bien que mal de traduire à l'usage des hommes ce que, dans certains cas, on appelle le « langage des Oiseaux ». Du reste, l'analogie entre l'Ange et l'Oiseau n'est plus à démontrer. Et si, de nos jours, on préfère la pompeuse dénomination scientifique de « musique des sphères », il faut bien avouer que tout cela appartient au domaine merveilleux du supranaturel, de ce que l'être humain cherche désespérément à apercevoir lorsque son horizon n'est pas bouché par des cubes de béton qui surgissent de la terre comme des chancres indestructibles, retenant sous leurs redoutables pesanteurs les énergies qu'autrefois on savait encore palper lorsqu'on marchait pieds nus sur un chemin de terre. Les Anges sont devenus ce qu'est le Père Noël : une image de film fantastique. Et s'ils sont curieusement armés de « désintégrateurs » miracles, il faut s'en prendre à l'imagination de nos auteurs de science-fiction.

Et pourtant... A ce que raconte la *Genèse* (III, 24), Yahvé-Dieu « posta devant le jardin d'Éden les Chérubins et la flamme du glaive fulgurant pour garder le chemin de l'Arbre de Vie ». Si les approches du phénomène sont maintenant totalement différentes — un pur divertissement face à une réflexion métaphysique —, l'imagerie a peu évolué au cours des siècles, même si elle se colore d'éléments apparemment empruntés à la Science qui régit notre univers. Et sans tomber dans l'exégèse rationalisante d'une certaine école soviétique qui s'est donné pour tâche de démystifier les mythes, il faut bien reconnaître que les « cent mille soleils » de l'explosion nucléaire valent bien le glaive de feu de l'Ange exterminateur. Il est d'ailleurs utile de savoir que le mot « Chérubin » qui désigne une certaine catégorie supposée d'Anges, provient d'une racine signifiant « brûler », et que toutes les références établies à propos des Anges évoquent une luminosité intense et parfois insoutenable.

Mais tout cela concerne des *images* transmises de générations en générations et dont l'origine est difficile à cerner. De plus, ces images ne nous sont pas livrées avec leur code d'interprétation, ce qui rend toute explication hasardeuse ou contestable. La fameuse querelle byzantine sur le sexe des Anges en demeure l'exemple le plus frappant, même si elle prête à rire et si elle sert d'argument pour démontrer l'inanité des spéculations métaphysiques ou religieuses. Le temps n'est plus où chaque fidèle chrétien croyait en la présence perpétuelle à ses côtés d'une entité protectrice invisible, son Ange gardien : on se borne maintenant à considérer comme une curiosité les représentations d'angelots joufflus tant de fois multipliées sur les peintures murales ou les bas-reliefs des églises de style baroque, et qui, à coup sûr, appartiennent davantage à la plate mythologie gréco-romaine qu'à la pensée théologique chrétienne. Le « ce qui va de soi » triomphe. Et il est bien connu que les Anges sont de beaux et jeunes hommes — ou de charmants petits garçons — à vrai dire quelque peu androgynes, qui réveillent, en tout état de cause, les pulsions inconsciemment pédophiles des êtres humains. Mais ces beaux garçons ont une particularité : *ils ont des ailes.*

Certes, Éros, fils de Vénus, comme les génies de toutes les mythologies orientales, est représenté avec des ailes. Et Hermès-Mercure, le dépositaire des secrets des Dieux, mais aussi leur *messager,* a été vu portant de petites ailes à ses chevilles, d'où provient sans aucun doute sa fonction de protecteur des voyageurs et de guide des âmes vers l'Au-Delà. Ce ne serait pas la première fois que la religion chrétienne aurait emprunté les éléments fondamentaux de ses croyances à des mythologies plus anciennes qui avaient le mérite d'exister et d'être *parlantes* pour les premiers Chrétiens, surtout ceux des cités hellénistiques et de Rome qui se trouvaient plongés alors dans le plus extraordinaire tourbillon de syncrétisme qui ait jamais eu lieu.

Cependant, les Anges sont présents dans la Bible hébraïque. Cela ne veut pas dire que les Juifs en soient les inventeurs : il n'y a plus à prouver les influences phéniciennes et mésopotamiennes sur la tradition religieuse des Hébreux ; elles sont trop nettes et trop précises pour qu'on puisse en douter un seul instant. Le génie hébraïque a consisté à opérer une synthèse — et non pas un syncrétisme — parfaitement harmonieuse entre toutes les données théogoniques et théologiques du Moyen-Orient, d'où l'intérêt prodigieux que représente la Bible pour l'étude de l'évolution religieuse de l'humanité aux endroits mêmes où s'opérait le phénomène d'urbanisation, facteur d'innovations et d'expériences sans précédent, qui allait provoquer la naissance d'une nouvelle société et permettre à la Grèce de devenir ce qu'on a — peut-être un peu inconsidérément — appelé le « creuset du miracle grec ». Quoi qu'il en soit, de ce bouillonnement d'idées, de croyances et d'observations en tous genres, allait surgir ce qu'il est convenu de nommer la « civilisation ». Et la Bible hébraïque y a sa part, probablement l'une des plus importantes.

Or, au fur et à mesure que les mythologies se compliquent, faisant apparaître des multiplicités de Dieux qui sont autant de symboles fonctionnels d'une unique divinité innommable et incommunicable (du type de Yahvé), et que s'épurent les grandes lignes d'une réflexion philosophique conduisant à la théologie, la nécessité d'entités médiatrices entre le Divin et l'Humain se fait cruellement sentir. Et sans aller jusqu'à Jésus-Christ qui est le médiateur parfait puisqu'il est l'Homme-Dieu, c'est-à-dire le Dieu manifesté dans le phénomène, c'est là qu'intervient le concept d'*Ange*.

En effet, le mot *Ange* signifie avant tout le « messager ». Qui entend la voix d'un Ange entend la voix de Dieu lui-même, mais en des termes compréhensibles. En somme, les Anges sont de véritables *traducteurs* de la parole divine qui demeurerait, dans un cadre théologique et non plus mythologique (dans la tradition grecque, les Dieux interviennent eux-mêmes en prenant forme humaine), totalement incompréhensible pour toute oreille humaine, puisque le Parfait est incommunicable à l'Imparfait.

Cependant, dans les récits bibliques, ce concept d'Ange est loin d'être clairement défini. La première mention de son existence intervient lors de l'expulsion d'Adam et Ève du Paradis, lorsque la porte du jardin d'Éden est gardée et interdite par le glaive de feu. La tradition des Pères de l'Église prétend, sans aucune référence ni justification, que c'est l'Archange Michel qui garde ainsi les portes du Paradis terrestre. Le texte de la *Genèse* (III, 24) n'en fait nulle mention : il se contente de dire que Yahvé-Dieu « posta devant le jardin d'Éden les Chérubins ». Il y a un rapport évident — et presque un doublet — entre le glaive de feu et les Chérubins, puisque le mot Chérubins semble signifier les « brûlants ». Mais, de Michel, point. Et la *Genèse* se garde bien de préciser le rôle exact de ces Chérubins. Il faudra pour ce faire attendre les Pères de l'Église, dont la puissance d'imagination n'a d'égale que leur profonde connaissance des « superstitions » du paganisme.

En fait, le premier livre de la Bible, qui est le plus intéressant pour l'historien des religions, n'opère pas de distinction fondamentale entre l'Ange du Seigneur et le Seigneur lui-même. A ce qu'il semble, l'Ange n'est pas une entité hétérogène au divin. Il y participe pleinement en vertu d'un raisonnement de la plus pure dialectique qui est celui-ci : l'Ange est *émanent* de l'*immanent* pour le *permanent,* c'est-à-dire que l'Ange est une émanation temporaire et transitoire de Dieu, qui est immanence pure, pour établir le contact avec la créature qui se trouve dans le plan de la permanence, ou encore des réalités relatives par rapport au Divin. C'est ce qui ressort du passage de la *Genèse* (XVI, 13) où l'identification est nette entre l'Ange et Yahvé. Et dans la plus grande partie de l'Ancien Testament (notamment dans *Genèse,* XVI, 7, XXI, 17, XXII, 11, ainsi que dans *Exode,* III, 2 et XXIII, 20), l'Ange n'apparaît pas comme un être créé distinct de Dieu : c'est réellement Dieu sous la forme visible avec laquelle les humains peuvent communiquer. Il arrive aussi que cet Ange, comme dans un passage de l'*Exode* (XII, 23), soit l'exécuteur de la vengeance divine : il revêt alors la fonction destructrice de la divinité, fonction commune dans les religions orientales et pudiquement escamotée dans le judéo-christianisme parce que contradictoire avec la notion de charité.

C'est dans le Nouveau Testament que les Anges acquièrent leur autonomie et leur hétérogénéité par rapport à Dieu. Faut-il y voir une profonde influence de certaines sectes hébraïques comme celle des Esséniens, ou de certains courants philosophiques d'origine orientale comme en véhiculait la civilisation hellénistique, ou encore de la philosophie grecque classique ? Il est difficile de répondre. On peut seulement constater que plus l'accent a été mis sur la plénitude d'un Dieu suprême et unique, très éloigné de sa création mais préoccupé par elle, plus apparaissait la nécessité de puissances intermédiaires. Les Anges font donc irruption dans les Évangiles, les Actes des Apôtres, et surtout, dans une sorte d'apothéose monumentale, dans l'Apocalypse, où la *révélation* se réalise par eux, avec le concours de ce mystérieux Jean, qui n'est peut-être pas l'Évangéliste, mais qui n'en est pas moins, comme son nom l'indique, le « Témoin de la Lumière ». Désormais, l'Ange est une entité individuelle, personnalisée et parfois nommée : ainsi découvre-t-on l'annonciateur Gabriel, dont le nom signifie « qui se tient devant Dieu », le médiateur Raphaël, « Dieu a guéri », et le prince de lumière Mikhaël, autrement dit Michel, qui pose, dans son nom, une question toujours sans réponse : « Qui est comme Dieu ? » Cette entité est d'essence spirituelle, comme Dieu, invisible sauf quand elle doit se manifester aux humains, donc douée de pouvoirs très étendus, capable d'intervenir à tout moment et en tout endroit sur l'ordre de Dieu, et surtout, ce qui est d'une importance exceptionnelle, investie d'un Libre Arbitre absolu lui permettant de faire un choix entre ce qu'on nomme improprement le Bien et le Mal, cette liberté expliquant et justifiant la tradition quelque peu brumeuse qui concerne une « chute des Anges », à vrai dire problématique car non certifiée par les textes canoniques hébraïques ou chrétiens.

Cette qualité d'entité individuelle qu'on reconnaît à l'Ange n'empêche pas de considérer, comme le dira plus tard saint Jean Chrysostome, que « l'air est tout entier rempli d'anges ». Les Anges forment en effet une multitude dans les zones intermédiaires du monde subtil. Et si, parfois encore, l'*Ange du Seigneur* n'est que la manifestation du Verbe de Dieu, les Anges forment de célestes cohortes qui, par leur action offensive ou défensive, contribuent à l'équilibre et à l'harmonie du Cosmos dont ils sont en quelque sorte les garants. Les spéculations théologiques insisteront sur le double mouvement des Anges, une descente de Dieu vers la Création, et une montée de la Création vers Dieu, mouvement analogue à une grande respiration qui serait celle de l'univers poursuivant le cycle éternel de l'involution et de l'évolution. Mais, concrètement parlant, dans l'optique chrétienne la plus répandue, le double mouvement angélique se résume à peu de chose : transmission des messages et des volontés de Dieu aux hommes, et prières des hommes vers Dieu par l'intercession des Anges, dans le cadre d'un culte qui va connaître un certain succès dès le haut Moyen Age.

C'est ce besoin de concret qui provoque les apparitions et le culte des Anges. Dans certains cas, on va même vers une description précise de ces personnages au demeurant plongés dans une atmosphère toujours énigmatique où le seul élément qui soit incontestablement dominant est la *blancheur* symbolique ou réelle de leur vêtement. Certes, Matthieu (I, 20 et II, 19) en reste encore à une vague entité qui ne se manifeste même pas corporellement, puisque « l'Ange du Seigneur apparut *en songe* à Joseph ». Mais, plus loin dans Matthieu (IV, 11), ainsi que dans Marc (I, 13), on en arrive au matériel : après que Jésus a jeûné au désert, et après qu'il a repoussé le Tentateur, « des Anges s'approchèrent, et ils le servaient ». Il s'agit évidemment de nourriture et de boisson, ce qui suppose une corporalité pour les Anges. Cet aspect humain est mis en évidence dans l'Évangile de Luc lorsque l'Ange du Seigneur apparaît à Zacharie (I, 11), lorsque l'Ange reconnu comme Gabriel est envoyé dans une ville de Galilée (I, 26) et qu'il engage le célèbre dialogue avec Marie (I, 26-38), enfin lorsque les Bergers sont guidés vers l'étable (II, 9). D'après le contexte, d'après l'attitude des interlocuteurs de l'Ange, il apparaît clairement que rien ne différencie l'Ange d'un homme ordinaire. Cela est conforme au passage de la *Genèse* (XVIII et XIX), quand deux Anges viennent à Sodome et sont reçus chez Loth, excitant la concupiscence des habitants de la ville qui assiègent la maison pour les réclamer à Loth. Celui-ci refuse, mais propose curieusement ses deux filles encore vierges à leur place. On peut seulement prétendre que ces deux Anges, manifestés sous forme humaine masculine, devaient être particulièrement beaux.

La beauté est, en effet, avec la lumière, la caractéristique de l'Ange qui se révèle aux humains. Toujours dans l'Évangile de Luc (XXIV, 4), lorsque les saintes Femmes, le matin de Pâques, se présentent au tombeau de Jésus, « deux hommes se tinrent devant elles, en habit éblouissant ». Chez Marc (XVI, 5), ces mêmes Femmes voient « un jeune homme assis à droite, vêtu d'une robe blanche ». Matthieu est plus précis (XXVIII, 2) : « Et voici qu'il se fit un grand tremblement de terre. L'Ange du Seigneur descendit du ciel et vint rouler la pierre, sur laquelle il s'assit. Il avait l'aspect de l'éclair, et sa robe était blanche comme neige. A sa vue, les gardes tressaillirent d'effroi et devinrent comme morts. » Ici, tout en ayant forme humaine, l'Ange est mis en relation avec la foudre et apparaît donc comme surnaturel. Jean (XX, 11), dont le témoignage reste probablement le plus fiable, se contente de présenter Marie de Magdala « près du tombeau, au-dehors, tout en pleurs. Or, tout en pleurant, elle se pencha vers l'intérieur du tombeau et elle vit deux Anges en vêtements blancs, assis là où avait reposé le corps de Jésus ». Et, dans les *Actes des Apôtres* (I, 10), Paul, après avoir décrit l'ascension de Jésus, parle de « deux hommes vêtus de blanc » qui se trouvent à côté des disciples.

Les commentateurs rationalistes de tous bords, à la fois contempteurs et détracteurs de la Tradition chrétienne, se sont abondamment gaussés de ces Anges postés près du tombeau de Jésus et les ont considérés comme des acteurs d'une mise en scène savamment organisée pour entourer la pseudo-résurrection de Jésus d'éléments merveilleux ou fantastiques destinés à impressionner les naïfs qui croyaient encore en l'Homme-Dieu. Ces sortes d'arguments sont tellement probants qu'ils en deviennent suspects lorsqu'ils concernent un texte traditionnel. Il serait peut-être temps d'abandonner cette attitude puérile qui consiste à juger *rationnellement* un texte qui est *irrationnel* par nature. Les Évangiles, même s'ils ont été souvent tronqués, altérés et interpolés par les Pères de l'Église, n'en constituent pas moins, comme l'Ancien Testament et comme les divers textes traditionnels de toutes les religions, des récits codés dont l'apparence historique n'est qu'un trompe-l'œil. Que le Christ ait ou non ressuscité *historiquement*, cela n'a aucune importance : l'essentiel est le message. Et le message contient des références précises aux Anges, ces entités spirituelles qui peuvent se manifester aux hommes, et constituent le lien symbolique ou réel entre le visible et l'invisible, entre le communicable et l'incommunicable.

C'est ce qu'ont fort bien compris les Pères de l'Église qui, au cours des premiers siècles du Christianisme, feront de la question des Anges l'un des sujets de prédilection de leurs spéculations intellectuelles. On peut affirmer que ce sont ces Pères de l'Église qui ont donné aux Anges leur personnalité : auparavant, on s'était contenté de vagues notions dont la structure se trouvait encore engluée dans les récits mythologiques. A partir de là, la réflexion devenait purement métaphysique et concernait ce qui constitue le fondement même de la religion : l'indispensable contact du divin et de l'humain. Le Christ ayant procédé à son apothéose (au sens païen du terme) par son ascension, restaient les disciples pour porter témoignage, et, après les disciples, les prêtres, toujours reliés par filiation spirituelle à l'origine du message. Mais ce message remontait à un lointain passé, et il convenait de l'actualiser sans cesse par de nouvelles expériences, de nouveaux contacts entre le divin et l'humain. L'attitude des Pères de l'Église a donc été le souci de maintenir ce contact de façon permanente et en tenant compte de l'évolution socioculturelle de l'humanité. D'où l'apparition et la justification du culte des Saints et des Anges.

A vrai dire, les spéculations sur les Anges sont allées très loin, beaucoup plus loin que les spéculations sur les saints qui étaient, du moins pour certains d'entre eux, des personnages historiques et bien réels. Les Anges restaient dans le domaine de l'ineffable et du surnaturel, et l'état d'esprit qui se manifeste, aux premiers temps du Christianisme, à leur propos se réfère à la structure mentale qui déterminera plus tard la fameuse preuve ontologique de l'existence de Dieu formulée par saint Anselme. On en connaît le schéma : Dieu étant considéré comme la Perfection, comment se fait-il que l'homme, cet être imparfait, puisse avoir conscience de l'existence du Parfait, c'est-à-dire de Dieu ? Il faut, dans ce cas-là, que ce soit Dieu qui ait mis cette conscience dans l'esprit humain, d'où la certitude de l'existence de Dieu. Certes, cela ne constitue nullement une preuve scientifique : mais c'est un argument important, une présomption de preuve. Et cette « conscience » que nous avons du Parfait dans nos esprits imparfaits fait partie d'une chaîne qui relie le « haut » et le « bas », le Créateur et la plus modeste créature, chaîne jalonnée de relais indispensables dont les Anges sont les plus remarquables : en somme, nous ne pouvons avoir cette « conscience » de Dieu que par l'intermédiaire des Anges.

La voie était donc ouverte aux spéculations sur le rôle des Anges, mais d'emblée on considérait que ce rôle ne pouvait être que cosmique, répondant à un besoin d'équilibre et d'harmonie. Selon Jean Chrysostome, Dieu n'avait aucunement besoin des Anges pour lui-même : étant omnipotent, Dieu se passe de tout service, et c'est à l'intention de l'homme qu'il a créé les Anges, pour que l'homme ne soit pas isolé dans le cosmos. Les Anges représentent alors l'amour de Dieu pour sa création.

Saint Augustin ira plus loin en intégrant la notion de connaissance au concept de l'Ange. Pour l'évêque d'Hippone, les six jours de la création, telle qu'elle est décrite dans la *Genèse,* sont des « jours d'Ange ». Et chacun de ces « jours d'Ange » correspond à un accomplissement dans la connaissance en trois moments fondamentaux qui sont la « clarté du jour », le soir et le matin. Dans la « clarté du jour », l'Ange « saisit les choses dans le Verbe de Dieu avant leur création », c'est-à-dire qu'il atteint la révélation des desseins de

Dieu pour les choses à venir. Le soir, l'Ange « atteint les choses dans le Verbe, avant la création », c'est-à-dire contemple le réel immédiat. Le matin, l'Ange voit les choses en elles-mêmes, c'est-à-dire qu'il atteint, selon le mot de saint Augustin, l'*illumination*. D'où la conviction profonde que les Anges ont été créés le deuxième jour, en même temps que la lumière, la notion de lumière et celle d'Ange se confondant absolument. Cette théorie, toute mystique et subtile qu'elle soit, insiste néanmoins sur les rapports étroits qui peuvent exister entre « illumination » et « connaissance ». L'être humain, comme l'être angélique, se doit de parvenir à un degré supérieur de contemplation du divin, et de cette contemplation naîtra la connaissance des mystères ineffables de Dieu. Et, par conséquent, les Anges sont les guides des humains vers cette connaissance, puisqu'ils sont, grâce à leur nature plus spirituelle, déjà à un degré supérieur d'illumination par rapport aux créatures humaines.

Mais c'est le pseudo-Denys l'Aréopagite qui a exprimé avec le plus de puissance, au cours du VIe siècle, la vision du rôle et de l'activité des Anges dans le monde intermédiaire entre le ciel et la terre. Alors apparaît l'idée d'une *hiérarchie céleste* dont la *hiérarchie terrestre* (celle de l'Église) est un reflet encore imparfait, mais qui doit parvenir à la perfection. Cette hiérarchie céleste, qui concerne les Anges, est trinitaire, les Anges se répartissant en trois grands ordres formés chacun de trois chœurs. Les chiffres sont évidemment symboliques, le ternaire étant à l'image de Dieu (la Trinité) et les neuf chœurs des Anges constituant la réalisation du ternaire, autrement dit l'accomplissement. N'oublions pas que, dans la tradition hermétique, le personnage symbolique d'Hermès Trismégiste, figure empruntée au divin messager des Dieux, connaisseur des secrets du monde spirituel, est, selon son surnom, le « Trois fois très Grand », ce qui correspond au chiffre neuf. De là naîtront de nombreuses théories dites numérologiques, et qui, bien souvent, se trouveront imprégnées de Gnose et de philosophies orientales. Denys l'Aréopagite ne va pas jusque-là : il se contente d'assigner aux Anges un cadre hiérarchique comportant des degrés qui correspondent à des fonctions, un peu comme dans les soi-disant polythéismes où les figures divines ne sont que des représentations socialisées et fonctionnelles d'une divinité unique et incommunicable en elle-même.

Pour cet étrange pseudo-Denys, l'ordre angélique supérieur est « celui qui fait cercle autour de Dieu ». Il comprend les Séraphins, les Chérubins et les Trônes. Les Séraphins sont les animateurs du « mouvement perpétuel autour des secrets divins ». Ils participent à l'ardeur bouillonnante des hautes sphères et détiennent le « pouvoir de purifier par la foudre et le feu ». Les Chérubins sont des « effusions de sagesse », et « l'aptitude à connaître et à contempler Dieu » les caractérise. Quant aux Trônes, par leur refus de tout ce qui est vil et bas, ils représentent l'approche de la rigueur divine dans sa plénitude.

Le second ordre comprend les Dominations, les Vertus et les Puissances. Cet ordre, dans la vision mystique qui est celle du pseudo-Denys, représente la Volonté divine exempte de toute faiblesse, l'image même de la Puissance, un « pouvoir intellectuel parfaitement ordonné », mais « qui n'est pas de ce monde », en un mot la Justice de Dieu non seulement en potentialité, mais en action.

Le troisième ordre est composé des Principautés, des Archanges et des Anges proprement dits. C'est à cet ordre qu'est dévolue la fonction révélatrice, fonction qui « préside aux hiérarchies humaines » et qui permet l'élévation spirituelle dans un incessant mouvement en direction de Dieu. C'est dire que, pour les humains, c'est l'ordre le plus important, puisque permettant véritablement le contact entre le visible et l'invisible, et la transmission des volontés divines à l'échelle de la création. D'où la prééminence des Anges et des Archanges, pourtant au dernier rang de la hiérarchie céleste établie par le visionnaire, dans le culte qui va se développer au cours du Moyen Age. Le nom des Anges et celui des Archanges vont largement éclipser les noms des autres catégories célestes : les couches populaires ne retiendront que les figures angéliques les plus à leur portée, car, grâce à elles, « la hiérarchie se manifeste plus clairement à nos yeux, et d'une façon qui touche davantage notre monde ».

Et, chose très remarquable, le culte angélique va se développer parallèlement à la dévotion à Marie, mère de Jésus, tout au long des VIe et VIIIe siècles. La Vierge Marie, déjà souveraine du Ciel, va devenir la « Reine des Anges », et, selon la parole de Germain, patriarche de Constantinople, elle est plus que jamais la Maîtresse des célestes séjours, au-dessus de toutes les entités spirituelles, c'est-à-dire les Anges, qui « la servent dans la crainte ». Nous verrons d'ailleurs que le culte de saint Michel est toujours doublé par un culte à la Vierge Marie, comme si on avait senti qu'à travers la figure de lumière de l'Archange se profilait le visage de l'antique Déesse-Mère sous les traits purifiés de la *Théotokos* chrétienne, la mère du Dieu incarné. Et l'image de saint Michel combattant le Dragon offre un parallèle saisissant avec l'image de la Vierge écrasant la tête du Serpent.

Cependant, les spéculations sur les Anges continueront de se multiplier. En 870, après avoir traduit en latin les œuvres de Denys l'Aréopagite, le célèbre Jean Scot Érigène, dont la pensée se réfère incontestablement à une tradition celtique ancienne, écrit un commentaire sur les hiérarchies célestes. Il y défend la thèse selon laquelle la créature, homme ou ange, est une projection de la pensée divine. Il y a parenté entre l'Ange et l'Homme, du moins au point de vue spirituel, et tout comme l'Homme, mais à un degré supérieur, l'Ange participe au monde métaphysique, qui est celui de Dieu, par l'illumination de la connaissance.

Bien entendu, toute la Scolastique médiévale reprendra la thèse de Jean Scot Erigène, avec, à chaque génération, un certain nombre de modifications dues à l'idéologie dominante du moment. Mais le problème des Anges est alors, si l'on peut dire, entré dans les mœurs, même si les diverses spéculations n'ont jamais été considérées comme articles de foi. Et c'est souvent par opposition à des thèses hérétiques que les théologiens, à partir du XIIe siècle, se sont penchés avec encore plus d'ardeur sur ce problème, constituant ainsi une véritable angélologie qui se doublera, à la fin du Moyen Age, d'une démonologie rendue nécessaire par la fameuse « Chasse aux Sorcières » qui envahit l'Europe occidentale.

Les Cathares ont attaché une particulière importance au problème des Anges puisque, pour eux, tout au moins pour certains de leurs doctrinaires, les hommes ne sont autres que des Anges déchus qui n'aspirent qu'à une chose : revenir au royaume de la Lumière qui est le monde divin. Mais l'*angélologie* cathare, héritière de la Gnose et du Manichéisme, est intégralement située en fonction d'une « chute des Anges » faisant apparaître une profonde dichotomie entre deux principes [1]. Et quelle que soit la position des doctrinaires cathares, dualistes radicaux ou dualistes mitigés, l'accent est mis sur la communauté d'origine de l'âme humaine et du principe subtil qu'est l'entité angélique. Et c'est un Ange révolté, Satan, qui, par ses ruses, a enfermé l'Ange primitif, c'est-à-dire Adam, dans un corps, autrement dit dans une matière qui est une manière de non-être, ou une négation de l'Être.

Face aux doctrines cathares, la réaction des théologiens orthodoxes a permis de préciser ce que l'Église romaine pensait du problème des Anges. En fait, l'angélologie allait devenir une méditation symbolique beaucoup plus qu'une recherche théologique, et ce n'est pas sans méfiance qu'on a considéré les rapports subtils entre les Anges et Dieu d'une part, entre les Hommes et les Anges d'autre part. Ainsi, saint Anselme, qui s'est efforcé de concilier métaphysique et théologie, a vu dans la révolte des Anges la preuve que ces Anges étaient doués d'une liberté totale au même titre que l'être humain. Dans ces conditions, les Anges ne pouvaient plus être des émanations divines, mais des entités autonomes

1. Voir dans Jean Markale, *Montségur et l'énigme cathare,* Paris, Pygmalion, 1986, pp. 179-184, ce qui concerne les croyances des Cathares quant aux Anges et à leur rôle, quant à l'équivalence de l'âme humaine et de la substance angélique.

créées par Dieu pour aider les hommes à atteindre la connaissance. La révolte des Anges, conséquence de leur Libre Arbitre, consiste en un refus de coopérer, et se traduit par un « manque », le châtiment étant la privation de la lumière divine. En réalité, dans les spéculations de saint Anselme, on reconnaît toute la problématique cathare, mais ramenée dans le cadre d'un dogme solidement établi.

Le Franciscain saint Bonaventure, qu'on surnomma le « Docteur séraphique », insista, au cours du XIIIe siècle, sur l'aspect mystique de la vision qu'on peut avoir des Anges. Sans doute avait-il été impressionné par ce qu'on racontait au sujet de son maître François d'Assise qui, dans sa solitude du mont Alverne, aurait été visité par un Séraphin ailé. Pour Bonaventure, les hiérarchies angéliques s'ordonnent et s'organisent dans la Trinité, c'est-à-dire qu'elles sont le chemin qui mène à l'essence divine. Mais par là, il suppose que l'âme humaine doit parvenir à la connaissance des splendeurs célestes grâce à la contemplation angélique. Le lien apparaît encore très net avec les propositions cathares, l'accent étant mis sur les rapports de l'Ange avec l'âme, rapports parfaitement ambigus et qui, interprétés d'une certaine façon, peuvent conduire à une identification. C'était, en somme, prendre en compte l'angélologie cathare en la débarrassant du contexte dualiste.

C'est contre cette tendance que va réagir saint Thomas d'Aquin, celui qu'il faut bien considérer, bon gré, mal gré, comme le théologien le plus marquant de l'Église romaine. Il est vrai que dans le domaine de l'angélologie, Thomas d'Aquin avait à affronter non seulement les séquelles du catharisme mais également les influences profondes des théologiens et métaphysiciens musulmans d'Espagne, le célèbre Averroès en particulier. Averroès professait en effet que, pour avoir accès à la Connaissance suprême, les êtres d'intelligence inférieure dépendaient étroitement d'êtres supérieurs, autrement dit des Anges (qui font partie de la croyance musulmane). C'était donc affirmer que l'Homme ne pouvait rien sans le secours des puissances intermédiaires et qu'il était soumis à une sorte de déterminisme limitant considérablement la liberté individuelle. Il est vrai que l'Islam est avant tout « soumission » à une volonté divine présentée comme un plan préparé d'avance et auquel on ne peut échapper. Les germes de la philosophie calviniste apparaissent déjà dans la métaphysique d'Averroès. Et il est normal que saint Thomas d'Aquin, pur produit de la spéculation médiévale, véritable opérateur de la synthèse entre l'aristotélisme rationaliste et le message christique irrationnel, ait voulu prendre un certain recul par rapport aux doctrines qui limitaient ou niaient le Libre Arbitre. Au fond, le thomisme se présente comme un réaménagement supportable du néopélagianisme, c'est-à-dire d'une doctrine qui fait confiance à la créature face au Créateur.

C'est pourquoi saint Thomas insiste sur le fait que l'objet de la Connaissance ne peut être que Dieu lui-même. Les Anges, pour lui, n'ont qu'une importance relative et doivent être considérés seulement dans leur rôle de « messagers ». Ils constituent une aide, mais ne sont pas les « correspondants » exclusifs ou privilégiés des hommes : les Anges dépendent étroitement du Créateur et font partie de la création non incarnée, de la création invisible. Pour connaître Dieu, il n'est pas nécessaire de passer par la contemplation angélique dont parlait saint Bonaventure. Thomas est un rationaliste ; il n'entre pas dans le jeu subtil de la mystique franciscaine. Et surtout, il est hanté par les problèmes posés par Pélage qui prétendait que l'Homme était capable de se sauver ou de se perdre lui-même, sans le secours de la grâce divine, en toute liberté, et par sa nature. Le fatalisme musulman, comme la consubstantialité cathare entre Anges et humains, n'est qu'une négation du Libre Arbitre : or le péché originel ne se justifie que s'il y a Libre Arbitre effectif, et donc existence en dehors de Dieu. Il en sera de même si l'on tente d'expliquer la problématique chute des Anges. Au fond, Thomas d'Aquin rejette la théorie de l'émanation qui était si chère aux premiers Pères de l'Église et que les Cathares, suivant en cela la croyance gnostique, ont reprise à leur compte dans le but de justifier l'existence du Mal, ce Mal étant considéré comme une imperfection provisoire mais susceptible d'être néantisée.

On sait que la pensée thomiste va dominer l'Église romaine pendant de nombreux siècles. C'est sans doute parce qu'elle constitue un moyen terme, un véritable compromis entre deux notions ontologiques, compromis rassurant dans la mesure où il assure que l'être humain est libre, mais que sa liberté ne peut s'exercer pleinement qu'avec le secours de Dieu. C'était corriger la rigueur de l'augustinisme par le laxisme apparent du pélagianisme, les deux thèses ayant toujours constitué les deux pôles opposés de la recherche théologique à l'intérieur du Christianisme. Les Anges sont donc remis à leur place, à côté des humains, mais confirmés dans leur hétérogénéité et leur autonomie. Qu'importe, après cela, si la croyance populaire s'aveugle de la présence continuelle, permanente, des cohortes angéliques auprès des humains. L'Ange gardien n'est pas celui qui ordonne le destin de l'homme, mais celui qui peut, lorsqu'on le lui demande, apporter un conseil ou montrer le chemin qu'il faut emprunter pour parvenir jusqu'à la Connaissance des mystères de Dieu. Mais en tout état de cause — et c'est là que Thomas d'Aquin se révèle réellement dominicain —, dans le brouillard qui entoure la destinée humaine, Dieu reconnaîtra facilement les siens.

Le thomisme n'a pourtant pas fait l'unanimité au sein de l'Église médiévale. L'Écossais Duns Scot, lui aussi influencé par l'héritage celtique toujours latent dans les îles britanniques, et surnommé le « docteur subtil », au demeurant mystique franciscain, va réagir aux thèses de Thomas. Pour lui, en effet, les Anges sont plus près des hommes que de Dieu. Ce sont des créatures qui peuvent d'ailleurs se révéler faibles, comme en témoigne la chute de certains d'entre eux. Il en arrive à cette conception qui doit beaucoup à la spéculation cathare : l'Ange et l'Homme ont les mêmes facultés spirituelles, la différence étant que l'âme humaine a besoin du corps pour se manifester, tandis que l'entité angélique se suffit à elle-même. Là, on frôle l'hérésie, et les réfutations de Duns Scot ont été nombreuses chez les théologiens orthodoxes. Il n'empêche que le problème était posé de façon définitive : la primauté de l'Ange, créature divine au même titre que l'Homme, et comme lui douée d'autonomie, tient au fait qu'il n'est pas obligatoirement lié à la matière comme l'Homme. On le considère donc comme davantage capable d'accéder à cette Connaissance tant recherchée, à cette Lumière divine qui est le but suprême de toute démarche spirituelle.

Ainsi s'explique et se justifie la croyance aux Anges gardiens. Ainsi s'explique et se justifie le culte rendu aux Anges, du moins à certains d'entre eux, à qui on donne des noms symboliques, mais qui finissent, dans la dévotion populaire, par devenir des personnages réels identiques aux martyrs et aux saints. Il y a également un parallèle *noir :* en même temps que le culte des Anges, va se développer un culte inversé, celui des *démons,* dans le cadre très précis de la sorcellerie, cadre commode puisqu'il sert de fourre-tout à toutes les croyances et à tous les rituels d'origine païenne qui ont été rejetés par l'Église chrétienne.

Compte tenu de la faiblesse humaine, de l'incapacité de l'être humain à appréhender le surnaturel, on sent la nécessité de recourir à ces puissances supérieures que sont les Anges et les démons. L'enthousiasme populaire suscite d'incroyables dévotions envers les lieux qu'ont fréquentés les saints, les endroits où ils sont enterrés, les objets ou vêtements dont ils se sont servis. On pourra toujours traiter ces dévotions de fétichisme, au sens sexuel du terme, mais cela ne résoudra rien : en dernière analyse, le fétichisme paraît bien être une dégénérescence, dans un cadre profane, d'un désir d'ordre religieux d'établir un contact par tous les moyens entre l'inférieur et le supérieur. La frénésie de certains jeunes spectateurs et auditeurs de concerts de musique rock, qui recueillent pieusement des lambeaux de vêtements ou des fragments de guitare de leur *idole,* appartient au même phénomène que l'enthousiasme mystique des pèlerins de Lourdes qui ne manquent pas de ramener un peu d'eau miraculeuse ou une médaille bénie par la présence immanente de la Vierge Marie. La religion — tout au moins le sentiment religieux — n'est certainement pas l'opium du peuple : il en est le moteur.

Et il n'y a pas de quoi en rougir, de quoi se retrancher derrière un vague rationalisme qui consiste à traiter de superstition ou d'hystérie tout ce qu'on ne comprend pas intellectuellement. Les choses étant ce qu'elles sont, *et ce qu'elles étaient,* le culte des Anges s'est développé parallèlement au culte des saints et, bien entendu, au culte des démons. C'est particulièrement évident dans le mythe de saint Michel vainqueur du Dragon et surtout dans la façon dont ce mythe s'est actualisé et, en un certain sens, incarné au cours du Moyen Age dans l'Europe occidentale.

Cela ne veut pas dire qu'il ne faille pas jeter un regard critique sur l'angélologie et sur le culte des Anges. La littérature patristique est parvenue à un très haut degré de délire et d'absurdité dans l'organisation théorique et *intellectuelle* qu'elle a proposée de l'existence des Anges, de leur hiérarchie, de leur fonction, voire des appellations données à ces diverses entités supposées réelles. En fait, l'angélologie ne repose que sur des suppositions d'ordre poétique et mystique plutôt que d'ordre métaphysique — l'ordre scientifique ou historique étant exclu d'emblée. Pris à la lettre, les différents textes concernant les Anges demeurent un tissu d'absurdités. Et cette constatation est valable pour les trois grandes religions *dites monothéistes* [1], l'Hébraïsme, le Christianisme et

---

1. Je refuse obstinément cette dichotomie officiellement admise par les historiens des religions entre polythéisme et monothéisme, ce dernier étant présenté comme la maturation et l'épuration d'un polythéisme antérieur grossier et primitif. Je pense au contraire que le monothéisme a précédé le polythéisme, et que celui-ci n'est que la prise à la lettre d'un monothéisme présenté avec des figurations polymorphes, symboles des multiples fonctions attribuées à une divinité unique et inconnaissable. Je me suis longuement expliqué sur ce sujet, à propos de la pensée des Celtes, dans mon ouvrage sur *le Druidisme* (Paris, Payot, 1985). Le problème des Anges se

l'Islam. Peut-être convient-il d'examiner ces textes en fonction de ce qu'ils évoquent, et non plus en fonction de ce qu'ils décrivent même sous l'aspect de réalités suprasensibles. Autrement, on risque fort de retomber dans des querelles parfaitement stériles entre les partisans de ce qui est sérieux et de ce qui ne l'est pas.

Tout serait plus simple si l'on n'oubliait pas que, dans la tradition hébraïque, les noms qui sont donnés aux Anges contiennent tous le mot EL qui signifie « seigneur », « dieu ». Ainsi trouverons-nous Hadriel (splendeur-dieu), Ratsoursiel (fracas-dieu), Chebouriel (destruction-dieu), Pahdiel (terreur-dieu), Guébouratiel (force-dieu), Arbiel (désert-dieu), Domiel (silence-dieu), et bien entendu la tétrade qui, selon le *Livre d'Énoch,* mène le combat entre les puissances ténébreuses, les archanges Ouriel (Lumière de Dieu), Raphaël (guérison par Dieu), Gabriel (héros de Dieu) et Mikhaël (qui est comme Dieu ?). Tout se passe donc comme si les Anges étaient des théophanies, des manifestations fonctionnelles de Yahvé l'incommunicable, à l'image des dieux du paganisme qui, à la réflexion, ne sont guère autre chose que des fonctions divines réduites à leur aspect social, le seul qui puisse être compréhensible. Le fameux épisode de la *Genèse* (XVIII, I et suiv.) où Abraham reçoit trois visiteurs étrangers sous les chênes de Mambré apparaît particulièrement révélateur. Les trois visiteurs sont en effet Mikhaël, Raphaël et Gabriel, mais le patriarche s'adresse à eux comme s'ils ne faisaient qu'un, et il leur dit « seigneur », au singulier. En fait, avant d'être des *messagers* (*angeloi* en grec), les Anges sont d'abord les *messages* de Dieu. C'est dans l'évolution de la spéculation religieuse qu'ils deviendront des entités indé-

---

réfère aux mêmes données, et on ne pourra guère nier que le culte des Anges — comme celui des Saints — fait partie de l'évolution d'un monothéisme primitif (Dieu unique, mais inconnaissable et incommunicable) qui, pour rester en contact avec la réalité concrète qui est celle des fidèles, a besoin d'incarner les fonctions ou les *émanations* divines sous forme d'entités de plus en plus représentatives. A ce compte, pourquoi ne pas accuser le Christianisme, avec ses Anges et ses Saints, d'être un polythéisme ?

pendantes. A travers la notion de message que traduit le mot grec *angelos* apparaît alors la notion de « mission à accomplir » que traduit le mot hébreu *mal'akh* par lequel la Bible désigne l'Ange.

Bien sûr, cela n'est pas sans rappeler les *éons* de la pensée gnostique, et sur lesquels tant de commentateurs se sont penchés sans pour autant parvenir à les définir. Le problème posé demeure toujours le même : émanation ou création ? On sait que, dans la tradition néo-platonicienne, qui est une refonte hellénistique — avec toutes les influences orientales ou même extrême-occidentales que cela suppose — des idées émises par Platon (beaucoup plus que par Socrate qui sert souvent de prête-nom), l'aspect angélique est constamment abordé, ne serait-ce que par le biais des archétypes ou encore par le biais des ailes symboliques dont sont gratifiés les personnages divins ou surnaturels. La question n'est pas de savoir si le néo-platonisme a emprunté à l'hébraïsme, ou si l'hébraïsme n'a pas été nourri aux mêmes sources que le néo-platonisme : il s'agit d'un courant de pensée commun à toutes les grandes religions de la Méditerranée orientale. Il est surtout essentiel de constater qu'on retrouve dans le Christianisme primitif, dans le judaïsme alexandrin et dans les diverses sectes gnostiques, les mêmes lignes directrices du néo-platonisme adapté à la révélation évangélique. Et, plus tard, l'Islam ne se fera pas faute d'y emprunter les éléments fondamentaux de sa mystique et de sa théosophie, notamment dans la sphère soumise à l'influence shî'ite.

C'est dans les ouvrages de Procus que l'angélologie néo-platonicienne apparaît le plus clairement. « Dès que la méditation du philosophe rencontre le mystère divin de l'*Absconditum* comme inconnaissable, toutes les délibérations de la théologie scolastique sur les Noms et Attributs qu'on lui confère, lui apparaissent vaines, et la philosophie se replie en une attitude négative. En revanche, quand la conscience naïve exalte l'Être Divin comme un *Ens supremum*, un Étant suprême, si élevé qu'on le veuille au-dessus des Étants, cet *Ens supremum* doit être lui-même le support des Noms et

Attributs qui lui sont conférés. Si éminent que soit le sens où l'on entend ces Attributs, l'anthropomorphisme sera plus ou moins un fait accompli. Ou bien alors, on prendra refuge dans l'allégorisme, qui exténue toute la force du Verbe révélé. »[1]. C'est alors qu'apparaît la nécessité de placer, entre l'*Ens supremum* et les Étants, des puissances intermédiaires qui expliquent l'un et les autres. « Tant que le monothéisme exotérique pose l'Être Divin comme un *Ens supremum,* il est menacé de retomber paradoxalement dans la pire idolâtrie métaphysique. Il ne peut l'éviter que dans la mesure où il provoquera une métaphysique de l'être qui institue un tout autre rapport entre l'*être* qui n'a jamais pu ni ne pourra ne pas *être,* et les *étants* qu'il met en acte d'être. Ce rapport sera essentiellement théophanique. » Et à partir des thèmes platoniciens des essences pures, des archétypes et des relations subtiles entre des mondes qui ne sont pas du même degré de relation tout en étant de même nature, Procus établit une hiérarchie spirituelle et symbolique dans laquelle se reflètent à la fois une théogonie et une cosmogonie.

Cette hiérarchie néo-platonicienne comprend, selon Procus, trois ordres principaux. Tout en haut de l'échelle, se trouve l'ordre infiniment supérieur qui comprend le *Un,* c'est-à-dire le « premier dieu », et les *hénades,* émanations de l'*Un.* Cet ordre est évidemment inconnaissable, ineffable et totalement abscons, représentant la plénitude absolue, ce qui existe en-soi et pour-soi. Au-dessous, un second ordre est celui des Dieux transcendants, assurant le va-et-vient entre l'*Un* et le *Multiple,* comprenant les Dieux intelligibles, les Dieux intelligibles-intellectifs et les Dieux proprement intellectifs. Le troisième ordre, enfin, est celui des Dieux du Monde, autrement dit des Dieux manifestés. Il comprend les Dieux hypercosmiques, les Dieux encosmiques (ou intracosmiques), les Ames universelles et les Êtres supérieurs, c'est-à-dire les Anges, les Démons (au sens du grec *daimôn*) et les

1. Henry Corbin, *Nécessité de l'angélologie,* dans *L'Ange et l'Homme, Cahiers de l'Hermétisme,* Paris, Albin Michel, 1978, p. 19.

Héros. C'est une vue de l'esprit, mais elle rend compte de la difficulté qu'il y a à imaginer une relation entre le communicable et l'incommunicable. « Les Dieux suprasensibles ne peuvent se manifester aux humains que par et sous la forme des Anges qui sont leur émanation [1]. » C'est ce qui ressort d'une lecture attentive de la Bible : tout phénomène de théophanie passe par une « mise en forme » de l'Esprit pur. Et cela touche le problème de la connaissance humaine : « L'hénade des hénades et toutes les hénades, le Dieu des Dieux et toutes les divinités, étant inconnaisssables en soi pour les terrestres, tous les univers des Dieux au-delà de notre monde resteraient le monde de l'Irrévélé, le monde du silence, s'il n'y avait l'Ange. L'Ange *est* l'herméneute, le messager de lumière qui annonce et interprète les mystères divins. » Donc, à la fonction de théophanie s'ajoute la fonction révélatrice : grâce au *messager*, l'être humain peut avoir accès au plan divin et tenter de l'appliquer. Il y va de l'évolution du monde, et chacun est appelé à participer à cette évolution dans la mesure de ses moyens et de sa connaissance pragmatique du plan divin.

Tout cela mène à une conception qui est celle de toutes les Gnoses, qu'elles soient néo-platoniciennes ou autres : l'être humain est descendu des mondes supérieurs pour demeurer dans un corps matériel à l'intérieur du monde terrestre. Le problème qui n'est pas résolu et qui est le cheval de bataille des diverses religions, c'est celui de la cause et de la finalité de cette descente de l'Être. Si l'on se borne à chercher la cause, on retrouve immédiatement le thème d'Adam et Ève, même quand il est transposé et intellectualisé comme chez Pythagore (les âmes trop lourdes) ou bien encore chez les théologiens cathares pour lesquels l'âme humaine est un Ange piégé par Satan et retenu prisonnier dans la matière. A chercher uniquement la cause, on en vient à considérer la descente comme une chute, c'est-à-dire comme une déchéance : alors apparaît la notion de culpabilité. Le Chris-

1. Henry Corbin, *op. cit.*, p. 29.

tianisme orthodoxe, comme l'hébraïsme, comme le catharisme héritier d'un lointain manichéisme, met l'accent sur cette culpabilité, ce qui lui évite de poser la question fondamentale : est-ce que la « chute », c'est-à-dire la prise de conscience d'Adam et Ève, ne faisait pas partie du plan divin ? Et la théologie chrétienne d'insister sur la rédemption, c'est-à-dire la possibilité pour l'Être tombé ainsi bien bas de réintégrer, sous certaines conditions, le monde lumineux d'où il tire son essence.

Car il est possible d'examiner la seule finalité de la descente, en laissant de côté tout ce qui concerne la cause, cette cause étant considérée comme faisant partie du plan divin établi de toute éternité. A ce moment-là, la descente n'est plus une chute, mais une dynamique concrétisée à travers les péripéties d'une évolution qui n'aura jamais de fin. C'est par ce postulat que les thèses gnostiques néo-platoniciennes rejoignent les théories actuelles, parfaitement scientifiques, qu'on appelle l'*Entropie* : le cosmos (et donc Dieu lui-même) n'est pas, il devient, et ce sont tous les êtres qui participent à son devenir.

Dans ces conditions, que l'âme humaine soit un Ange qui se dégage de sa corporalité ou un être inférieur prenant brutalement conscience de sa spiritualité (l'Arbre d'Adam et Ève), c'est-à-dire s'éveillant à une dimension nouvelle et découvrant près de lui des entités déjà dégagées — les Anges —, l'accent est mis sur le rôle essentiel que doivent jouer les Anges, sous quelque nom qu'on les désigne, sous quelque forme qu'on les représente, dans le processus d'évolution qui est celui du cosmos tout entier. Leur place dans les hiérarchies ainsi supposées est le résultat de leur propre évolution, et leur fonction dépend de cette place dans la hiérarchie. Ainsi s'explique le culte des Anges. Ainsi s'explique la croyance en la présence d'un Ange gardien auprès de tout être humain, Ange gardien qui est à la fois théophane, montrant à l'humain la lumière que celui-ci doit atteindre, et psychopompe, conducteur d'âme, en ce monde et dans l'autre. Car la solidarité entre les diverses catégories d'êtres — c'est-à-dire d'êtres en divers degrés d'évolution — est inéluctable ; rien de ce qui se fait en bas n'est indifférent à ce qui est en haut, et inversement, sinon la vie, et le monde lui-même, perdraient toute justification, et il faudrait en revenir à la thèse matérialiste d'Épicure concernant le *clinamen*, thèse qui est surtout une renonciation à se poser des questions.

Mais entre cette position proprement agnostique et les systèmes hérités du néo-platonisme que les Pères de l'Église et les penseurs scolastiques ont tenté de mettre au point, la marge demeure importante quant à l'interprétation du symbole de l'Ange.

Ne parlons pas des « visionnaires » : leur vision ne peut s'exprimer autrement que par des images appartenant au contexte culturel de l'époque dans laquelle ils ont vécu. Les visions de Jacob Böhme ou de Catherine Emmerich appartiennent à la même tradition que celles d'Isaïe ou d'Enoch : il s'y ajoute seulement des éléments d'appréciation qui découlent d'une angélologie plus développée et surtout plus marquée par la réflexion philosophique.

En fait, le Moyen Age a inventé une autre façon beaucoup plus simple de *voir les Anges*, c'est de les incarner dans la condition humaine, et cette façon nouvelle est exprimée magistralement par saint Jérôme lorsqu'il dit : « Ce que les Anges font au ciel, les moines le font sur terre. » Voici d'ailleurs une justification de la vie monastique qu'on a eu trop tendance à oublier au profit d'une attitude négative, pour ne pas dire masochiste, de régression et de macération. La purification de l'être, but essentiel du monachisme, ne passe pas forcément par la souffrance et la privation : elle peut très bien prendre la voie royale de l'épanouissement, du dépassement, à l'image de ces moines irlandais du Christianisme celtique qui pratiquaient une sorte d'excès de leurs capacités afin de parvenir à l'héroïsme transcendant, et donc d'acquérir la fameuse *lumière du héros* célèbre dans l'épopée celtique pré-chrétienne [1]. Et si nous voulons être des Anges, vivons comme nous supposons qu'ils vivent, semble dire saint Jérôme. Cela est aussi à l'image de la société celtique primitive qui tentait d'instaurer sur terre la société céleste voulue par le plan divin. Et cela reste conforme à la parole de Luc (XII, 4) : « Tout ce que vous aurez dit dans les ténèbres sera entendu dans la lumière. » On ne peut que souscrire à cette idée lorsqu'on visite les sombres souterrains de l'abbaye du Mont-Saint-Michel, surtout si l'on a présente à l'esprit la statue de l'Archange de lumière qui surmonte la flèche de l'église.

Tout cela est d'ailleurs en parfait accord avec ce que l'on sait de la communauté essénienne de Qumrân dont les membres vivaient constamment au contact des Invisibles. Dans cette communauté assez mystérieuse et sur laquelle il y aurait encore beaucoup à chercher, l'angélologie n'était pas spéculative à la manière des théologiens : elle était vécue quotidiennement, bien que jalousement gardée dans le secret. Si des *liturgies angéliques* étaient célébrées ainsi, au bord de la mer Morte, à la charnière du judaïsme et du Christianisme, c'est là qu'il faut voir l'origine de ce culte des Anges qui a ensuite envahi le monde chrétien. Et surtout, il ne faut pas oublier que, pendant les premiers siècles du Christianisme, avant le Concile de Nicée, au IVᵉ siècle, la doctrine officielle tendait à considérer Jésus-Christ comme un Ange. Toute la période post-apostolique fut christo-angélologique, et cela en dépit de saint Paul qui, on le sait, affichait une grande méfiance sur le sujet. Il ne faisait guère de doute que le *Christos*, c'est-à-dire l'*Oint*, le *Messie*, fût un Ange supérieur venu montrer aux hommes, dans une épiphanie des plus concrètes, le chemin qu'il fallait emprunter pour réussir la réintégration dans le royaume de Lumière. La théologie cathare se greffera sur cette opinion et en fera l'une des propositions les plus fermes de sa doctrine. Et c'est contre les

1. Voir Jean Markale, *Le Christianisme celtique et ses survivances populaires*, Paris, Imago, 1984.

tendances gnostiques et néo-platoniciennes que renfermait cette opinion qu'ont réagi les Pères du Concile de Nicée. Dans une brusque volte-face, qui n'aura guère surpris que les théologiens eux-mêmes et non la foule inculte des fidèles, ce Concile de Nicée abandonna définitivement l'identification Jésus-Ange au profit de la reconnaissance d'un Jésus-Dieu-Homme et en mettant en relief l'*homoousios*, c'est-à-dire le principe de consubstantialité du Père et du Fils. Le *Christos* ne sera donc plus l'être d'exception doué d'une essence céleste supraterrestre et envoyé pour accomplir une mission *angélique* (comme l'étaient, à un moindre degré, les Anges de l'Ancien Testament), mais le *Fils de l'Homme*, Dieu lui-même fait homme pour assurer le rachat de l'humanité. Certes, ce n'était pas sans raison que le Concile de Nicée procédait à cette réforme fondamentale de la doctrine encore balbutiante de l'Église romaine. Il s'agissait avant tout de réagir contre les multiples interprétations qui allaient donner naissance aux courants dits hérétiques, et d'affirmer une position précise — faute d'être très claire — sur la nature de Jésus. Les Anges étaient ainsi renvoyés derrière Jésus qu'ils avaient d'ailleurs mission de servir en même temps que les autres humains, et leur rôle, bien que très important, n'en était pas moins jugé comme secondaire. Ils étaient des rouages dans l'immense machine élaborée par les Pères de l'Église. Cela n'empêchait nullement l'angélologie de constituer un élément indispensable dans la recherche théologique. Si le Concile de Nicée avait écarté l'hypothèse d'un *Christos Angelos*, c'était aussi parce que la tendance eschatologique n'était plus conquérante chez les Pères de l'Église : il y avait beau temps qu'on ne croyait plus à l'imminence de la fin du monde que l'on avait pourtant discernée dans les textes dits apocalyptiques. « Toujours est-il que dans la mesure où il cessait d'être eschatologique en son essence, le Christianisme avait à *s'établir* dans l'Histoire, et à “ faire de l'histoire ”, comme toute autre institution en ce monde. On n'entre pas dans l'Histoire, on ne devient pas une puissance historique et on ne fait pas de l'histoire avec des théophanies et des visions d'Anges, qui précisément libèrent de l'Histoire... On ne parla plus du vrai Prophète ni de Christos Angelos, mais de l'Homme-Dieu. Et peut-être le sort de la pensée et de la culture occidentale fut-il ainsi réglé pour quelque dix-sept siècles. »[1]

Les Anges furent donc abandonnés aux théologiens qui ne risquaient pas de se faire entendre du peuple, aux poètes et aux visionnaires mystiques qui ne dérangent personne lorsqu'on sait les laisser à l'écart en cas de paroles malencontreuses. Mais il ne suffit pas d'écarter pour résoudre le problème. Quoi qu'on pût faire et dire, les Anges appartenaient de droit et de fait à ce qu'on peut appeler la mythologie judéo-chrétienne. Ils avaient donc leur part dans l'imaginaire, comme dans la tradition théologique elle-même. Ils revinrent donc en force, bien que sous des aspects légèrement différenciés, dans les rites et les croyances du peuple chrétien. Et, très tôt, ils apparurent comme très utiles pour expliquer, sur un plan cosmologique, l'âpreté de la lutte entreprise par les hommes contre le Mal et contre toutes les forces dites obscures. Puisque l'homme avouait sa faiblesse en face du Mal, et que ce Mal prenait de plus en plus une dimension métaphysique, les Anges se trouvèrent là fort opportunément pour contrer, de façon symbolique, les puissances mystérieuses que suscitait le Mal. Cela n'était d'ailleurs pas difficile : il suffisait de détourner le sens du combat eschatologique tel qu'il apparaît dans l'Apocalypse, dans certains Évangiles et dans l'Ancien Testament, et d'en faire un combat éternel entre deux forces antagonistes qui se partagent le monde des réalités, mais qui contribuent également — sur un plan strictement métaphysique — à en assurer l'équilibre. Là, l'attirail biblique rencontrait certaines mythologies païennes, en particulier celle des Germano-Scandinaves : les Anges furent un peu ce qu'étaient les héros de la Valhöll (le Valhalla), à savoir un réservoir de guerriers empêchant les géants du Chaos et de l'obscurité de pénétrer dans

1. Henry Corbin, *op. cit.*, p. 47.

le domaine d'Asgard, celui des Dieux et des Hommes. Soit par leur aide quotidienne auprès des humains en difficulté, soit par leur rôle de messagers de la connaissance divine, soit par leurs combats apocalyptiques, les Anges — dans toute la complexité de leur hiérarchie — allaient devenir les garants de l'harmonie du monde et les guides de l'humanité vers un Paradis futur. Mais, ce faisant, il fallait leur trouver des adversaires à leur taille. On en trouva. Et ce furent tout naturellement des êtres de même nature, de même essence, des Anges révoltés. Parallèlement à l'angélologie, une étrange démonologie allait se développer.

II

LA CHUTE DES ANGES

C'est une tradition solidement établie, du moins dans la conscience collective, à l'intérieur du Christianisme, toutes confessions confondues, qu'à une époque non déterminée, certains Anges se sont révoltés contre Dieu et que celui-ci les a précipités dans les ténèbres infernales. Mais ces Anges n'ont pas pour autant perdu leur nature angélique, c'est-à-dire leur puissance surnaturelle, et ils continuent un combat sournois contre Dieu et les créatures fidèles à Dieu, cherchant à corrompre ces dernières pour grossir leurs cohortes. Donc, selon cette tradition, le monde — sensible et suprasensible — est le théâtre d'un affrontement permanent entre des forces de Lumière et des forces de Ténèbres. Et parmi ces forces de Ténèbres émerge une inquiétante figure, celle du chef des Anges révoltés, celui qui a osé se dresser le premier contre Dieu, la figure de celui qu'on appelle indifféremment Satan, Lucifer, le Diable, le Démon, ou encore le Malin.

A vrai dire, cette « démonologie » chrétienne n'a rien d'original : elle semble sortir tout droit de la Perse mazdéenne de la plus lointaine antiquité. Le système métaphysique iranien repose en effet sur l'existence parallèle — et la confrontation qui s'ensuit — de deux principes fondamentaux et contradictoires représentés d'une part par un dieu de Lumière, Ahura-Mazda (Ormuzd), d'autre part par un dieu des Ténèbres, Ahriman. A cette lutte perpétuelle entre les deux dieux sont associés les êtres vivants qui doivent obligatoirement faire un choix entre l'un et l'autre. Mais l'eschatologie iranienne mise sur la victoire finale d'Ahura-Mazda, victoire obtenue grâce à tous les humains : d'où la nécessité de s'engager tout de suite dans les forces de Lumière afin de parvenir le plus tôt possible à la réalisation d'un royaume de paix, de bonheur et de plénitude. Il n'y a guère là de différence avec la pensée chrétienne, sauf que, selon la théologie du Christianisme, le Jugement dernier consistera à écarter définitivement et éternellement les forces du Mal, tandis que l'eschatologie iranienne prévoit une sorte de réconciliation, pour ne pas dire résorption, des forces négatives dans les forces positives. En un mot, dans la pensée chrétienne, l'Enfer risque d'être éternel, alors que dans la pensée mazdéenne, de nature plus dialectique, cet Enfer disparaîtra lorsque les êtres qui le composent auront repris le chemin de la Lumière.

Il y a cependant une antinomie à l'origine. En effet, selon la pensée mazdéenne, il semble que les deux principes, Lumière et Ténèbres, existaient de tous temps (en fait, d'après ce que l'on sait, les Mazdéens hésitaient à ce sujet), tandis que dans la pensée judéo-chrétienne, le principe premier est Dieu, créateur de tous les êtres, y compris l'Ange révolté : Satan n'est alors qu'une puissance mauvaise, certes, mais qui, par son Libre Arbitre, a choisi la voie de la révolte au lieu de respecter le plan divin. Il est donc inférieur à Dieu, et la mentalité chrétienne, telle qu'elle s'est formée au cours des siècles, ne peut tolérer l'existence de Satan — et donc du Mal — que comme manquement à une règle divine. Dieu étant infiniment bon, il ne peut en effet être tenu pour responsable de Satan : d'où l'élaboration de plus en plus précise d'un récit concernant la chute de Satan et des Anges qui l'ont suivi dans sa révolte orgueilleuse et insensée.

Mais ce qui est le plus étonnant, c'est que ce récit de la chute des Anges *ne repose sur aucun texte canonique* : il ne s'est nourri que de pure exégèse de textes traditionnels où apparaît l'image quelque peu floue de l'Ennemi, ou plutôt du Négateur de l'action divine. Dans la période hébraïque, le seul récit de la chute des Anges se trouve dans le *Livre d'Enoch,* à peu près contemporain du *Livre de Daniel,* et donc marqué par les croyances mésopotamiennes et iraniennes. Mais le *Livre d'Enoch,* considéré comme apocryphe, a été écarté de la Bible officielle du Christianisme. Et pourtant, ce texte a eu une influence profonde sur la tradition chrétienne du Moyen Age, tant sur le plan de la spéculation théologique que sur celui de l'imaginaire mythologique. Il est vrai que, dans le merveilleux qu'il développait, il rejoignait l'univers des grandes épopées indo-européennes dont la mémoire collective occidentale se trouvait nourrie, qu'on le veuille ou non, d'une façon permanente et durable. Après tout, le Christianisme européen est le résultat d'un compromis, sinon toujours d'une synthèse, entre un message biblique sémite et des traditions ancestrales indo-européennes.

Mais si le récit de la chute des Anges, tel qu'il est développé dans le *Livre d'Enoch,* a été écarté, pour des raisons qui demeurent mystérieuses, il se trouve cependant évoqué de façon très succincte dans un passage de la *Genèse* (VI, 1-4) : « Lorsque les hommes commencèrent d'être nombreux sur la face de la terre et que des filles leur furent nées, les fils de Dieu trouvèrent que les filles des hommes leur convenaient et prirent pour femmes toutes celles qu'il leur plut... Les *Néphilim* (= géants) étaient sur la terre en ces jours-là, et aussi dans la suite, quand les fils de Dieu s'unissaient aux filles des hommes et qu'elles leur donnaient des enfants ; ce sont les héros du temps jadis, ces hommes fameux. »

Le passage est obscur, et de l'aveu de tous les commentateurs, fort difficile à interpréter. La tradition est nettement yahviste, et elle se réfère donc à une lignée que l'on considère comme la plus pure et la plus archaïque. On y retrouve une condamnation sans équivoque de la concupiscence rendue responsable de l'apparition d'une monstruosité (les géants), donc d'une déviance du plan divin. Il y a faute, c'est certain. Mais rien n'indique que ce soit une révolte contre Dieu lui-même, et cela paraît fort éloigné des récits postérieurs — la plupart du temps dus à des visionnaires — où Lucifer, le plus beau et le plus lumineux de tous les Anges (son nom ne veut-il pas dire « Porte-Lumière » ?), refuse d'obéir à l'ordre divin et, en punition, se trouve précipité dans les abîmes, perdant de ce fait sa lumière originelle. Si l'on reconnaît dans cet épisode de la *Genèse* le rigorisme moral du yahvisme en matière sexuelle, il est cependant difficile d'y découvrir un quelconque péché d'orgueil. Plutôt qu'une chute, il conviendrait d'y voir une *déchéance,* les fils de Dieu se mésalliant en prenant pour femmes les filles des hommes.

En tout cas, le judaïsme tout entier a reconnu dans cet épisode une des péripéties qui opposent, depuis des temps immémoriaux, Yahvé-Dieu à une sorte de parèdre antithétique dont les noms, les formes et les actions sont toujours présentés dans un flou artistique des plus étonnants. Pour les exégètes hébraïques, il ne fait aucun doute que les « fils de Dieu » sont les Anges, tout au moins certains des Anges, qui, émus par la beauté des filles des hommes, se sentent saisis par le désir et y succombent, régressant ainsi de leur état suprasensible à un état sensible. Ces Anges sont fondamentalement pervers et coupables. Mais ce qui n'est pas établi, dans la tradition hébraïque, c'est si cet accouplement des Anges avec les filles des hommes coïncide avec leur chute, ou si cette chute était antérieure. Est-ce parce qu'ils étaient déjà pervers que les Anges ont succombé aux charmes des filles des hommes, ou est-ce à la suite de leur union avec les filles des hommes qu'ils sont devenus pervers et mauvais ? La question n'a jamais reçu de réponse.

Cette ambiguïté n'a pas échappé aux Pères de l'Église, et

pour éviter de répondre à la question, les théologiens, à partir du IVe siècle, n'ont pas hésité à trancher de façon historicisante — puisque telle se présentait désormais la démarche de l'Église romaine — en interprétant les fils de Dieu comme les fils de Seth (ou du moins certains d'entre eux), et les filles des hommes comme les filles de Caïn. De deux races opposées, et même ennemies, sont nés des monstres ou, si l'on préfère, des êtres anormaux dans tous les sens du terme. Car, à y réfléchir, le texte de la *Genèse* n'est nullement péjoratif envers les *Néphilim :* ces Géants, nés de la copulation « monstrueuse » des fils de Dieu et des filles des hommes, ne sont rien moins que des *héros,* « ces héros fameux de l'ancien temps ».

L'interprétation patristique renvoyait à plus tard — et dans d'autres circonstances — l'examen de la chute des Anges. C'était, sans aucun doute, une façon commode d'échapper à un problème embarrassant. Mais éliminé de la discussion théologique et renvoyé à sa dimension historique, cet épisode de la *Genèse* n'allait pas disparaître pour autant de la mémoire collective. En fait, et probablement à cause de cette occultation officielle, il allait ressurgir plus fort que jamais sous un aspect réellement mythologique, et parfois même folklorique. On en croise de multiples exemples dans les traditions populaires les plus diverses. On en a un écho dans le récit clérical de l'*Historia Regum Britanniae* de Geoffroy de Monmouth, en 1135, à propos de l'arrivée du héros Brutus dans une Grande-Bretagne infestée de géants. Mais on sait que Geoffroy de Monmouth ne faisait qu'utiliser et adapter des traditions orales. Le thème réapparaît, largement développé, à la fin du XIIIe siècle, dans un récit anglo-normand qui tente d'expliquer pourquoi la Grande-Bretagne était peuplée de géants à l'arrivée de Brutus, ancêtre mythique — d'origine savante — des Bretons. L'histoire est assez compliquée. Un roi de Grèce a trente filles qu'il marie à des rois et à des princes. Mais les filles, écoutant les propositions de l'aînée, décident, puisqu'elles sont mariées par la volonté paternelle et non de leur propre gré, de tuer elles-mêmes leurs époux, à un jour fixé d'avance, au moment même où ceux-ci s'imagineraient atteindre la jouissance. On remarquera, au passage, l'attitude *gynécocratique* (et non pas *matriarcale*) d'une extrême violence qui sous-tend cette décision prise à froid, en toute lucidité. Cette attitude « féministe » qui peut aller jusqu'au bout, et qui n'est d'ailleurs pas exempte d'une certaine perversité sexuelle, offre quelques rapports avec l'attitude prêtée à la Lilith de la tradition juive rabbinique. Et Satan, de quelque nom qu'il se pare, n'est pas loin.

Cependant, le projet échoue à cause de la plus jeune qui, sincèrement amoureuse de son mari, lui dévoile le complot. Les vingt-neuf filles sont exilées sur un bateau qui vogue sur la mer et aboutit dans l'île de Grande-Bretagne, alors déserte, et à laquelle l'aînée donne le nom d'Albion, tiré de son propre nom, Albine. Les exilées, épuisées par leur errance, commencent par se nourrir d'animaux sauvages et retrouvent une bonne santé. Et c'est alors que se déroule l'événement marquant de la légende : « La chaleur de la nature leur fit éprouver le pressant désir, pour leur volupté, de chercher la compagnie d'un homme. C'était une envie qui ne les quittait pas. » Malheureusement, elles se trouvaient seules sur cette île inhabitée. Qu'à cela ne tienne : « Les démons qu'on appelle Incubes s'en aperçurent. Ce sont des esprits, je vous le dis, pourvus du pouvoir suivant : ils pouvaient prendre la forme d'un homme, avec toutes ses caractéristiques ! Ils eurent des rapports avec ces femmes. Les voyant pleines de désir, ils s'unirent avec elles et engendrèrent nombre d'enfants. Après quoi, ils disparurent. »[1]

Voilà donc les fameux « Incubes », ces démons mâles qui ont tant tourmenté les femmes, surtout les moins innocentes, au cours du Moyen Age. Quand on regarde ce récit de près, on s'aperçoit qu'il s'agit tout simplement de la transcription, remise au goût du jour, de l'épisode de la *Genèse*. Les « fils

---

1. *Le Cœur mangé*, présentation par C. Gaignebet et D. Régnier, Paris, Stock, 1979, p. 289.

de Dieu » sont devenus des « Incubes », mais ils sont déjà classés comme des « démons ». Il n'y a pas de chute à proprement parler, du moins dans le contexte chrétien qui est celui de l'auteur anonyme, et il ne pouvait en être autrement. En tout cas, il faut remarquer que la description des Incubes correspond tout à fait à la définition qu'on donne des Anges à la même époque : ce sont des entités spirituelles qui peuvent, en certaines circonstances, revêtir un aspect charnel et ainsi avoir des contacts avec les humains, réalisant ainsi une véritable « théophanie », même si celle-ci, en l'occurrence, est entachée de diabolisme. Et, leur but réalisé, c'est-à-dire leur mission accomplie, ils disparaissent, reprenant leur identité suprasensible.

Mais le parallélisme avec le récit biblique va plus loin : « Toutes, petites et grandes, étaient possédées par un démon, et c'est alors que furent engendrés des enfants qui devaient être des géants et, par la suite, les futurs maîtres du pays. Les démons les comblèrent, mais les dames ne virent aucunement ceux qui avaient couché avec elles, elles ne firent que sentir ce qu'une femme fait avec un homme dans ces circonstances. »[1]. Ainsi donc, de cette alliance contre nature qui est une mésalliance voulue par les esprits malfaisants que sont les Incubes, naît une race nouvelle qui ne peut être que monstrueuse, possédant les caractéristiques de la grandeur matérielle, symbole éloquent que les géniteurs appartiennent à un échelon supérieur de la création. Mais il s'agit d'un manquement au plan divin, et le narrateur le fait fort bien sentir, bien plus que le rédacteur de la *Genèse*. Il y a ici quelque chose de plus : l'idée que cette copulation est diabolique. Le texte de la *Genèse*, dans sa simplicité, n'allait pas jusque-là. Faut-il donc admettre que la notion de « culpabilité » est davantage chrétienne que judaïque ? Faut-il penser que la « chute » des Anges, dans la perversité et la sexualité, est une invention chrétienne plus que judaïque ?

Ce n'est pas tout, et cela va beaucoup plus loin que la

1. *Le Cœur mangé*, pp. 289-290.

Bible. La copulation des vingt-neuf filles du roi de Grèce et des démons incubes ne se traduit pas seulement par la naissance d'enfants monstrueux : il semble que l'ordre du monde, suivant le plan divin, soit maintenant complètement bouleversé. Le « diable », c'est-à-dire, étymologiquement, celui qui se jette en travers, est intervenu. « Quand ils eurent atteint une certaine maturité, les enfants, par un forfait contre nature, firent à leur propre mère des fils et des filles qui étaient de grande taille. Les sœurs eurent de leurs frères des fils et des filles qui grandirent beaucoup... Les géants étaient hideux à voir, comme des enfants d'esprits malins. Ils avaient été engendrés par des démons, et leurs mères étaient grandes et corpulentes, nées elles aussi d'ancêtres très forts. Il était normal que soient ainsi les enfants qui devaient naître de ceux qui avaient été engendrés eux-mêmes par les géants. Cette engeance diabolique se multiplia largement : les géants se répandirent à travers le pays, creusant des cavernes dans la terre, faisant édifier tout autour de grands murs et les faisant environner de fossés. »[1] Et ainsi jusqu'à l'arrivée de Brutus, qui débaptise le pays et l'appelle *Britannia,* et qui tue tous les géants, sauf un seul, *Goemagog,* ce qui nous renvoie évidemment à l'*Apocalypse* de Jean. La boucle est bouclée.

Le récit anglo-normand est conforme aux idées de la Scolastique, mais témoigne également de cette ombre inquiétante qui rôde dans l'inconscient collectif : la terreur qu'on a de voir envahir le monde par des *envahisseurs* s'infiltrant sournoisement parmi la race humaine et la pervertissant lentement de façon à l'éliminer et à prendre sa place [2]. La

1. *Le Cœur mangé,* p. 290.

2. A cet égard, un feuilleton américain célèbre, intitulé précisément *Les Envahisseurs,* porte témoignage que cette terreur est loin d'avoir disparu, même si elle s'exprime, au XXe siècle, par un vague recours à ce qu'on appelle la science-fiction. Les « envahisseurs » de la planète Terre prennent l'aspect des humains, se matérialisent donc en fonction des humains, mais ils ont une tare (un petit doigt leur manque) et leur sang ne coule pas. Et le héros de l'histoire, qui cherche à éliminer les « envahisseurs », est compa-

« marque du diable » peut être variée à l'infini, mais il existe une marque : ici, c'est le gigantisme. Mais ce gigantisme physique s'accompagne nécessairement d'un bouleversement au niveau de la conscience morale, la perversion s'exerçant sur tous les plans, puisqu'il s'agit en définitive de renverser la polarité établie par Dieu et de menacer l'équilibre précaire du monde. En l'occurrence, l'inceste est la conséquence inéluctable de la « mésalliance » des mauvais Anges.

Car l'inceste ne fait qu'accentuer la tare primitive, c'est-à-dire le gigantisme des enfants des filles des hommes et des démons incubes. Il rétrécit le champ d'action de la génération. Certes, on a tendance à un peu trop oublier que, d'après le récit biblique lui-même, si Caïn et Seth peuvent avoir une descendance, c'est grâce à leur propre mère, Ève, ou grâce à des sœurs qui leur seraient nées sans que la tradition ait jugé bon de les signaler. Le thème de l'inceste est toujours présent dans les théogonies et les cosmogonies, et c'est le contraire qui paraîtrait étonnant, puisqu'il est essentiel, primordial, si l'on se réfère au contexte symbolique. Mais dans le cas des filles du roi de Grèce, cet inceste n'est pas primordial : il résulte d'une déviance de la part de ces filles. Ce sont elles en effet qui veulent rompre la chaîne en projetant de tuer leurs maris. Elles sont déjà perverses avant d'être perverties par les démons incubes. L'inceste qui suit leur monstrueuse copulation est donc le symbole d'une profonde rupture dans le plan divin, et ne peut qu'aboutir à des catastrophes que seul un héros de Lumière comme l'est Brutus, peut interrompre, redonnant ainsi au monde la polarité divine qui était la sienne. Dans ces conditions, on peut affirmer que la révolte des Anges, suivie de la chute des mêmes Anges, est à la fois l'acte des Incubes et celui des filles du roi de Grèce. Celles-ci sont elles-mêmes des Anges déchus, et leur aînée, Albine (dont le nom exprime la blancheur, comme Lucifer), est la parèdre femelle de Satan.

---

rable, toutes proportions gardées, à saint Michel luttant contre le Dragon, ou à n'importe quel héros de lumière des mythologies païennes.

On ne peut que penser au personnage de la mystérieuse Lilith. Ce personnage n'apparaît que de façon secondaire, en tant qu'oiseau de nuit quelque peu vampire, dans les textes officiels bibliques. Mais elle joue un grand rôle dans la tradition kabbalistique juive. Lilith est en effet le nom de la femme créée, bien avant Ève, en même temps qu'Adam, et, comme lui, de la terre. Yahvé-Dieu la donne alors à Adam comme épouse. Mais Lilith n'est pas satisfaite de son sort. Selon les uns, elle se prétend l'égale d'Adam, *sa sœur*, puisqu'elle a été tirée comme lui du limon de la terre-mère. Selon d'autres, elle se plaint de la « phallocratie » d'Adam, prétendant que, dans l'acte d'amour, elle est aussi capable d'être *dessus* que *dessous*, mais Adam refuse obstinément qu'elle soit *dessus*. Elle s'enfuit alors, prononçant le nom ineffable de Dieu — *qu'elle connaît* — ce qui la rend toute-puissante vis-à-vis du créateur. Yahvé envoie à sa poursuite trois anges, non pas pour la châtier, mais pour lui faire entendre raison. Lilith refuse de revenir vers Adam, mais accepte, en revanche, de perdre chaque jour cent de ses propres enfants. Et Yahvé la donne au mystérieux Sammaël, qui n'est autre que le Satan primitif encore indifférencié. C'est ainsi que Lilith devient la première épouse du diable et qu'avec celui-ci elle contribue à pervertir le monde. Mais d'autres versions en font la propre mère d'Adam, ou encore l'objet de la dispute sanglante entre Caïn et Abel qui s'entre-tuent pour la posséder. On dit aussi qu'elle apparaît à Ève, son ennemie acharnée, puisque celle-ci a pris sa succession auprès d'Adam, sous la forme d'un serpent pour l'inciter à manger le fruit défendu. A travers cette dernière image de Lilith, se profile déjà le personnage de Mélusine, la femme-fée à queue de serpent. De toute façon, il est bien certain que le personnage de Lilith a été écarté délibérément des textes officiels, pour des raisons qui demeurent obscures (antiféminisme ? souci d'éliminer l'ésotérisme de la religion juive ?), et qu'il a été occulté, entaché de diabolisme, refoulé dans les zones les plus profondes de l'inconscient humain. Cela ne l'empêche pas de ressurgir à certaines occasions, et toujours en compagnie diabolique. C'est à croire que, primitivement, Lilith formait avec Sammaël l'image androgyne de l'Ennemi, image androgyne qu'on n'est pas peu surpris de rencontrer fréquemment dans les représentations diaboliques médiévales et dans l'évocation des sabbats de sorcières.

Quoi qu'il en soit, il est incontestable que la révolte de Lilith contre Adam d'abord, contre Yahvé ensuite, correspond à la révolte des Anges, mais vue sous un aspect féminin qui pourrait d'ailleurs être celui qui avait cours à l'aube des temps humains, lorsque le mâle n'avait pas encore pris conscience de son propre rôle dans la procréation et que la Femme jouissait d'une aura mystérieuse et inquiétante en tant que reproductrice. Au point de vue théologique comme au point de vue mythologique, la révolte de Lilith est la même que celle de l'Ange de Lumière devenu Satan. Et elle est le résultat d'un choix parfaitement libre.

Le manque de textes anciens sur le sujet rend toute interprétation délicate. Mais la présence *sournoise* de Lilith dans la tradition hébraïque parallèle renforce l'idée que l'importance du personnage est inversement proportionnelle à la place qui lui a été laissée. Si Lilith a été occultée, c'est qu'il y avait une raison. Elle n'était plus conforme à la structure religieuse mise en place au temps de Moïse, sous l'influence égyptienne, et son nom réveille un peu trop les réminiscences des cultes féminins orientaux que Moïse a précisément tenté d'éliminer de la vie religieuse des Hébreux.

D'après le *Zohar* (Hhadasch, section Yitro, p. 29), Lilith participe en effet activement à l'expulsion d'Adam et Ève du Paradis terrestre. Et c'est là que surgissent de curieuses paroles à propos de la révolte de Satan et de la chute des Anges : « Après que le Tentateur (Sammaël) eut désobéi au Très-Saint, béni soit-il, le Seigneur le condamna à mourir. Alors il dit : Que vais-je faire ? Si je meurs, Adam prendra un autre serviteur. Car *le Tentateur et sa compagne (Lilith) sont esclaves*. Que fit-il ? Ils allèrent, lui et sa femme, séduire Adam, et le Tentateur séduisit Ève. » La Kabbale fait écho à cette tradition (Livre Emek-Ammélehh, XI), en précisant à propos d'un passage d'Isaïe (XXVII, 1) que Sammaël sera châtié : « En ce jour-là, Yahvé visitera de son épée terrible Léviathan, le serpent insinuant, qui est Sammaël, et Léviathan, le serpent sinueux, qui est Lilith. » Non seulement l'identification entre le Serpent et l'être satanique est nette, mais l'identification entre Lilith et Sammaël, en tant que deux aspects d'une même réalité androgyne, apparaît fort précise.

Il convient d'ailleurs de s'arrêter sur certains détails qui, pour être des détails, n'en sont pas moins des éléments exceptionnels : le passage du *Zohar* cité plus haut, pourvu qu'on le replace dans son contexte authentique, REMET FONDAMENTALEMENT EN CAUSE L'EXPLICATION OFFICIELLE — ET EXOTÉRIQUE — DONNÉE PAR LE JUDÉO-CHRISTIANISME QUANT A LA CHUTE DES ANGES ET AU PÉCHÉ ORIGINEL.

Reprenons les termes. Ce passage du *Zohar* constitue, à n'en pas douter, le résumé le plus succinct, tout ce qui subsiste d'une saga archaïque concernant Sammaël, Lilith, Adam et Ève, saga occultée ou tronquée dans le texte de la *Genèse*. Sammaël et Lilith se placent sur un plan supérieur qu'on peut classer comme angélique, de nature suprasensible. Adam et Ève sont sur le plan humain, corporel. On nous dit que Sammaël, le « Tentateur », a désobéi. La révolte de l'Ange a donc eu lieu, dans un contexte historique ou chronologique, *avant* le péché originel, ou tout au moins avant la création d'Adam et Ève. A ce moment, se profile l'image symbolique du Serpent : son identification avec Satan n'est pas nouvelle, mais c'est le sens qui est à définir. Sammaël est *insinuant* et Lilith est *sinueuse* : ces deux qualificatifs rendent compte d'un même but, mais de méthodes différentes encore que complémentaires, et nous retrouvons encore une fois en Sammaël-Lilith l'androgynat primitif, c'est-à-dire une réalité à deux faces. Le serpent représente non seulement la Connaissance, mais le *désir de connaissance*, la *curiosité*, la *potentialité de connaissance* en vue de laquelle tous les moyens sont bons pour parvenir au but, y compris les moyens interdits, ce qui suppose une *transgression*.

Or, d'après ce qu'on nous dit, Satan-Sammaël a déjà accompli la transgression. *Il connaît*, sans doute ce qu'il ne devait pas connaître, ce qui le rend redoutable. D'où sa condamnation : Yahvé le condamne à mourir. Il est évident que pour un esprit angélique comme Sammaël, cette mort n'a rien de commun avec la mort humaine, il ne peut s'agir que d'un symbole : et ce symbole est parfaitement amené par la phrase clé selon laquelle « le Tentateur et sa femme sont esclaves ». Esclaves de qui ? Certainement pas de Dieu. Le contexte ne comporte aucune ambiguïté là-dessus, puisque Sammaël déclare que s'il meurt, Adam choisira un autre serviteur. On doit en conclure que Sammaël est l'esclave d'Adam.

Or, Sammaël fait une réflexion qui en dit long : il se demande ce qu'il doit faire, car s'il meurt, Adam choisira un autre serviteur. En bonne logique, *ce n'est pas sa propre mort que craint Sammaël mais le fait qu'Adam aura un autre serviteur que lui.* Voilà qui est pour le moins étrange. *La mort symbolique de Sammaël ne serait-elle pas d'être remplacé en tant que serviteur auprès d'Adam ?*

Mais alors, si c'est le cas, il faut croire que Sammaël se sent *investi d'une mission auprès d'Adam.* Et, selon toute vraisemblance, cette mission ne peut être qu'une mission concernant la Connaissance, puisque le Tentateur, craignant d'être rejeté, brûle les étapes de l'initiation — qu'il devait être chargé d'assurer — et indique, sous la forme symbolique du serpent, à Adam le moyen rapide de parvenir à la Connaissance, en mangeant le fruit défendu. « Vous serez comme des dieux », dit-il à Ève. On se trouve en droit d'affirmer, grâce à cette interprétation parallèle du *Zohar* et de la *Genèse*, que Sammaël est métaphysiquement indispensable à Adam pour qu'il accomplisse sa propre évolution, évolution que lui-même, Sammaël, a accomplie antérieurement, par sa « désobéissance ». Car Sammaël a atteint la Connaissance, et il ne veut pas disparaître sans avoir légué à Adam cette Connaissance. Au lieu d'un ennemi du genre humain, le personnage de Satan risque alors de passer pour l'initiateur de ce même genre humain. On comprend que la tradition orthodoxe, dans sa ferveur exotérique, ait pieusement enfoui cette notion dans les bas-fonds des séjours infernaux.

Au fait, Connaissance de quoi et pour quoi ? La réponse est dans la *Genèse* (III, 22) : « Voilà que l'homme est devenu comme l'un de nous, pour connaître le bien et le mal ! Qu'il n'étende pas maintenant la main, ne cueille aussi de l'arbre de vie, n'en mange et ne vive pour toujours. » Redoutables paroles, en vérité, qui en disent long sur les croyances hébraïques vis-à-vis de Yahvé-Dieu, et qui ne sont guère conformes à ce qu'on attend d'un Dieu d'Amour rêvé par les mystiques chrétiens. Cela prouve aussi que l'Arbre de la Connaissance n'était qu'une étape initiatique vers l'Arbre de Vie, situé au milieu du Paradis terrestre, mais impossible à découvrir sans avoir mangé le fruit du premier arbre. La conclusion est simple : sans la Connaissance, on n'atteint pas la Vie — la vie éternelle, évidemment.

Quel est donc le rôle du Tentateur dans tout cela ? Il est le serviteur, en fait l'initiateur d'Adam. Après le soi-disant péché originel, il n'est pas éliminé par Yahvé-Dieu, il est seulement écarté, lui aussi, et maudit, avec en plus un avertissement : « Je mettrai l'inimitié entre toi et la femme », avertissement qui demeure bien obscur, tout au moins au premier degré. Mais le Tentateur Sammaël s'en tire à bon compte, semble-t-il, lui qui était condamné à mort. Il pourra désormais continuer son *travail* quel qu'il soit. Et il ne s'en privera pas. Le tout est de savoir si, oui ou non, Sammaël a été créé pour jouer ce rôle de Tentateur, ou s'il l'a joué en transgressant un interdit, ou encore s'il a joué ce rôle *trop tôt par rapport au plan divin établi,* s'il n'a pas brûlé les étapes de l'initiation, s'il n'a pas emprunté la dangereuse Voie Sèche, mais brève, de l'Alchimie traditionnelle, au lieu de la longue mais paisible Voie Humide qui mène quand même à la Pierre Philosophale.

Il en découle que la chute des Anges est liée d'une façon ou d'une autre à la chute des hommes. Mais elle semble l'avoir précédée, puisque c'est avant l'épisode du Serpent que Sammaël avait « désobéi ». Quelle était cette mystérieuse désobéissance ? Que penser de la hâte avec laquelle Sammaël s'efforce d'initier Adam ? Et surtout, comment définir exactement la fonction réelle de ce mystérieux Tentateur à la fois auprès des hommes et auprès de Dieu ?

Il est impossible de fournir des réponses à ces questions pourtant essentielles dans le judéo-christianisme. Les théologiens de divers bords ont tous essayé d'apporter des éléments d'information, mais les textes les plus archaïques sont si rares et surtout si fragmentaires et parfois si tronqués, si expurgés, qu'il est difficile d'apporter une solution satisfaisante. L'Église romaine s'est contentée d'affirmer ses dogmes, se gardant bien de recourir à la discussion raisonnée des textes. Cela éliminait les problèmes, du moins pour la majorité des fidèles.

Cela explique les nombreuses déviances au sein même du Christianisme orthodoxe et les non moins nombreuses « hérésies » successives. Le thème de la chute des Anges, si commode pour expliquer la présence du Mal et l'imperfection de ce monde, a fini par devenir un lieu commun, et le personnage de Satan a recouvert toute une série de notions sulfureuses qu'on voulait écarter d'emblée, sans provoquer de discussion. Les Cathares l'ont si bien senti qu'ils en ont fait la pierre angulaire de leur édifice doctrinal.

Sans prétendre étudier la métaphysique cathare, fort complexe et susceptible d'être nuancée selon les différentes tendances internes au Catharisme [1], il est bon de rappeler certains points essentiels de ce système qui prolonge, dans le Moyen Age occidental, les grandes options mazdéennes et gnostiques. La base en est la croyance qu'il existe un principe du Mal, ou plus exactement une « absence de Bien », mais les opinions divergent quant à savoir si ce principe est parallèle à celui du Bien (dualistes radicaux), ou s'il n'est qu'un « manque », une « imperfection » provisoire et secon-

1. Voir, dans la même collection, Jean Markale, *Montségur et l'énigme cathare*, Paris, Pygmalion, 1986, notamment pp. 179-195.

daire (dualistes mitigés). Quoi qu'il en soit, dans le mythe cathare, Satan-Lucifer est un Ange qui, envahi par le doute ou par le principe d'absence de Bien, s'est révolté contre le Dieu de Lumière. Mais il était seul dans sa révolte. Il a été rejeté par Dieu, et il veut se venger en entraînant les autres Anges avec lui. Il leur vante les beautés et les charmes de la Femme, et comme les Anges n'ont jamais vu de femme, Satan crée une femme et la leur présente. On pense ici à Lilith, mais également à Pandora, la femme-piège créée par Prométhée. Les Anges, enflammés de désir, brisent la voûte céleste et se joignent à Satan pour assurer sa domination sur le royaume de Lumière. Mais leurs corps sont terrassés et leurs âmes tombent. C'est alors que Satan essaie de créer un monde pour ses Anges déchus : ce sera le monde de la matière. Ainsi donc s'exprime avec force la pensée cathare : le monde, la matière, les corps, tout est création satanique, et seules les âmes sont de création divine. Certes, Dieu a envoyé un Ange fidèle pour tenter de convertir les révoltés déchus, c'est Adam. Mais Satan s'est emparé d'Adam et l'a retenu prisonnier dans un corps matériel. Et pour d'autres théoriciens cathares, Jésus est lui-même un Ange envoyé par le Dieu de Lumière.

D'autres versions du mythe montrent Satan essayant désespérément d'insuffler la vie aux créatures qu'il a formées. Mais il n'y parvient pas. Le Dieu de Lumière a ordonné aux Anges qui rôdent dans le monde d'en-bas de ne jamais s'endormir : ils succombent cependant au sommeil, et Satan s'en empare et les enferme dans les corps sans vie qu'il avait formés. Il s'agit, sous l'aspect d'un récit mythologique, de montrer comment a pu s'opérer la capture de l'Archétype divin par l'Archétype humain. Mais cela pose un problème insoluble : comment une âme angélique, de nature céleste et spirituelle, peut-elle être enfermée aussi facilement dans un corps grossier et lourd, sans pouvoir s'en évader ? Les Cathares, partisans du dualisme absolu, proposent une solution : l'âme angélique, qui est bel et bien prisonnière dans son corps de chair, a cependant laissé son « corps angélique »

Reconstitution du Mont-Saint-Michel (fin du Xe siècle).

L'une des premières évocations du Mont-Saint-Michel.
Le duc Guillaume et son armée en route pour le Mont
symboliquement représenté (Tapisserie de Bayeux).

Les Très Riches Heures du duc de Berry (XIVe siècle).

Le Mont-Saint-Michel
(début du XVe siècle).

Gravure du XVIIe siècle.

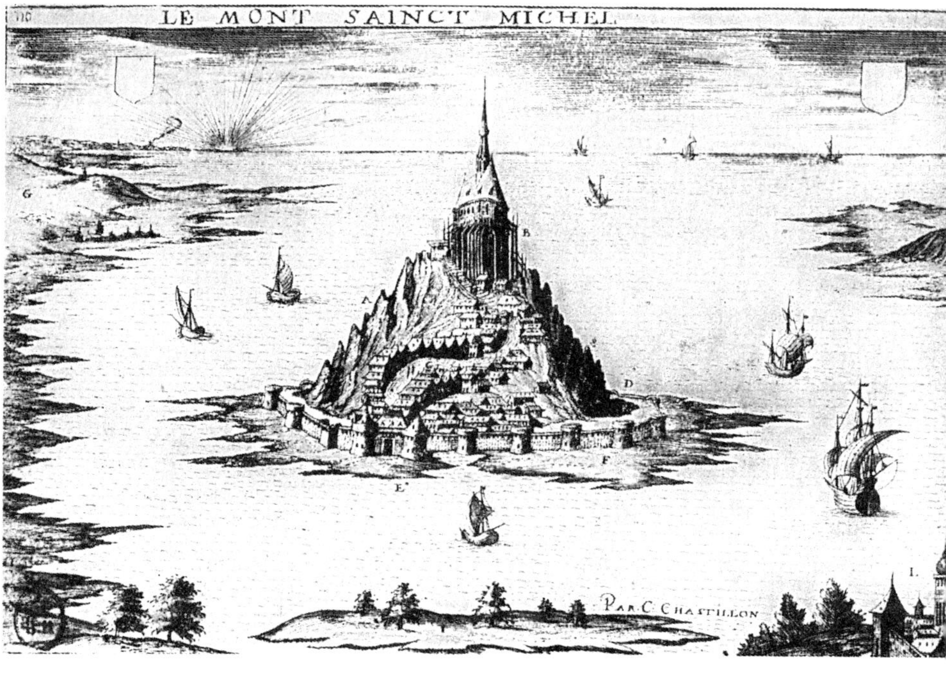

Le cloître de l'abbaye du Mont-Saint-Michel.

La crypte de l'Aquilon.

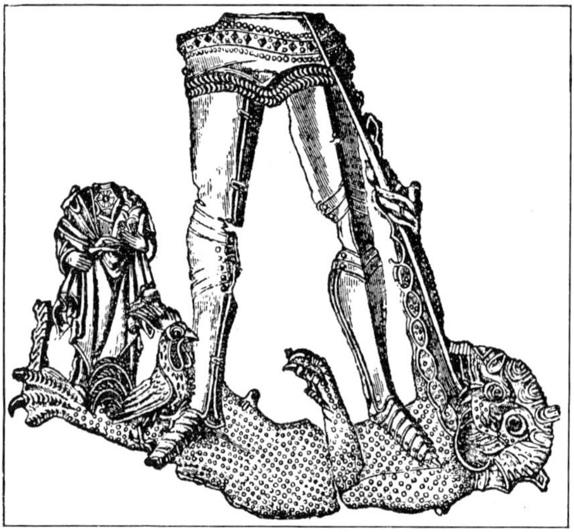

Fragment d'une enseigne du XIVe siècle.

Saint Michel terrassant le Dragon. Martin Schongauer (XVe siècle).

Page suivante : en bas, l'Archange Michel vient visiter le duc Robert de Normandie reposant sur son lit. Plus haut, un moine honore l'Archange et lui offre une fleur (cartulaire du Mont-Saint-Michel, XIIe siècle).

Le Soleil et la Lune alchimiques unis par le Dragon,
symbole d'énergie comme un « soleil invaincu » (XVIIe siècle).

au Ciel. Cet être angélique, devenu humain, est donc *séparé,* privé d'une partie de lui-même. Et les deux parties tendent à se réunir, ce qui explique l'élan spirituel qui caractérise l'être humain, en particulier celui qui fait sienne la doctrine cathare.

Ce thème de la Chute des Anges est donc fondamental pour le Catharisme. Il explique tout, et les dualistes radicaux en venaient même à dire : « Mon âme est l'âme d'un Ange qui, depuis la chute, a transmigré par de nombreux corps comme par de nombreuses prisons. » L'Enfer n'est pas un *en-bas* par rapport au monde : il est le monde lui-même, d'où le mépris affiché par les Cathares dits « Parfaits » pour tout ce qui est matériel, donc de création diabolique et empêchant le retour de l'âme vers le royaume de Lumière auquel elle aspire pourtant de toutes ses forces. Mais pour les Cathares, il est bien certain que la chute des Anges et la chute de l'Homme (Adam et Ève) sont une seule et même chose, un seul et même événement. A cet égard, il est intéressant de mettre en parallèle une tradition nettement gnostique qui apparaît dans le livre apocryphe des « Actes de Pierre et des douze apôtres ». Les Anges — qui sont clairement identifiés avec les *Éons de Lumière* — interviennent largement dans le débat. Et lorsque Thomas demande à Jésus à quelle date fut intronisé l'archange Gabriel, la réponse de Jésus évoque « le drame dans le ciel » lors de la chute du Premier-Créé devenu le « Fils de la Perdition », après son refus de s'incliner devant l'image de Dieu créée en Adam. La révolte de Satan-Lucifer serait donc, d'après cette tradition, son attitude négative auprès d'Adam : il ne veut pas admettre de se voir dépossédé de sa fonction de Premier-Créé au profit de l'Homme « créé à l'image de Dieu ». D'où le rôle qu'on lui prête dans la tentation d'Adam et la faute de celui-ci. D'où le bannissement de l'Ange révolté.

Car il s'agit d'un bannissement, d'une mise à l'écart, et non pas à proprement parler d'une chute dans les abîmes de ténèbres. La vision grandiose de Victor Hugo, dans les fragments de poème épique que constitue *La Fin de Satan,* lorsqu'il évoque la chute du Maudit pendant des milliers d'années, correspond à une image pour ainsi dire « folklorique ». Elle ne repose que sur l'imagination exacerbée des peuples chrétiens voulant à tout prix donner à la mise à l'écart de Satan-Lucifer un caractère grandiose et tragique. Ce ne sont que des images épiques empruntées aux diverses théogonies, en particulier à celle d'Hésiode, lorsqu'il évoque la lutte entre les Olympiens et les Titans. C'est ce qu'on retrouve dans l'*Apocalypse* (XII, 7-12) : « Alors il y eut une bataille dans le ciel : Michel et ses Anges combattirent le Dragon. Et le Dragon riposta avec ses Anges, mais ils eurent le dessous et furent chassés du ciel. On le jeta donc, l'énorme Dragon, l'antique Serpent, le Diable, ou le Satan, comme on l'appelle, le séducteur du monde entier, on le jeta sur la terre et ses Anges furent jetés avec lui. »

Ce n'est donc pas dans les abîmes de l'Enfer, mais *sur la terre,* que Satan est exilé. Si l'on retire à l'Apocalypse, comme l'ont fait les Pères conciliaires de Nicée, sa valeur eschatologique, et si l'on redonne à ce texte fondamental son sens de *révélation,* la lutte de Michel contre Satan n'est pas liée à la fin du monde : c'est une réalité de l'aube des temps lorsqu'on admet une certaine signification chronologique, *c'est une réalité permanente de l'état du monde* lorsqu'on donne au texte une valeur métaphysique. La lutte de Michel et de Satan est symbolique, même si elle a besoin d'être traduite en images grandioses. Et *le* Satan (car c'est un nom commun dans la Bible) se trouve réellement sur la terre, avec ses propres Anges, et donc en compagnie des hommes.

Une lecture attentive de l'Ancien Testament confirme cette opinion : Satan-Lucifer est certes déchu, mais il n'a aucun des caractères exceptionnels et monstrueux qu'on lui prête dans la mythologie chrétienne ou dans le folklore de l'Europe occidentale. Au contraire, rien ne le distingue apparemment des autres Anges, et, de plus, il semble même participer aux activités des cohortes célestes. C'est ce qui ressort d'un passage de *Zacharie* (III, 1-2), où il est question d'une véritable cour de justice présidée par l'Ange de Yahvé, et auprès de laquelle *le* Satan tient le rôle de l'accusateur public : « Yahvé me fit voir Josué, le grand prêtre, qui se tenait debout devant l'Ange de Yahvé, tandis que le Satan était debout à sa droite pour l'accuser. L'Ange de Yahvé dit au Satan : Que Yahvé te réprime, Satan, que Yahvé te réprime, lui qui a fait choix de Jérusalem. » Tout se passe avec courtoisie, et l'animosité de l'Ange de Yahvé contre le Satan se borne à réclamer à Yahvé qu'il *réprime* l'accusateur. Il n'est pas question de le précipiter dans l'abîme. Ce passage est d'ailleurs éclairé par l'épître de Jude (IX) : « L'Archange Michel, lorsqu'il plaidait contre le Diable et discutait au sujet du corps de Moïse, n'osa porter contre lui un jugement outrageant, mais dit : Que le Seigneur te réprime ! » En somme, tout le monde « prend des gants » avec le personnage de Satan-Lucifer, et il y a loin entre cette discrétion de Michel et le spectacle terrifiant de sa lutte avec le Dragon.

Le *Livre de Job* (I, 6) est encore plus révélateur : « Le jour où les Fils de Dieu (= les Anges) venaient se présenter devant Yahvé, le Satan s'avançait aussi parmi eux. Yahvé dit alors au Satan : D'où viens-tu ? — De rôder sur la terre, répondit-il, et d'y flâner. » Voilà qui indique une certaine familiarité entre Yahvé et le Satan, familiarité bien peu conforme avec la violente dichotomie dont la théologie chrétienne a qualifié leurs rapports. Il y a conflit, c'est certain : mais ce conflit apparaît comme normal, naturel, comme si l'univers ne pouvait exister sans lui. Satan est-il nécessaire à Dieu ? La question se pose. D'ailleurs, après ce dialogue entre Yahvé et le Satan, le *Livre de Job* poursuit par le fameux « pari » à propos de la tentation de Job, et l'on peut dire que le destin de Job dépend de la rivalité *antagoniste mais complémentaire* de Yahvé et du Satan. Tel qu'il apparaît ici, celui-ci est un personnage équivoque, distinct des Fils de Dieu mais présent parmi eux, sceptique à l'égard de l'Homme qu'il juge incapable de persévérer dans le Bien et la Justice, désireux de le mettre en défaut chaque fois qu'il est possible de le faire, capable de déchaîner contre lui toutes sortes de maux et même de le pousser au Mal. A la lecture du *Livre de Job,* on peut affirmer que le Satan n'est pas fondamentalement hostile à Dieu : il met seulement en doute la réussite de l'œuvre divine dans la création de l'Homme. Donc, au-delà du personnage d'un Satan cynique, à l'ironie froide et malveillante, tel qu'il apparaît dans les textes les plus récents, se profile l'image plus archaïque d'un *être pessimiste* qui en veut à l'Homme parce que l'Homme semble avoir pris sa propre place auprès de Dieu. En fait, *Satan n'a peut-être pas été écarté par Dieu, mais il s'est cru lui-même écarté.* D'où cette attitude négative sur laquelle on a brodé tant d'images malsaines ou terrifiantes, et qui n'est peut-être que *l'autre face de la divinité se remettant perpétuellement en cause par souci d'éliminer toute imperfection de la Création.* C'est, du moins sur un plan ontologique, une explication plausible du mythe de Satan.

A partir de cette notion ontologique, et parce qu'il fallait absolument la rendre concrète, les images sont apparues, et, comme il arrive en pareil cas, la signification apparente de ces images a pris le pas sur le sens profond qu'on leur avait donné à l'origine. Et c'est d'autant plus vrai qu'en devenant *historiques,* la religion juive, puis la religion chrétienne ont suscité des parallélismes entre le mythe lui-même et les circonstances historiques qu'elles étaient amenées à traverser. Bien souvent, les images terrifiantes de Satan-Lucifer ne désignent plus l'entité ontologique originelle mais des personnages historiques qui ont été les ennemis du peuple de Dieu. C'est l'éternel problème soulevé à propos du Mythe et de l'Histoire. L'un et l'autre sont tellement imbriqués dans les récits qu'il est parfois difficile d'attribuer à chacun sa juste part.

C'est évident dans un célèbre passage d'*Isaïe* (XIV, 12) à propos de l'*Étoile du Matin,* c'est-à-dire de *Lucifer* : « Comment es-tu tombé du ciel, étoile du matin, fils de l'aurore, as-tu été jeté à terre, vainqueur des nations ? Toi qui avais dit dans ton cœur : — J'escaladerai les cieux, au-dessus des étoiles de Dieu j'élèverai mon trône, je siégerai sur la montagne de l'Assemblée, aux confins du Septentrion. Je monterai au sommet des nuages, je m'égalerai au Très-Haut. Mais tu as été précipité au Schéol dans les profondeurs de l'Abîme. » Ce sont les Pères de l'Église qui ont interprété ce texte comme le récit de la chute de Satan après une révolte dictée par l'orgueil. Mais c'était oublier le contexte. Il y a d'abord le fait que l'Étoile du Matin se trouve précipitée dans le *Schéol :* et l'on ne peut pas dire que le *Schéol,* dans la pensée juive, soit l'équivalent de l'Enfer chrétien. C'est au contraire l'équivalent des mornes Enfers de la tradition grecque, le domaine d'Hadès, où les « ombres fuyantes » mènent une sorte de reflet de vie sans aucune consistance, en dehors de toute lumière. Mais, dans la pensée juive originelle, qui ne croyait pas à la survie de l'âme — cela, on a trop tendance à l'oublier —, le *Schéol* prend une signification bien particulière : il s'agit d'un lieu situé sous la terre, un lieu obscur, où sont précipités *vivants* ceux qui s'opposent à Yahvé : « Comme il achevait de prononcer toutes ces paroles, le sol se fendit sous leurs pieds, la terre ouvrit sa bouche et les engloutit, eux et leurs familles, ainsi que tous les hommes de Coré et tous ses biens. Ils descendirent vivants au Schéol, eux et tout ce qui leur appartenait. La terre les recouvrit et ils disparurent du milieu de l'assemblée » (*Nombres,* XVI, 31-33). Cela fait d'ailleurs penser au fameux Siège périlleux de la légende christianisée du Graal : tous les audacieux qui s'y assoient sans être « élus » disparaissaient, engloutis par la terre. Le thème du *Schéol* témoigne d'une non-croyance à l'immortalité de l'âme : c'est de leur vivant que ceux qui se dressent contre le plan divin sont châtiés, car un châtiment *post mortem* ne se justifierait absolument pas. On comprend alors comment, sous l'influence des sectes des temps messianiques qui professaient l'immortalité de l'âme (par suite d'un apport hellénistique), le *Schéol* est devenu l'archétype de l'Enfer chrétien.

Mais dans le cas du passage d'*Isaïe* concernant la chute de l'Étoile du Matin, le doute n'est pas permis : il s'agit d'une condamnation en règle de tous les conquérants du monde, de tous ceux qui s'arrogent le droit de gouverner les nations et qui, par un orgueil démesuré, se haussent aux plus grandes dignités. Ceux-là seront abattus, et leur chute sera d'autant plus douloureuse qu'ils seront parvenus à de hauts sommets. C'est ce que Victor Hugo a magnifiquement traduit dans son épisode de Nemrod de *La Fin de Satan :* le conquérant, le chasseur de génie qu'est Nemrod, se lance à l'assaut du ciel dans une hallucinante machine volante traînée par des aigles. Mais on le retrouve mort, sur la terre, les yeux grands ouverts sur le ciel. Et c'est le sens du mythe d'Icare : celui-ci s'approche trop près du soleil et la cire qui retenait ses ailes se met à fondre. La constatation est amère, mais elle est précise : la puissance humaine est quand même limitée, ou tout au moins elle ne peut être *effective* qu'au terme d'une lente maturation, et en évitant de brûler les étapes. L'Étoile du Matin, le fameux « Lucifer », n'est que le symbole de tous ces conquérants orgueilleux qui jouent les apprentis sorciers, se lançant à l'assaut de la divinité sans se protéger les yeux de l'aveuglement que provoque la vision divine. Qu'on pense aux « dix mille soleils » de l'explosion nucléaire.

C'est en oubliant que la Bible hébraïque était *aussi* l'histoire du peuple juif que les Pères de l'Église ont souvent interprété abusivement certains textes « apocalyptiques ». Ils ont ainsi bâti bon nombre de leurs spéculations sur la chute de Satan d'après un passage d'*Ézéchiel* (XXVIII, 1-19), où, manifestement, il s'agit de la chute bien prosaïque du roi de Tyr, lui-même symbole de la puissance orgueilleuse des rois. Et c'est ainsi que l'Étoile du Matin, la poétique « Étoile du Berger », la « Porte-Lumière », est devenue l'une des incarnations symboliques de l'Ennemi, du Tentateur, de l'Accusateur, du Négateur, en fait du *Sceptique* qu'était l'entité ontologique primitive connue sous le nom de Satan. A partir de là, et les images mythologiques se multipliant, d'autres noms sont venus s'ajouter : Léviathan, Rahab, Belzébuth, pour ne citer que les principales figures bibliques, sans parler des aspects animaux monstrueux comme le Dragon ou le Serpent.

Léviathan est l'un des thèmes les plus exploités par les poètes qui l'ont associé avec les marécages et tous les endroits ambigus où l'imaginaire place les « gueules de l'Enfer », les zones frontières entre le monde des vivants et l'Autre Monde. « Que la nuit maudisse ceux qui maudissent les jours et sont prêts à réveiller Léviathan » (*Job*, III, 8). Incontestablement, Léviathan est lié à l'obscurité. En fait, on sait très bien que ce personnage mythologique est d'origine phénicienne et qu'il désigne le monstre du Chaos primitif, alors que la Lumière divine n'avait point encore opéré la séparation entre les ténèbres et la lumière matérielle. Il est en effet important de souligner que la Lumière divine, qui est synonyme de Verbe, est une lumière spirituelle qui n'a rien à voir avec la lumière matérielle que met en jeu, dans la *Genèse*, Yahvé quand il prononce les fameuses paroles : « Que la lumière soit. » Il opère par là la séparation entre la lumière matérielle *qui est la vie organisée* et ce que nous appelons ténèbres, c'est-à-dire Chaos encore indifférencié, *qui est la vie inorganisée* ou, si l'on préfère, la *potentialité de vie*. Le mythe n'est pas spécifiquement sémite, et on le retrouve en particulier dans la tradition germano-scandinave, avec les Géants toujours prêts à se lancer à l'assaut d'Asgard, la forteresse des Dieux, et dans la tradition celtique irlandaise, avec les mystérieux Fomoré, peuple de la mer, géants cyclopéens et marins primitifs, toujours en lutte avec les différents envahisseurs de l'Irlande.

L'Ancien Testament fait de nombreuses allusions à ce Léviathan : « Toi qui fracasses les têtes de Léviathan pour en faire la pâture des bêtes sauvages » (*Psaumes*, LXXIV, 14). On voit ici d'où provient l'image de la bête aux sept têtes si commune dans la tradition populaire orale de tous les pays et qui se présente aussi sous la forme très littéraire de l'Hydre de Lerne. « Là, des navires se promènent et Léviathan que tu (Yahvé) formas pour t'en rire » (*Psaumes*, CIV, 26). Ce texte est d'ailleurs important par le fait qu'il suppose que c'est Yahvé lui-même qui a créé Léviathan *pour s'en rire*. Donc, Léviathan-Satan est nécessaire à Dieu. C'est ce qui ressortait de l'analyse du *Livre de Job :* Dieu ne serait pas Dieu sans le personnage équivoque de Satan (sous quelque nom ou sous quelque forme qu'il apparaisse) devant lui. Et au risque de choquer tout le monde, il semble qu'on puisse affirmer nettement qu'il existe sinon une complicité (évidente dans le *Livre de Job*), du moins une complémentarité entre Dieu et Satan. Il faut être aveuglé par l'aristotélisme primaire de la théologie chrétienne officielle pour ne pas admettre cette nécessité ontologique (mais non forcément psychologique). La querelle entre le « Diable et le Bon Dieu » est une absurdité lorsqu'on la prend à la lettre. Mais elle est une nécessité si on la prend d'un point de vue métaphysique. Le Christianisme, qui s'est tant embourbé dans un pseudo-rationalisme, n'est point parvenu à trouver la solution de ce conflit que seule une *dialectique* pré-socratique, donc barbare, pouvait résoudre : Dieu étant l'Être, et Satan le Non-Être, la totalité ne peut surgir que du rapport subtil entre l'Être et le Non-Être, c'est-à-dire l'Être relatif dans son va-et-vient perpétuel entre les deux pôles. Le monde, tel qu'il nous apparaît, et l'humanité telle qu'elle est, appartiennent donc au monde relatif, qui n'a rien à voir avec le monde du Dieu absolu ; d'où la nécessité de Satan, comme « faire-valoir » d'un Dieu absolu abscons et incompréhensible. Peu importe, dans ces conditions, que l'on puisse donner à ce Non-Être relatif les formes et les noms qui plaisent à l'imaginaire humain, puisque c'est la seule façon de rendre cette notion transmissible et compréhensible.

A vrai dire, si, d'après les *Psaumes,* Yahvé a créé Léviathan « pour s'en rire », c'est qu'il avait vraiment besoin d'opposer à lui une créature qui fût son contraire, ou tout au moins son contrechamp, pour établir sa propre identité relative par rapport à un autre antithétique. Car l'Être absolu, comme le montre avec pertinence Hegel, équivaut au néant. Et si la vie, c'est-à-dire l'existence dans le domaine des réalités concrètes, c'est-à-dire dans le monde de la relativité, est un continuel et perpétuel devenir, il faut bien admettre que l'*agir* prédomine sur le *penser :* d'où cette persistante notion de combat, de lutte, entre deux antagonismes. « Ce jour-là, Yahvé châtiera avec son épée dure, grande et forte, Léviathan, le serpent fuyard, Léviathan, le serpent tortueux , il tuera le dragon qui habite la mer » (*Isaïe,* XXVII, 1 On voit déjà apparaître l'image du Serpent et celle du Dragon, telles qu'on les retrouvera dans l'*Apocalypse* et dans les nombreux contes populaires qui font du Dragon à la fois le gardien des Trésors cachés et le redoutable adversaire que doit vaincre le héros civilisateur, c'est-à-dire l'équilibrateur du monde. Car si Yahvé se doit de châtier Léviathan, c'est parce que sa fonction de créateur du monde l'oblige à cet incessant combat au cours duquel s'instaure un fragile équilibre entre ce qui est et ce qui n'est pas. Cela dit, le texte d'*Isaïe* démontre une origine phénicienne : il s'agit, ni plus ni moins, d'un démarquage d'un poème recueilli dans les manuscrits de Râs-Shamra, qui datent du XIVe siècle avant notre ere : « Tu écraseras Léviathan, serpent fuyard, tu consumeras le serpent tortueux, le puissant aux sept têtes. » Mais le monstre aux sept têtes a la vie dure. On le retrouve dans un autre passage de *Job* (XXXX, 25) : « Et Léviathan, le pêches-tu à l'hameçon ? Avec une corde, comprimes-tu sa langue ? Fais-tu passer un jonc dans ses naseaux, avec un croc, perces-tu sa mâchoire ? » En l'occurrence, ici, il s'agit d'un crocodile, avec tout ce que cela comporte d'allusions sexuelles, notamment à propos de la castration et du fameux « vagin denté » qui demeure un des fantasmes les plus courants de l'imaginaire masculin, si l'on en croit la tradition populaire. La référence à la langue de Léviathan est importante, car la langue du monstre est comparée bien souvent à un jet de flammes que vomit le dragon. On reconnaît ce thème dans de nombreux contes populaires, et il apparaît clairement dans la légende de Tristan et Yseult, lorsque Tristan combat le « grand Serpent crêté d'Irlande », le tue, et coupe sa langue comme preuve de sa victoire : mais le venin de la langue passe dans son corps et il défaille, empoisonné par la puissance qu'il vient de vaincre, c'est-à-dire de dompter. C'est une façon imagée et dramatique de présenter la *brûlure* qui s'empare de l'être humain quand il peut communiquer avec un des aspects du divin, même quand ce divin est présenté sous des formes maléfiques ou démoniaques. Et l'on est bien obligé de constater une fois de plus que la présence de Léviathan est liée à la proximité de marécages, de lieux où se produisent les échanges entre les deux mondes, où il y a une sorte de symbiose entre la vie et la mort. Les « infernaux paluds » du poète François Villon, quand il s'adresse à la Vierge Marie, sont plus que jamais actifs quand il s'agit de ce mystérieux personnage qu'est le Satan hébraïque. Il est vrai que parfois, dans les textes bibliques, Léviathan apparaît sous le nom de *Tehôm,* terme dans lequel il n'est pas difficile de reconnaître la même racine que dans le *Tiamat* babylonien. Le mot signifie « abîme », mais dans le sens du mot gallois *annwfn,* c'est-à-dire l'abîme originel. Et dans le mythe babylonien, *Tiamat* désigne la Mer qui, après avoir donné naissance aux Dieux, a été vaincue par l'un de ces Dieux à la suite d'une bataille extraordinaire qui n'est ni plus ni moins qu'un inceste cosmique entre la Déesse-Mère et le plus jeune de ses fils.

L'environnement de Léviathan est incontestablement l'humidité obscure *où tout peut se passer.* « S'ils forcent l'entrée du Schéol, de là, ma main les prendra ; et s'ils montent aux cieux, de là, je les ferai descendre ; s'ils se cachent au sommet du Carmel, là j'irai les chercher et les prendre ; s'ils se dérobent à mes yeux au fond de la mer, là je commanderai au Serpent de les mordre » (*Amos,* IX, 2). Il s'agit bien entendu des humains qui se révoltent contre la loi divine : mais ce qui guette ces révoltés, c'est le Serpent, qui rôde dans les basses régions humides de la terre. Et, s'il faut en croire le texte du prophète, le Serpent, autrement dit Satan-Léviathan, obéit aux ordres donnés par Dieu. Où est donc le mythe de Satan révolté lui-même contre Dieu et maudit ? Il faudrait peut-être ne pas prendre tout à la lettre. Écoutons encore Isaïe qui s'adresse à Yahvé (LI, 9) : « Éveille-toi, éveille-toi ! Revêts-toi de force, bras de Yahvé, éveille-toi comme aux jours d'autrefois, des générations de jadis. N'est-ce pas toi qui as fendu Rahab, transpercé le Dragon ? » Nous sommes ici en pleine cosmologie orientale : il s'agit de la création, considérée comme la victoire d'un dieu créateur sur les monstres du Chaos originel, autrement dit de la victoire de l'organisé sur l'inorganisé, de l'intelligence sur les forces brutales et instinctives de la nature. Et Léviathan apparaît alors sous son autre nom de Rahab, ce qui veut dire « rageur », désignant de la même façon le Chaos marin des commencements, quand les « Elohim flottaient sur les Eaux ».

On peut alors considérer, d'après tous les textes mésopotamiens qui ont servi de modèle à la *Genèse,* que la création du monde est bel et bien le résultat d'un affrontement entre Dieu et le Principe qu'on appelle faute de mieux « Satan ». « C'est toi (Yahvé) qui fendis Rahab comme un cadavre, dispersas tes adversaires par ton bras de puissance » (*Psaumes,* LXXXIX, 11). « Dieu ne renonce pas à sa colère ; sous lui restent prostrés les satellites de Rahab » (*Job,* IX, 13). Bien sûr, on peut prétendre qu'il s'agit d'une allégorie destinée à traduire un événement historique : Rahab a vraisemblablement désigné la mer Rouge, puis, par extension, l'Égypte tout entière. Mais, derrière l'Histoire, le mythe reste toujours présent, avec d'autant plus de force qu'il n'est compris que par certains : « Par sa force, il a brassé la mer, par son habileté, écrasé Rahab. Son souffle a clarifié les cieux, sa main transpercé le serpent fuyard » (*Job,* XXVI, 12). Toujours ce « serpent ». Il est vrai que « c'était le plus rusé de tous les animaux des champs que Dieu avait faits » (*Genèse,* III, 1). Il est vrai qu'après l'épisode de l'Arbre de la Connaissance, « Yahvé-Dieu dit au Serpent : Parce que tu as fait cela, maudit sois-tu entre tous les bestiaux et toutes les bêtes sauvages. Tu marcheras sur ton ventre et tu mangeras de la terre tous les jours de ta vie. Je mettrai une hostilité entre toi et la femme, entre ton lignage et le sien. Elle t'écrasera la tête et tu l'atteindras au talon » (*Genèse,* III, 14-15). Voilà des paroles terriblement lourdes de sens. D'abord, constatons que la punition du Serpent paraît très douce à côté de celle qui est infligée à Adam et Ève : le Serpent n'est en effet condamné qu'à ramper. Car l'inimitié entre lui et la Femme est parfaitement ambiguë : elle (ou son lignage) lui écrasera la tête, mais lui l'atteindra au talon. Il s'agit d'une sorte de *match nul,* et l'on ferait bien d'y réfléchir longuement avant de commenter comme la victoire de la lumière sur l'ombre les représentations de la Vierge marchant sur le Serpent, ou encore de saint Michel luttant contre le Dragon. Le moins qu'on puisse dire, c'est que dans les conditions posées par la *Genèse,* le triomphe de la Vierge Marie ou de saint Michel sur le Serpent (ou le Dragon) paraît être une victoire discutable, ou tout au moins susceptible d'interprétations beaucoup plus hétérodoxes que celles qui sont généralement présentées.

En tout cas, cet attirail mythologique dont use et abuse la Bible nous conduit tout droit à l'*Apocalypse,* texte charnière entre le Judaïsme et le Christianisme : « Puis je vis un Ange descendre du ciel, ayant en main la clef de l'Abîme, ainsi qu'une énorme chaîne. Il maîtrisa le Dragon, l'antique serpent — c'est le Diable, Satan —, et l'enchaîna pour mille années. Il le jeta dans l'Abîme, tira sur lui les verrous, apposa des scellés, afin qu'il cessât de fourvoyer les nations jusqu'à l'achèvement des mille années. Après quoi, il doit être relâché pour un peu de temps » (XX, 1-3). On peut se demander pourquoi Satan doit être enchaîné seulement pendant mille ans, nombre évidemment symbolique. On peut également se demander pourquoi, après ce délai, Satan doit être relâché. Aurait-il donc une certaine utilité dans le plan divin ? Satan serait-il, qu'il en soit conscient ou non, un auxiliaire de Dieu ? Mais à cette partie du conflit succède une autre phase, qui devient plus épique, plus tragique aussi, donnant une fois pour toutes à Satan son image de maître des infernaux séjours : « Les mille ans écoulés, Satan, relâché de sa prison, s'en ira séduire les nations des quatre coins de la terre, Gog et Magog (variante : Gog, roi de Magog), et les rassembler pour la guerre aussi nombreux que le sable de la mer. Ils montèrent sur toute l'étendue du pays, puis ils investirent le camp des Saints, la Cité Bien-Aimée » (XX, 7-9). On croirait lire une antique saga scandinave sur le *Ragnarök*, ce qu'on traduit improprement par « Crépuscule des Dieux ». Mais n'oublions pas que l'*Apocalypse* est seulement une « révélation » et non pas un récit eschatologique, même si le ton est celui de la prophétie des derniers temps. Il n'y a cependant aucun pessimisme dans le texte attribué à saint Jean : « Mais un feu descendit du ciel et les dévora. Alors, le Diable, leur séducteur, fut jeté dans l'étang de feu et de soufre, y rejoignant la Bête et le faux prophète, et leur supplice durera jour et nuit, pour les siècles des siècles » (XX, 9-10). C'est déjà la description du fantastique combat de l'archange de Lumière Michel contre le Dragon, celui qui vomit les flammes obscures des mondes inférieurs. On notera qu'il y a du feu partout : un feu venu du ciel, et qui foudroie ; un feu surgi de la terre (l'étang de feu et de soufre). On remarquera aussi que, dans toutes les représentations de ce combat mythique, si Michel brandit un glaive de feu, le Dragon, lui, vomit des flammes. Serait-ce le combat entre deux feux de nature différente ou opposée ?

Mais qu'importe, après tout. C'est de l'*Apocalypse* que surgit l'image d'un Satan-Lucifer traditionnel et que le Moyen Age va développer avec un luxe d'imagination incroyable. Ainsi se forme le personnage du *Démon,* incarnation du Mal, de la Tentation, de la Séduction, de la Tromperie, et finalement synonyme de perdition éternelle. On a certes laissé dans l'ombre tout l'aspect ontologique du Démon, ce Non-Être qu'il représente à l'origine. Au fur et à mesure de l'évolution du personnage dans l'imaginaire comme dans les graves discussions théologiques, il s'est chargé de tous les éléments qui ne pouvaient être acceptés des religions anciennes, des cultes archaïques ou ancestraux qui subsistaient dans l'Europe chrétienne. Il a cristallisé tout ce qu'il y avait de louche, d'inquiétant, de dangereux, d'*hétérodoxe :* il est devenu le grand *refouloir* de tous les fantasmes inavouables, de toutes les aberrations de l'humanité souffrante, de toutes les pulsions incontrôlables de l'Être. En ce sens d'ailleurs, il rejoignait l'image qu'on se faisait à l'origine de cette entité ontologique signifiant le Chaos inorganisé, le trouble marécage des genèses, un Léviathan toujours présent dans l'inconscient humain, au niveau de ce que certains appellent le cerveau reptilien.

Pourtant, le mot *démon* a un sens précis. Il provient du grec *daimôn,* apparenté à la racine qui a donné *deivos,* le nom du *dieu* personnalisé en indo-européen, et qui signifie « déité », ou « divinité », mais au sens du latin *numen.* Dans la pensée grecque, qui a malgré tout influencé la problématique chrétienne post-apostolique, et qui se reconnaît même chez saint Paul, les démons étaient des êtres divins ou semblables aux Dieux — comparables aux Anges — et possédant certains pouvoirs des Dieux. Sous l'influence de la philosophie socratique et platonicienne, le *démon* de quelqu'un a été aussi identifié à la volonté divine, et, par voie de conséquence, au destin de l'homme. On s'en souviendra lorsqu'on formulera le concept de l'Ange gardien. Par la suite, mais surtout dans une Rome influencée par la pensée grecque, on en viendra à considérer les démons comme les âmes des défunts, génies tutélaires ou franchement hostiles et inquiétants si on ne leur rend pas un culte approprié : ce sont alors des intermédiaires entre le monde des mortels et le monde des Dieux immortels, et, à ce point de vue, ils peuvent être aisément comparés aux Anges du Judéo-Christianisme.

Donc, à l'origine, le *Démon* est une entité spirituelle neutre, comme le *numen* latin, ou ambivalent, puisque capable du Bien et du Mal selon les circonstances. Mais tandis que la part bénéfique, surtout à Rome, passait au *Génie,* entité tutélaire de l'individu, la part maléfique passa très tôt au *Démon,* chargé de tous les maux, mais auquel il est bon de rendre un culte si l'on veut éviter le pire. De là date la naissance de la sorcellerie, ou de la magie noire, qui consiste non seulement à apaiser les démons, à les empêcher de nuire, mais aussi, puisque ce qui est en haut est comme ce qui est en bas, à essayer de les faire servir, moyennant des compensations, aux volontés humaines. Le pacte avec le Diable est le corollaire de la lutte contre les Démons.

Quelle que soit sa coloration — bénéfique ou maléfique — le Démon symbolise une illumination supérieure aux normes habituelles, permettant de voir plus loin que le réel et plus sûrement que par des méthodes dites rationnelles, et cela d'une façon irréductible aux arguments scientifiques ou dits tels. Les démons, en ce sens, passent pour contrôler le domaine du Destin plus que celui de la Connaissance pure. Et tout cela se retrouve dans la démonologie chrétienne. D'après le pseudo-Denys l'Aréopagite, les démons sont des Anges qui ont trahi leur nature, mais qui ne sont mauvais ni par leur origine, ni par leur essence. En effet, s'ils étaient naturellement mauvais, ils ne procéderaient pas du Bien, ils ne compterait pas au rang des êtres, et d'ailleurs, comment se seraient-ils un jour séparés des bons Anges si leur nature avait été mauvaise de toute éternité ? La race des démons, toujours selon le pseudo-Denys, n'est donc pas mauvaise en tant qu'elle se conforme à sa nature mais bien en tant qu'elle ne s'y conforme pas. On voit que le mythe de la chute des Anges a fait des ravages sur la pensée philosophique et sur la théologie chrétiennes.

Car le Diable finit par symboliser toutes les forces qui troublent, assombrissent et affaiblissent la conscience et la font régresser vers ce qui est indéterminé et ambigu. Souvent représenté sous forme de bête, il traduit ainsi la chute de l'Esprit dans la Matière. Sous forme de monstre, il témoigne du développement anarchique de l'Esprit. En somme, il est la synthèse des forces désintégrantes de la personnalité. Et pourtant, le fameux pacte avec le Diable prouve que le personnage n'est pas seulement destructeur et négateur : il est capable de procurer la richesse, de construire des bâtiments indestructibles, comme des ponts, par exemple, selon de nombreux contes populaires. Et ce ne sont pas toujours des constructions illusoires : la création *ex diabolo* est un élément important de l'inconscient collectif. Le mythe de Faust le prouve : mais peut-être que Faust n'a pas su tirer parti du pacte qu'il avait conclu avec Méphistophélès. Car, en définitive, le personnage du Diable, sous quelque nom qu'il soit évoqué, représente les forces obscures qui sont dans l'Homme et dont celui-ci ne sait pas toujours se servir. Le fait que, dans les contes populaires, des héros ou des saints rétablissent l'équilibre rompu par le Diable, indique que les forces mises en œuvre par le Diable ne sont pas naturellement mauvaises : il convient seulement de les faire surgir et de les utiliser à bon escient. La légende de Merlin l'Enchanteur apparaît révélatrice : fils d'un Diable, l'enchanteur est doué de tous les pouvoirs qu'on prête aux esprits infernaux. Mais il se sert de ces pouvoirs pour organiser le monde, autrement dit la société arthurienne, contribue à instaurer la fameuse Table Ronde, et, par ses révélations, lance les chevaliers arthuriens dans la Quête du saint Graal. Il est *diable* dans la mesure où il se jette en travers des habitudes et du *ce qui va de soi*. Mais, ce faisant, il agit en démiurge. Combien de contes populaires nous montrent ainsi le Diable venant en aide à un paysan et, lors du paiement de la dette, se faire tromper par celui qu'il croyait tromper ! La sagesse populaire semble vouloir affirmer ainsi qu'il est toujours possible de faire participer les forces obscures de la conscience à la vie active à condition de ne pas adopter vis-à-vis d'elle une attitude passive.

C'est là que le thème de la chute apparaît comme fragile, sur un plan plus général. La chute des Anges ne serait-elle pas simplement la réduction des forces obscures à leur rôle négatif ? La *méchanceté* du Diable ne serait-elle pas seulement l'utilisation abusive et exclusivement égoïste des puissances profondes de l'inconscient ?

Car le Diable est *méchant* dans toutes les traditions. Et cette méchanceté n'est pas forcément une conséquence de la chute : elle résulte davantage d'une tare originelle, c'est-à-dire d'un *manque*. Il semble bien que le Mal soit l'absence de Bien. Un conte populaire de Haute-Bretagne en dit long à ce sujet.

Il s'agit d'une jeune princesse nommée Préserpine. Le

nom est révélateur : c'est la Korê-Proserpine de la mythologie grecque, l'épouse de Pluton-Hadès, le dieu des Enfers. De plus, dans le pays où a été recueilli ce conte (en 1882), le nom de Préserpine est souvent donné à des femmes laides et méchantes qui passent pour être quelque peu sorcières. Or, cette jeune princesse a un défaut : si elle est très riche, elle a le cœur très dur, et elle fait assommer tous ceux qui viennent lui demander l'aumône. Elle en arrive à un tel point que le Bon Dieu la maudit : « Puisque tu as si mauvais cœur, pour ta punition, tu mettras au monde un enfant, et dès qu'il sera né, il sera transformé en une bête qui aura une tête de lion avec des cornes, et des pieds de cheval. Il restera sous cette forme jusqu'à l'âge de seize ans. Après quoi, il pourra prendre toutes les formes qu'il voudra, mais jamais il ne pourra changer ses pieds qui resteront toujours ceux d'un cheval. Il sera appelé le Diable, et je le mettrai dans l'Enfer pour rôtir au milieu des flammes les méchantes gens et les mauvais cœurs comme toi. » Tout se passe ainsi. Et comme le Diable ne trouve point à se marier, il oblige une jeune fille également nommée Préserpine à l'épouser. « Quand le mariage fut célébré, le Diable fut porté, ainsi que sa femme et sa mère, dans un four plein de feu, aussi grand que le monde et qu'on nomme l'Enfer. » Mais le Diable revient souvent sur terre pour tourmenter les humains. Dieu finit par lui interdire de quitter l'Enfer, et pour se venger, le Diable crée une race maudite, « celle des lions, des fées et des fétauds ».[1]

Si l'on comprend bien, le Diable a ici une fonction de justice. Son père est inconnu : il y a là une sorte de caricature de la conception du Christ, comme un retournement de la légende de Merlin (où le père est un diable). C'est en effet par la volonté de Dieu que Préserpine se trouve enceinte : le Diable a été voulu et créé par Dieu lui-même. Le thème de la chute n'est pas lié au Diable, mais à la Mère du Diable,

1. Jean Markale, *Contes populaires de toutes les Bretagne*, Rennes, Ouest-France, 1977, pp. 86-89.

créature humaine qui recouvre une entité divine *pratiquant l'absence de Bien.* A ce moment-là, on peut affirmer que la création de Satan correspond à une nécessité pour Dieu, une nécessité de justice. Malgré tout, le Diable est une créature soumise à la loi divine. Mais il n'est pas un Ange déchu.

C'est la Mère du Diable qui représente la déchéance, par sa cruauté de cœur, par son manquement à la loi de charité. Entièrement libre de ses actes, et de plus très riche, elle pouvait faire le bien. Elle ne l'a pas fait. Voilà la faute, qu'elle doit expier. Il y a d'autres contes populaires au sujet de cette Mère du Diable. L'un d'eux, recueilli en Basse-Bretagne, près de Guénin (Morbihan), la montre en train d'errer sans cesse depuis sa malédiction, et portant deux pommes blanches qu'elle abandonne, ce qui provoque l'apparition des deux buttes du Mané-Gwenn (Mont Lumineux) où se trouve une chapelle dédiée à saint Michel. Mais le début du conte présente une curieuse cosmogonie : « Autrefois, avant que le monde fût vraiment le monde, une malédiction terrible pesait sur la terre. Il y eut de grandes batailles et les êtres souffrirent de grands maux. C'était le temps du Chaos et de la violence. Ce fut alors que la lumière de Dieu pénétra les ténèbres. Et Mamm-en-Diaoul (la Mère du Diable), qui avait pendant si longtemps asservi la terre, fut chassée et pourchassée sans répit par tous ceux qui l'avaient subie. » [1] Là, le processus habituel est inversé : le monde primitif n'était pas le Paradis terrestre, mais un univers de violence soumis aux puissances démoniaques que symbolise la Mère du Diable. Et cela n'a cessé que lorsque la Lumière de Dieu a pénétré les Ténèbres, en un geste évident de fécondation. Une telle tradition localisée près d'une chapelle sur une hauteur et dédiée à saint Michel n'est certainement pas due au hasard. Il est en effet fort possible que saint Michel soit cette « Lumière de Dieu ». Mais alors, on est obligé de constater que Satan-Lucifer, le Diable-Démon, était le premier « roi

---

1. Jean Markale, *La Tradition celtique en Bretagne armoricaine*, Paris, Payot, 1975, pp. 255-257.

du monde », un roi mauvais et injuste à cause de qui se produisaient de grandes batailles. Ce conte populaire soulève bien des problèmes.

A travers tant de versions discordantes d'un même thème, on ne sait toujours pas si la chute des Anges s'est produite avant ou après la création de l'Homme. Mais peut-être cette question d'ordre chronologique n'a-t-elle aucun intérêt : il suffit seulement de connaître la véritable signification de cette bataille qui oppose, toujours en dehors du temps et de l'espace, la Lumière de Dieu aux puissances des Ténèbres, autrement dit le combat de saint Michel contre le Dragon : « Alors il y eut une bataille dans le ciel. Michel et ses Anges combattirent le Dragon » (*Apocalypse*, XII, 7). C'est sur ce texte qu'est bâti le culte de l'Archange de Lumière.

III

L'ARCHANGE MICHEL

Il est difficile de savoir à quel moment de l'histoire d'Israël l'entité angélique que nous nommons maintenant Michel s'est dégagée de l'anonymat qui caractérise les premiers textes bibliques. Les Séraphins qui gardent la porte du Jardin d'Éden, après qu'Adam et Ève eurent été chassés, ne sont point nommés. Seule la présence du glaive flamboyant permet l'interprétation selon laquelle le chef de ces Anges peut être Michel. Mais cette interprétation s'appuie sur des réflexions modernes. Y avait-il une tradition ancienne concernant le rôle d'un Ange particulier auquel on donnait le nom de Michel, nous l'ignorons. Les Anges reçus par Loth à Sodome sont anonymes, comme le sont les trois Anges qui se présentent à Abraham sous les chênes de Mambré : dans cet épisode, il faut vraiment être un familier de l'angélologie postérieure pour y reconnaître Michel, entouré de Raphaël et de Gabriel. C'est seulement dans le *Livre de Daniel* et dans celui de *Tobie* qu'apparaissent les noms de Raphaël et de Michel. Mais à partir de là, les commentaires seront nombreux et variés sur la place que tient l'entité Michel dans la hiérarchie céleste. Et c'est finalement le *Livre d'Enoch,* à peu près contemporain du *Livre de Daniel,* mais qui a été écarté de la *Vulgate,* qui nous donne le plus de renseignements sur la façon dont on voyait les Anges. Enoch y décrit sa vision : « Le premier est le miséricordieux et très patient Michel. Le second, qui est préposé à toutes les blessures et à toutes les infirmités des enfants des hommes, est Raphaël. Le troisième, qui est préposé à toute force, est Gabriel. Quant au quatrième, qui préside au repentir, pour l'espoir de ceux qui héritent la vie éternelle, son nom est Phanuel. Ce sont là les quatre Anges du Seigneur des Esprits, et les quatre voix que j'ai entendues en ce jour » (*Enoch* éthiopien, XL, 9-10). Mais dans le même *Livre d'Enoch* (XX), la liste est plus longue. Voici « les noms des sept Archanges qui veillent : Ouriel, archange du monde et du tartare ; Raphaël, celui des âmes du monde ; Raguël, qui tire vengeance du monde des luminaires ; Michel, préposé aux meilleurs des hommes ; Saraqiel, préposé aux esprits des enfants des hommes qui pèchent contre les esprits ; Gabriel, préposé au Paradis, aux Dragons et aux Chérubins ; Jérémiel, que Dieu a préposé sur les ressuscités ». On remarquera, comme le fait Henry Corbin, que « si Michel, le grand prince, est nommé en quatrième place, c'est qu'en fait il occupe la place centrale » [1]. C'est dire que, dans la hiérarchie, et quels que soient les autres Anges qui l'accompagnent, Michel fait figure de chef incontestable.

Il existe un ouvrage très étrange qui provient de l'Église copte monophysite, avec des influences gnostiques certaines, et intitulé « Livre de l'intronisation de l'Archange Michel ». Il y est question de ce « drame dans le ciel » qu'on retrouve évoqué dans de nombreux textes, à propos de la chute des Anges et du « combat » symbolique qui s'ensuivit. On apprend que le Déchu, c'est-à-dire Satan, fut précipité du ciel le 11 du mois de Hathôr, à la onzième heure du jour, autrement dit à l'heure où le soleil décline et va bientôt dis-

1. *L'Ange et l'Homme, op. cit.*, p. 34.

paraître. Alors se produit le « combat dans le ciel ». Puis le 12 du mois de Hathôr, Dieu convoque les Anges autour du Trône de Lumière : « Il fit prendre place sur son propre Trône à l'Ange, grand et fort, dont le nom est Mikhaël. Et toute la gloire qui avait été retirée de Mastêma (le Déchu) fut donnée à Mikhaël. Le diadème de la lumière de la joie fut posé sur la tête de Mikhaël. Le sceptre de la justice lui fut confié. Les sandales de la paix furent mises à ses pieds. Il fut intronisé sur le monde de la Lumière et sur le monde terrestre... Le Ciel et la terre se réjouissent en se représentant l'intronisation de l'Archange Mikhaël, l'ordonnateur de la vie. »

Il est bien évident que cette intronisation reste tout aussi symbolique que le « drame dans le ciel ». Et pourtant, cette intronisation de l'Archange de Lumière est un événement *réel* si l'on conçoit cette réalité comme appartenant au monde *imaginal :* « C'est un événement de l' " histoire dans le ciel ", la hiéro-histoire dont le temps propre est le temps liturgique. Le temps liturgique n'est pas un temps linéaire. C'est par excellence un temps cyclique. Et comme temps cyclique, c'est un temps essentiellement réversible, *tempus recurrens*. Mais comme temps cyclique, c'est aussi un temps dont la totalité ne peut être simultanément présente à l'esprit, parce que le point d'origine et le point terminal du cycle sont connus. La mobilité des fêtes mobiles est leur récurrence à l'intérieur de cet immobile. » [1] Encore une fois, ce qui est en haut est comme ce qui est en bas : aux événements « mythologiques » qui se déroulent dans le Ciel correspondent des événements liturgiques, cycliques et répartis tout au long de l'année. Ainsi s'explique d'ailleurs que le festiaire de n'importe quelle religion ne correspond jamais au calendrier historique. Les dates y sont choisies en fonction de leur signification dans un temps cyclique et non à cause de leur place réelle sur l'échelle chronologique. Il est bon de remarquer que dans le rituel de l'Église copte, il y a

1. Henry Corbin, *L'Ange et l'Homme, op. cit.*, p. 51.

une fête de saint Michel tous les douze jours : c'est assez révélateur de l'importance de l'Archange dans cette tradition qui a conservé des éléments très archaïques du judéo-christianisme.

Il apparaît que Michel a été très tôt considéré comme « celui qui protège les meilleurs des hommes ». En conséquence de quoi, dans la dynamique de la pensée juive, il est devenu le protecteur de la nation hébraïque, celui qui dirige effectivement la communauté d'Israël pour la conduire à la Lumière. Il faudrait savoir ce que les Hébreux entendaient par cette expression « conduire à la Lumière » : pour le commun des mortels, c'était parvenir au triomphe matériel par l'établissement d'un royaume de Dieu sur terre, mais pour les mystiques, les prophètes — ou les divers déviants si nombreux à l'intérieur du judaïsme pré-messianique —, il s'agissait de tout autre chose, de nature ésotérique et concernant le retour de l'âme, entité lumineuse et donc angélique, vers le royaume de la Lumière divine.

En fait, toute la mystique juive converge vers Michel : pour la communauté d'Israël, il est le grand prince et le grand prêtre officiant dans le Temple céleste dont celui de Jérusalem n'est que l'esquisse. Michel a été nourri du « lait » de la quatrième des *Sephirôth* [1], celle qui porte le nom de *Hesed,* c'est-à-dire « grâce », ou « amour ». Dans les nomenclatures du *Talmud* [2] qui énumèrent les sept cieux symboliques, Michel se trouve placé dans le quatrième ciel, *Zebul* [3],

---

1. Dans la mystique juive, les *Sephirôth* (dont le nom provient de *sephira,* numération), qui sont au nombre de dix groupés en trois ternaires, sont les « rayons », les « qualités », les « attributs » de Dieu dont ils manifestent l'activité descendante, et dont la *médiation* permet inversement de *remonter* vers le Principe, d'appréhender l'inappréhensible Essence. Le concept de *Sephirôth,* élément fort important de la Kabbale, est en fait d'une grande complexité et peut être difficilement transmis en langue philosophique classique.

2. Recueil de commentaires rabbiniques de tendances ésotériques, alors que la *Torah* se présente comme un enseignement officiel et exotérique.

3. Le mot signifie « prince », mais dans tous les textes bibliques, y compris dans les Évangiles, on joue sur les mots par suite de sa quasi-

c'est-à-dire au centre même des sept cieux, puisqu'il est le point essentiel de l'heptade angélique. Car la Jérusalem réelle est dans le Ciel, comme le Temple réel, et c'est là que le *prince* Michel officie.

La même idée se retrouve à l'intérieur de la religion musulmane. Michel occupe dans la hiérarchie célestielle une place prépondérante. Un texte iranien intitulé *Livre de l'Ascension céleste*, de tradition shî'ite, mais pénétré de la pensée d'Avicenne, nous présente l'Archange dans toute sa splendeur. Le visionnaire qui s'exprime dans ce récit, après avoir franchi le « lotus de la limite », c'est-à-dire après s'être libéré des illusions de la matière, traverse une mer immense et débouche dans une vallée : « En face de la vallée, je vis un Ange en méditation, d'une majesté, d'une gloire et d'une beauté parfaites. Il m'appela vers lui. M'étant approché, je lui demandai : Quel est ton nom ? Il me dit : Mikhaël. Je suis le plus grand des Anges ; quelque difficulté que tu conçoives, interroge-moi ; tout ce que tu désires, demande-le-moi. » Et plus loin, le visionnaire raconte comment l'Archange le prend par la main : « Il me fit pénétrer et me conduisit à travers tant et tant de voiles de lumière que l'univers que je vis n'avait plus rien de commun avec tout ce que j'avais vu antérieurement dans ce monde-ci. » [1]

Le thème des « voiles de lumière », bien connu de la mystique, fait apparaître une fois de plus l'essence lumineuse de Michel. La représentation qu'on se fait de l'Archange, et qui s'est stabilisée au cours du Moyen Age, doit beaucoup à l'Église copte d'Égypte, et par conséquent aux influences

---

homophonie avec *Zeboul*, « mouche ». Ainsi, le fameux *Belzébuth* (*Belzebul*, dans le texte) dont il est question dans Matthieu, XII, 24, peut-il être interprété de deux façons : Baal le Prince ou Baal des Mouches. Baal, le dieu phénicien, certainement apparenté au Bel-Belenos de la tradition celtique (signifiant le « Brillant »), porte un nom qu'on peut traduire par « seigneur » ou « roi ». Mais si Michel est placé dans le quatrième ciel, *Zebul*, c'est bien pour marquer plus précisément son rang inégalable de prince, c'est-à-dire de « premier » *(princeps)*.

1. Henry Corbin, *Avicenne*, I, p. 204.

diverses qui ont secoué l'Égypte aux temps hellénistiques, puis dans les premiers siècles du Christianisme. L'Archange Michel est réellement un de ces *Éons de Lumière* de la Gnose, un de ces *Éternellement Étants* qu'il est parfois bien difficile de distinguer de Dieu lui-même parce qu'ils en sont de pures émanations. D'ailleurs, le fait que, dans de nombreux textes, Michel se trouve triomphalement placé à la droite de Dieu le Père, sur le Trône suprême, oblige à se poser la question de savoir si Michel n'a pas été délibérément confondu avec l'Ange Christ, c'est-à-dire avec Jésus le Fils. Dans la problématique de l'Incarnation, si l'annonciateur Gabriel peut être considéré comme l'Esprit-Saint fécondateur, le « provocateur », Michel, en tant que le « plus brillant », en tant que « prince », en tant que « conducteur des Ames », est nécessairement dans le rôle du Fils. Et si le Concile de Nicée a écarté la notion de Christ-Ange, c'est peut-être pour éviter de faire de Michel le *fils de Dieu*, titre que pourtant de nombreux récits postérieurs lui confèrent : cela comportait un risque de doubler ainsi la figure christique, alors que les discussions théologiques à propos du dogme de la Trinité étaient loin d'être claires. Et puis, après tout, les réticences de saint Paul, véritable fondateur et théoricien du Christianisme, à propos des Anges et du culte qu'on pouvait leur rendre, restaient toujours présentes dans les esprits. Il valait mieux séparer les choses et laisser l'angélologie dans les sphères marginales de la spéculation et du culte populaire, ce qui ne risquait aucunement de nuire à un dogme solide, du moins dans la pensée de ceux qui le proposaient.

En réalité, les Pères de l'Église ont parfaitement senti le danger que représentait le culte des Anges, celui de « saint » Michel en particulier. A force de donner à Michel son visage lumineux, on en faisait une vision, certes chrétienne, mais légèrement suspecte, du dieu Mithra dont la religion, concurrente du Christianisme, a failli, c'est une certitude historique, l'emporter sur la religion de Jésus sur toute l'étendue de l'Empire romain. N'oublions pas que Mithra est le

Sol Invictus, le « Soleil invaincu », celui qui se couche — et meurt — le soir, pour renaître le matin, plus triomphant que jamais. Et derrière Mithra, se profilait Osiris, le soleil couchant, démembré par Seth, mais renaissant quand même sous l'aspect d'Horus, le jeune soleil, grâce à l'action — et à la parturition — de la « Vierge des Vierges » Isis, visage égyptien de la Déesse-Mère des commencements, et dont le mythe n'a pas été sans influence sur la constitution du personnage de Marie, mère de Jésus. De plus, Mithra était né un 25 décembre, dans une grotte, du sein même de la Terre, c'est-à-dire de la Déesse-Mère. Et enfin, il combattait le Taureau, incarnation des *forces noires* dont il récupérait le sang, c'est-à-dire l'essence même, pour le répandre sur ses adorateurs. Personnage divin lumineux et combattant, Mithra présente beaucoup d'analogies avec le Christ, et avec Michel. Il valait mieux affirmer le dogme trinitaire et renvoyer l'angélologie aux pratiques secondaires du culte.

Il y avait aussi le nom mystérieux de Michel. Dans tous les textes latins, il est transcrit par *Quis ut Deus.* Mais cette transcription pose bien des problèmes. De nombreux commentateurs traduisent en effet la phrase par « qui est comme Dieu » [1], ce qui est un non-sens absolu : le *quis* latin n'a jamais été un pronom relatif (c'est *qui*), mais un pronom interrogatif (qui ?), ou encore la forme abrégée du pronom indéfini *aliquis* signifiant « quelqu'un » mais servant souvent d'équivalent au français « on ». Il est impossible de traduire le *Quis ut Deus* autrement que par *Qui est comme Dieu ?* ou par *On est comme Dieu.* La théologie officielle chrétienne a choisi la solution interrogative : Michel pose éternellement la question : « Qui est comme Dieu ? », et se présente ainsi en révélateur de la Lumière, de la Vérité, de la Justice. Et c'est un des rôles que l'iconographie a privilégié, aussi bien dans son combat contre le Dragon que dans la « Pesée des Ames »,

1. Il est quand même surprenant de constater qu'Henry Corbin, spécialiste incontesté de l'angélologie, traduit le *Quis ut Deus* par « qui est comme Dieu ». Pourquoi ?

où on le voit présider au Jugement et, bien souvent, fausser la pesée en ajoutant le poids de son épée dans le plateau de l'âme pour contrebalancer les efforts du Diable sur l'autre plateau [1]. Mais que serait-il advenu si l'on avait choisi la solution indéfinie : « On est comme Dieu » ? C'était la porte ouverte au panthéisme. Car, à ce moment-là, le rôle de l'Archange Michel était de *mettre en lumière* une stupéfiante réalité : *l'être humain est comme Dieu*. Et cela donnait raison au Serpent de la *Genèse* qui invitait Ève à manger du fruit défendu pour « être comme des Dieux ». Il y a là quelque chose d'infiniment trouble, et qui n'a jamais été vraiment résolu.

L'origine du culte de saint Michel se situe dans la mouvance égyptienne, répétons-le, avec ses influences hellénistiques et gnostiques. C'est une réalité. Mais cette réalité en masque une autre : le culte de l'Archange s'est très vite répandu en Occident, notamment parmi les Chrétientés celtiques qui ont contribué à le fixer et parfois à l'enrichir d'éléments nouveaux. C'est dire que si le personnage de Michel doit beaucoup à l'Église copte — laquelle a eu une incontestable influence sur le monachisme celtique —, il doit peut-être encore plus à des conceptions entièrement différentes, encore en honneur dans les pays soumis autrefois à la pensée des Druides celtes, et qui n'ont plus rien à voir ni avec le judéo-christianisme, ni avec la Gnose, ni avec les philosophies hellénistiques. La charnière, répétons-le également, se trouve dans le texte même de l'*Apocalypse* attribué à Jean : « saint » Michel y apparaît non seulement comme un Archange de Lumière, mais comme l'*archistrategos* (le « général en chef ») des armées angéliques fidèles à Dieu dans

1. Saint Michel *triche :* il veut sauver une âme que, selon la justice, il devrait laisser emporter par le Diable. Ainsi apparaît la notion de *charité :* c'est la grande leçon du Christianisme d'avoir fait de la *charité,* c'est-à-dire de l'*Amour,* une notion plus forte que celle de Justice. Mais cela pose un problème à la fois métaphysique et théologique : en vertu de quel droit Michel est-il autorisé ainsi à tricher et à bafouer la justice divine objective et absolue ?

leur lutte contre les armées non moins angéliques groupées autour de la figure horrible du Dragon, autrement dit Satan, Lucifer, le Diable, Léviathan, pour ne pas dire Méduse, le Serpent Pythôn, le Minotaure, le Taureau, Echidna, la Vouivre ou, par extension contemporaine, le « Monstre du Loch-Ness ». Mais on pourrait tout aussi bien parler de Prométhée, du géant Balor de la tradition irlandaise, des Géants de la mythologie germano-scandinave, de l'Ahriman persan, du Corsolt des Chansons de Geste, de l'Anguipède des figurations gauloises, du monstre Vritra que combat Indra, du Tiamat babylonien que combat Mardouk, du Yam cananéen que poursuit Baal, du monstre des profondeurs que combat le Dieu des Vents, du grand Serpent crêté d'Irlande que combat Tristan ou du Géant que le roi Arthur a beaucoup de mal à vaincre sur l'îlot de Tombelaine. Car les théogonies se prolongent dans la littérature épique et les traditions populaires orales. A travers des expressions diverses et spécifiques au climat socioculturel dans lequel elles voient le jour, c'est toujours le même thème qui apparaît : un être exceptionnel, porteur de Lumière, qui combat des forces dites obscures.

La « Bataille dans le Ciel » est en effet inséparable de l'aspect lumineux, en fait de la flamme divine, qui est celui de Michel : « Il y eut une bataille dans le ciel. Michel et ses Anges combattirent le Dragon. Et le Dragon riposta avec ses Anges, mais ils eurent le dessous et furent chassés du ciel » (*Apocalypse*, XII, 7). C'est sans doute pour cela que « Dieu a déposé dans la main de Michel le nom secret par lequel le Ciel fut suspendu avant que le monde ait été créé, et pour l'éternité ; le Nom par lequel la terre a été fondée sur l'eau, et par lequel des secrètes profondeurs de la montagne viennent de belles eaux » (*Livre d'Enoch* éthiopien, LXIX, 14). C'est aussi pour cela qu'à chaque apparition de Michel correspond une apparition de la *Schekhina*, c'est-à-dire, d'après la tradition talmudique, la représentation de Dieu lui-même dans son activité s'exerçant dans le monde. On ne peut *être* sans manifestation lumineuse. *On ne peut agir sans s'opposer à l'Autre,* car un sujet n'existe qu'en fonction de l'objet. Or, Dieu, sous quelque nom qu'on le reconnaît, n'est Dieu que parce qu'il anime une dialectique des contraires : Michel en lutte contre le Dragon traduit cette dialectique. Et lorsque saint Aubert, évêque d'Avranches, a la vision de l'Ange sur le Mont-Tombe qui deviendra le Mont-Saint-Michel, il ne veut rien croire de ce qu'il voit. Pour qu'il soit convaincu, il faut que l'Archange lui enfonce le doigt dans le crâne et y fasse un trou. C'est de la légende, dit-on. Cela va plus loin. Car le geste symbolique de l'Archange mettant son doigt dans le crâne de saint Aubert équivaut à l'éveil du *chakra* supérieur situé sur le sommet du crâne, l'Œil du Bouddha, ou, si l'on préfère, le siège de Çiva, où aboutit la *Kundalini* lovée autrefois sous le sexe, et qui, se déroulant lentement lors de l'initiation, atteint le point de non-retour de l'illumination, l'union totale avec la divinité, autrement dit la Lumière absolue. Michel est plus que le prince. Il est la Lumière de Dieu.

Il n'est pas inutile de faire référence à la *Schékhina.* Elle est en effet un élément important de toute étude de l'Archange Michel. Dans la tradition kabbalistique, la Schékhina est en effet le « Visage de Dieu », mais avec une connotation nettement féminine : c'est la *face divine cachée* de Dieu, l'élément féminin qui existe en Dieu et que les religions à tendances androcratiques ont fait disparaître de leur enseignement : là où elles ne voient plus qu'un Dieu-Père, l'ésotérisme vient rappeler que Dieu est aussi un *Dieu-Mère* et que la Trinité chrétienne peut très bien s'exprimer de la façon suivante : Dieu-Mère, Esprit-Saint géniteur, Fils incarné et contingent. Or l'Archange participe de la fonction du Fils et se trouve nécessairement lié à la manifestation lumineuse et à l'action humaine. D'où son rôle et sa fonction de chef des milices célestes, *théophanie divine permanente* que l'imaginaire a parée des couleurs les plus hautes de la hiérarchie des symboles.

Beaucoup plus que le contexte socio-culturel égyptien copte dans lequel il apparaît, c'est le contexte celtique qui peut le mieux rendre compte de la réalité essentielle de l'entité angélique que l'on nomme Michel. On pourra s'étonner d'une telle affirmation, puisque le culte de l'Archange s'est développé dès le début du IVe siècle chez les Chrétiens d'Égypte et d'Éthiopie : mais c'est oublier que les moines coptes furent chassés au VIIIe siècle, et qu'ils se réfugièrent en Occident, où ils influencèrent durablement les Chrétientés celtiques. D'autre part, un point essentiel de la diffusion du culte de saint Michel fut la ville de Chonae, en Phrygie, c'est-à-dire dans un pays où les Galates, peuple gaulois, avaient laissé des traces profondes : et, là aussi, il faut rappeler que cette Asie Mineure est le véritable berceau du Christianisme, et que les Chrétientés celtiques y ont puisé bon nombre de leurs particularismes.

Mais ce sont là des raisons historiques. Il y a plus, et dans le domaine des traditions mythologiques. Le culte de saint Michel a incontestablement recouvert d'anciens cultes païens. Il est significatif que le grand moment du triomphe de l'Archange en Occident a été l'apparition du Monte-Gargano, au VIe siècle : or, le Monte-Gargano, éperon rocheux qui domine l'Adriatique, est un antique sanctuaire dédié à un géant de la mythologie celtique dans lequel il n'est pas difficile de reconnaître le Gargantua populaire qu'a su si bien récupérer Rabelais. Le *Gargant* de la tradition occidentale, qui, étymologiquement, est le géant « à la cuisse courbe », c'est-à-dire boiteux [1], personnage ambigu en lequel se mêlent précisément l'aspect destructeur de monstres (qui est celui de Gargantua) et l'aspect monstrueux lui-même : il est à la fois saint Michel *et* le Dragon.

Enfin, un élément révèle la concordance entre le culte de saint Michel et un ancien culte celtique : la plupart des grands sanctuaires dédiés à saint Michel étaient des « monts Mercure » (comme Saint-Michel-Mont-Mercure en Vendée),

---

1. Voir Jean Markale, *La Tradition celtique*, pp. 25-26, et *Le Druidisme*, pp. 122-126.

ce qui indique fatalement que la succession allait de soi pour ceux qui opérèrent la substitution des personnages.

Mais il ne s'agit pas du Mercure latin, équivalent de l'Hermès grec, encore que l'analogie soit évidente à propos des ailes que porte le dieu gréco-romain en tant que « messager des Dieux » c'est-à-dire *angelos*. Il s'agit du Mercure gaulois sur lequel César, dans ses *Commentaires*, attire l'attention, faisant de ce dieu le plus important de toute la Gaule et le plus fréquemment représenté, ne fût-ce que sous forme de pilier ou de bloc de pierre [1].

Or, ce Mercure gaulois n'est autre que le Lug des épopées mythologiques irlandaises, divinité qui a été, parfois sous différents noms, honorée sur tout le territoire des Celtes, et qu'on retrouve abondamment dans la toponymie, puisque Lyon, Laon, Loudun, entre autres, sont des *Lugdunum*, c'est-à-dire des « forteresses de Lug ». La grande particularité de Lug, c'est qu'il est, dans le cadre indo-européen qui privilégie la tripartition selon des critères sociaux, un dieu *hors fonction :* il n'est pas le chef ou le roi des Dieux, il n'appartient même pas à leur « état-major », mais il vient se greffer sur les dieux traditionnels après avoir fait la preuve qu'il était le « Multiple-Artisan », qu'il détenait en lui-même tous les « arts », c'est-à-dire toutes les fonctions sociales attribuées à la divinité.

L'apparition de Lug dans la mythologie celtique coïncide avec l'épreuve à laquelle sont confrontés les dieux Tuatha Dé Danann, autrement dit les « Tribus de la Déesse Dana », d'essence nettement indo-européenne, en face des Fomoré, peuple mystérieux de géants plus ou moins maritimes, et qui représentent les puissances obscures du Chaos originel. Dans une première bataille, les Tuatha Dé Danann avaient été vainqueurs des *Fîr Bolg* (Hommes-Foudre) qui étaient les possesseurs de l'Irlande, avec l'aide des Fomoré. Mais les Fomoré avaient fait payer très cher cette victoire aux Tuatha Dé Danann, les réduisant presque à l'esclavage, d'où la

1. Voir Jean Markale, *Le Druidisme*, pp. 82-91.

révolte des Dieux et leurs préparatifs guerriers pour éliminer le peuple maudit facteur de désordre et de tyrannie. A peu de chose près, on retrouve le combat de Zeus contre les Titans, et, il faut bien le dire, le « drame dans le ciel » dont il est question à propos de la Chute des Anges et de l'intervention de saint Michel à la tête des milices de Dieu. Les Tuatha Dé Danann sont donc au pied du mur : ils doivent lutter contre les forces chaotiques du « Dragon ». Mais en ont-ils vraiment les moyens ? C'est alors qu'intervient Lug.

Mais Lug a ceci de particulier, c'est qu'il est à la fois l'un des Tuatha Dé Danann et l'un des Fomoré. Son père appartenait à la race des Dieux, mais sa mère à la race des Fomoré, et son grand-père maternel est précisément l'un des chefs des Fomoré, le géant Balor *à l'œil pernicieux,* qui foudroie ses ennemis dès que la paupière de son unique œil *flamboyant* s'ouvre et qu'il regarde ses victimes. L'analogie avec le Dragon n'est pas douteuse. C'est d'ailleurs contre Balor que Lug va lutter, au cours de la bataille, et c'est d'une balle de fronde que le petit-fils, revêtu des couleurs symboliques de la lumière céleste, va crever l'œil pernicieux du grand-père, et éteindre ainsi le feu tellurique dont celui-ci est l'image évidente. Lug *est* saint Michel, Balor *est* le Dragon. Mais la victoire de Lug sur Balor est ambiguë : c'est parce qu'il participait des deux natures que le champion de la lumière céleste a pu vaincre le champion de la lumière tellurique. D'où certaines réflexions sur le combat de Michel contre le Dragon, et, en premier lieu, cette constatation : saint Michel possède quelque chose de commun avec le Dragon. D'ailleurs, la tradition chrétienne en donne la preuve : si le Dragon est Satan, l'Archange révolté, il est de même essence, de même origine que l'Archange Michel.

Cette double nature de Lug explique sa redoutable puissance. Des Tuatha Dé Danann, il a la puissance organisatrice, intellectualisée, socialisée et spiritualisée à l'extrême ; des Fomoré, il a la force brutale, instinctive, inorganisée (nous dirions volontiers « anarchique »), mais terriblement efficace. Il est présenté comme un héros de lumière : « Il revêtit son équipement merveilleux, inconnu, d'outremer, à savoir sa chemise de lin, brodée de fil d'or sur sa peau blanche, et sa tunique bien connue, confortable, de satin multicolore habituel, de la brillante Terre de Promesse, sur lui, à l'extérieur. Il prit sa nouvelle cuirasse d'or avec de belles gemmes d'escarboucle, avec de belles pommes incrustées d'or, d'où retentissaient les appels d'une armée multiforme et inconnue. Il prit le large bouclier d'or, terrible, en bois rouge pourpre avec une pointe d'or très acérée et terrible, avec un umbo magnifique de bronze blanc et une bosse d'or bien disposée, avec des chaînes de vieil argent entrelacées et tendues, avec des courroies splendides marquées de nombreux signes. Il prit son épée longue, sombre et très tranchante, sa lance empoisonnée, large, cruelle, au fût épais, héroïque, à cinq pointes dans l'autre main. »[1] Ce délire poétique et descriptif tout à fait dans le ton des bardes irlandais est révélateur : Lug est le héros de Lumière — mais d'une Lumière irréelle, célestielle — qui combat des forces des Ténèbres — mais des Ténèbres ambiguës auxquelles il participe par sa propre nature. Le parallèle avec l'Archange Michel luttant seul — ou avec une armée d'Anges — contre le Dragon (et ses « démons ») apparaît ici plus qu'évident.

De toute façon, à travers les divers récits mythologiques irlandais, le dieu Lug porte des surnoms qui indiquent sa multiplicité de fonctions et le mettent au premier rang des divinités. Il est en effet non seulement le Multiple-Artisan *(Samildanach)*, mais encore « Celui qui frappe furieusement » *(Lonnbeimenech)*, « A la Longue Main » *(Lamfada)* et le « Brillant comme le soleil » *(Grianainech)*. Ses attributs sont le Corbeau, comme Apollon, et la Lance, une lance magique apportée des Iles du Nord du Monde : « Aucune bataille n'était gagnée contre elle ou celui qui l'avait à la main. » Lug a beaucoup d'analogies avec le dieu germanique Odin-Wotan. Comme Odin, Lug est le chef suprême de l'ar-

---

1. Trad. Ch. Guyonvarc'h, *Textes mythologiques irlandais*, Rennes, 1980, I, pp. 66-67.

mée des dieux contre les géants. Comme Odin, Lug est possesseur de la Lance merveilleuse. Et comme Odin est borgne, Lug est le petit-fils d'un borgne. D'ailleurs, pour opérer sa magie, pour combattre *magiquement* (comme Odin), il ferme un œil au moment de se précipiter sur les ennemis. Enfin, comme Odin, bien qu'il ne soit pas le dieu primordial, Lug est au-dessus de tous les dieux, non pas par *loi,* mais par *efficacité :* il représente fondamentalement les transcendances que l'humanité doit accomplir pour réaliser l'unité du monde d'en-haut et du monde d'en-bas, unité sans laquelle le Chaos domine, en l'occurrence, sur le plan celtique, les Fomoré, ce qui peut se traduire, sur le plan chrétien, par le Dragon, *le* Satan biblique revu et corrigé par la mythologie iranienne et rendu concret par une image terrifiante d'un monstre vomissant des flammes *noires.*

Mais Lug représente une entité divine qui risque de demeurer très abstraite même si, dans certains récits irlandais, il apparaît comme un héros humain. Son comportement, son allure, sa magie guerrière, tout cela en fait un personnage surnaturel qu'il est difficile d'approcher, sinon de connaître. Or, la tendance commune à tous les systèmes religieux est d'*incarner* le plus possible les entités divines dans des humains doués de vertus et de pouvoirs qui sont une manifestation du divin. A l'intérieur du système religieux des Celtes, Lug se trouve représenté par le héros Cûchulainn, l'un des personnages les plus considérables du cycle d'Ulster. Sa mère est une *femme-cygne,* c'est-à-dire un être appartenant aux deux mondes, et sa naissance est double, entourée de mystère : le fait de naître deux fois signifie assez clairement l'ambivalence du héros, sa matérialité et sa spiritualité. On a mis en évidence que l'Irlandais Cûchulainn est un des visages d'un héros commun à l'antique tradition indo-européenne, dont un autre aspect est le Batraz des Nartes, peuple d'origine scythique de l'Asie centrale. Cûchulainn est dit, dans certains textes, avoir été engendré par le dieu Lug lui-même. Dans d'autres textes, il est le fils incestueux du roi Conchobar. De toute façon, sa naissance est le résultat d'une transgression obligatoire pour définir sa double nature. Il est doué d'une force extraordinaire. Il est rempli d'une telle ardeur qu'après un combat, on ne peut calmer son feu intérieur qu'en le plongeant dans trois cuves d'eau froide qu'il fait bouillir. La *lumière du héros* jaillit de son front. Il combat tous les monstres. Il est le champion incontesté des forces célestes contre les forces obscures. Et il est, comme Lug, un marginal : il est le seul à ne pas subir la maladie magique qui frappe les Ulates lorsque ceux-ci sont attaqués par des ennemis, et c'est à lui seul qu'il parvient à écarter tout danger pour son peuple. De plus, son véritable nom, qui est Sétanta, indique son origine étrangère : il est brittonique (c'est-à-dire breton, au sens archaïque) alors qu'il vit dans un contexte gaélique. Il est le neveu du roi, mais son attitude est celle d'un franc-tireur qui suit son propre destin tout en contribuant à équilibrer le destin du peuple auquel il est lié [1]. Sa fureur, ses contorsions magiques et cyclopéennes, sa puissance, sa *lumière,* en font également un héros surnaturel dans la mesure où il est un être humain revêtu de pouvoirs divins.

L'aspect le plus fondamental de Cûchulainn est celui d'un « purgeur de monstres » qui, en accomplissant cette mission sacrée, contribue à l'équilibre du monde. Sans lui, cet équilibre risque à chaque instant d'être rompu, ce qui aurait pour conséquence de plonger le monde dans les ténèbres et la violence du chaos primitif. A côté du roi (en l'occurrence Conchobar) — et dans le cas de Lug, à côté du dieu-roi Nuada —, Cûchulainn représente l'élément actif et régénérateur. Le roi n'est qu'un pivot, indispensable certes, mais plus passif : ce n'est pas le roi qui met en œuvre la puissance, car le roi n'est détenteur que de l'énergie potentielle, mais un *agent* extérieur auquel le roi confie la mission de « créer l'événement ». La comparaison avec la tradition concernant saint Michel s'impose alors : si Dieu lui-même,

1. Voir ce qui concerne le « Cycle de Cûchulainn » dans Jean Markale, *L'Épopée celtique d'Irlande,* Paris, Payot, 1971, pp. 75-137.

dans sa plénitude, est le Créateur, le détenteur exclusif de l'énergie potentielle, c'est le « prince », le « chef des milices célestes » qu'est Michel qui occupe la fonction d'agent exécuteur.

Et, curieusement, toujours dans le cadre celtique, mais modifié et adapté à l'évolution de la société chrétienne du XIIe siècle, le personnage de Lug-Cûchulainn réapparaît sous les traits bien connus du chevalier arthurien Lancelot du Lac. On peut s'étonner de cette identification, le brillant amant de la reine Guenièvre, celui qui échoue dans sa quête du Graal parce qu'il est en état de péché d'adultère, n'ayant apparemment aucun point commun avec l'Archange Michel, symbole de la pureté absolue, celui qui pose l'éternelle question « qui est comme Dieu ? ».

Les apparences sont parfois trompeuses. Dans le contexte chrétien du XIIe siècle, Lancelot ne peut être que pécheur au regard de la morale. Il ne peut qu'échouer dans sa tentative de retrouver le « saint » Graal depuis que ce mystérieux objet sacré est devenu, toujours dans le contexte chrétien, un calice où l'on a recueilli le sang du Christ [1]. Les auteurs de la *Quête du Graal*, sous influence cistercienne, l'ont si bien compris qu'ils ont pallié l'échec de Lancelot par la création d'un nouveau personnage, Galaad, fils de Lancelot, image purifiée et véritablement *christique* d'un héros, héritier d'une antique divinité païenne, qui recherchait le Graal dans la Femme (la Déesse des Commencements) au lieu de le rechercher dans l'essence théologique d'un Dieu-Père. Lancelot étant un personnage mythologique ou sacré absolument incontournable, il fallait bien lui trouver un prolongement qui fût débarrassé de toute connotation sulfureuse. Et de faire de Lancelot, à la fin de sa vie, un ermite ou un moine qui paie, par la prière et le repentir, les fautes de sa jeunesse.

C'est oublier que Lancelot du Lac est avant tout un héros *brillant*, au propre comme au figuré. C'est oublier que toute l'action de Lancelot consiste à mettre en œuvre l'énergie

1. Voir Jean Markale, *Le Graal*, Paris, éd. Retz, 1980.

potentielle représentée par le roi Arthur afin de débarrasser le monde de tous ses monstres obscurs et maintenir ainsi l'équilibre fragile de l'univers arthurien. Sans Lancelot, et le récit de *la Mort le roi Artu* le montre fort bien, la société arthurienne, société idéale s'il en fût, et à l'image d'un monde divin, s'écroule sous le poids des puissances obscures. Et pourtant, Lancelot n'appartient pas à la société arthurienne. C'est un étranger, un marginal, comme Lug et Cûchulainn. Il occupe une place privilégiée parce qu'on reconnaît qu'il est le meilleur chevalier du monde. Il est, comme Lug, un Multiple-Artisan, et aussi celui qui sait manier l'épée et la lance pour assurer le triomphe de la Lumière. Il combat des géants, il terrasse des dragons, il délivre des prisonniers voués aux démons de l'illusion ou du fantasme. Il mène les armées royales à la victoire sur les fauteurs de troubles, sur les diverses incarnations du Chaos anarchique et démesuré. A côté du roi Arthur, pivot essentiel de la société idéale, mais contraint, par sa fonction créatrice, à demeurer statique, Lancelot représente l'agent exécuteur de l'énergie divine. Cela ne peut être nié [1]. Le personnage mythologique, puis littéraire, de Lancelot du Lac est un aspect historicisé et profane de l'entité angélique Michel, lequel met en œuvre l'énergie divine pour assurer l'équilibre du monde.

Au reste, le nom — ou plutôt le surnom — de Lancelot du Lac paraît bien être la transcription maladroite d'un original en breton que représente probablement le Gallois Llwch Llawmynawg, qu'on trouve dans une liste de guerriers cités au cours du premier récit littéraire sur le roi Arthur. Or Llwch Llawmynawg signifie littéralement « Lac Main Généreuse », ce qui fait penser à Lug Lamfada (« Lug à la Longue Main »), et la confusion homophonique du deuxième terme aurait très bien pu conduire à la formation

1. Voir Jean Markale, *Lancelot et la chevalerie arthurienne*, Paris, Imago, 1985, notamment le chapitre sur la « Mythologie de Lancelot », pp. 111-155.

de « Lancelot », le mot français *lance* se substituant au mot celtique *lam* ou *llaw* (« main »). Symboliquement, la lance (comme l'épée) est le prolongement de la main. C'est la main lumineuse, *longue*, qui devient la lance. Et saint Michel, ne l'oublions pas, poursuit le Dragon avec une épée et une lance : il est la main de Dieu traquant les puissances ténébreuses et maléfiques.

Mais Lancelot n'est qu'un surnom. On nous apprend que son véritable nom est Galaad (lequel sera donné plus tard à son fils). La référence semble incontestablement biblique, et elle l'est sans aucun doute dans la pensée des écrivains du XIIIe siècle qui l'ont mise en avant. Cela ne dispense pas de penser à un double sens du terme, les auteurs du Moyen Age étant coutumiers de ce genre de choses, allant parfois même jusqu'à des jeux de mots des plus primaires. Car, si on examine attentivement le nom de Galaad, en ne niant aucunement son aspect hébraïque, on peut s'apercevoir qu'il est également celtique. Il provient en effet de la racine *gal* ou *galu,* attestée dans les langues brittoniques, et signifiant à la fois « fort » et « étranger ». C'est de là que s'est formé le mot latin *Galli* et sa variante grecque *Galatoi,* qui ont donné « Gaulois » et « Galates ». Si le nom de Galaad est vraiment celtique, il a donc le sens de *Puissant,* épithète qui convient fort bien au caractère de Lancelot du Lac. Et c'est aussi une épithète qui convient parfaitement à l'image qu'on propose de saint Michel.

Par ailleurs, si on procède à une analyse, à travers les textes du XIIIe siècle sous influence clunisienne, puis cistercienne, textes qui utilisent largement la tradition de l'Évangile de Nicodème à propos du saint Graal, on est amené à de curieuses constatations. On s'aperçoit ainsi que Lancelot a une double ascendance biblique, par son père comme par sa mère. Il descend d'une lignée issue du roi David, comme Jésus, et aussi de Joseph d'Arimathie, l'introducteur mythique du Graal en Grande-Bretagne. Si l'on s'en tient à la généalogie officielle du héros, telle qu'elle se trouve dans l'*Histoire du Graal,* Lancelot n'apparaît pas comme breton (insulaire ou armoricain), mais comme un juif de pure race. Qu'est-ce que tout cela signifie ? Existerait-il une lignée, plus initiatique que naturelle, qui partirait du monde hébraïque et qui aboutirait dans les pays celtiques, Irlande ou Grande-Bretagne, lignée détentrice d'un Secret ou d'une Connaissance d'ordre spirituel ?

Le soin que mettent les auteurs du XIIIe siècle à mettre en valeur cette filiation hébraïque reste assez incompréhensible compte tenu du fait que le personnage de Lancelot est avant tout un héros celtique originaire de la Bretagne armoricaine. Il y a eu des convergences, mais qui ne sont pas forcément fortuites.

Il y a en effet beaucoup à dire sur le *Saint Graal*. Tout dépend de la façon dont il est orthographié dans les manuscrits, et alors apparaît un jeu de mots significatif : le *sangréal* de certains manuscrits peut être décomposé de deux manières, soit *san gréal* (c'est-à-dire saint Graal), soit *sang réal* (c'est-à-dire « sang royal »). La seconde interprétation nie la réalité d'un objet qui serait le « saint Graal », mais affirme l'existence d'une lignée sacrée ou initiatique, une « lignée royale » dont Lancelot du Lac, puis son fils Galaad, seraient les derniers descendants. Si tel est le cas, le personnage de Lancelot est à considérer comme le dernier maillon d'une chaîne d'initiés, dépositaires de secrets sacrés (de toute façon, *sacré* a quelque chose de commun avec le *secret*, en kabbale phonétique) qui ne peuvent être transmis qu'à des êtres exceptionnels. Lancelot aurait donc une fonction de *messager*, c'est-à-dire d'Ange, en même temps que sa fonction traditionnelle de vainqueur des puissances obscures. Cela ne peut que renforcer l'équivalence entre Lug, Cûchulainn et Lancelot, d'une part, et saint Michel, d'autre part.

Il s'agit seulement d'équivalence. Lancelot *n'est pas* l'Archange saint Michel dont la statue domine les immensités sableuses d'une baie profondément enserrée entre la terre normande et la terre bretonne, à l'un des points du globe où le tellurisme se fait le plus sentir. Mais Lancelot est, selon toute vraisemblance, ce qui reste du mythe michaélique une fois celui-ci passé dans le domaine profane et contaminé par le mythe celtique. Il n'est pas douteux que l'Archange de Lumière soit la forme christianisée du Multiple-Artisan Lug, chef des armées des Dieux contre les sombres Fomoré, dont l'image, à peine évadée du druidisme, surgit à chaque instant sous les traits « courtois » du brillant chevalier Lancelot du Lac, le plus fidèle soutien du roi Arthur, celui qui pourrait poser la fameuse question : Qui est comme Arthur ?

Dans ces conditions, on ne peut guère s'étonner si le culte de saint Michel s'est répandu dans tout l'Occident chrétien à partir du Ve siècle : il faut bien avouer que le terrain était bien préparé, et que l'image qu'on se faisait alors de l'Archange correspondait étroitement à ce que les fidèles attendaient pour remplacer celle d'un antique dieu pourchasseur de monstres et chef des armées de Lumière.

C'est en Italie, au cours du VIe siècle, que l'Archange se manifesta, créant de ce fait un mouvement irréversible qui allait se propager en quelques décennies vers le nord-ouest. Sur les rives de la mer Adriatique, sur le Monte-Gargano, précisément, un taureau pourchassé se réfugia dans une grotte et fut miraculeusement épargné. L'affaire fit grand bruit : on raconta même qu'il y avait eu une intervention céleste pour interdire qu'on tuât le taureau. Il n'en fallait pas plus pour déclencher une enquête des autorités ecclésiastiques. L'évêque de Spolète fut consulté sur l'événement et sur les suites qu'il convenait de lui donner. Mais comme il avait une grande dévotion pour saint Michel, il se mit en prières et invoqua l'intervention de l'Archange pour l'éclairer dans sa recherche de la vérité. Or, à ce qu'il raconta, saint Michel lui apparut et lui expliqua que le Monte-Gargano était sous sa protection : le taureau réfugié dans une des grottes du Mont avait donc eu la vie sauve parce qu'il se trouvait en quelque sorte dans un asile sacré. Et l'Archange de Lumière aurait déclaré à l'évêque qu'il désirait qu'un sanctuaire fût bâti à cet endroit. Ainsi naquit l'établissement de Monte-Gargano [1].

---

1. « L'an du Seigneur 390, il y avait dans Siponto un homme qui,

Il y aurait beaucoup à dire sur cette affaire. Le taureau évoque irrésistiblement le culte de Mithra. On sait que ce dieu solaire, né un 25 décembre de la Terre-Mère, poursuit les forces chaotiques inorganisées représentées sous l'aspect d'un taureau. Mithra tue le taureau, mais répand son sang sur ses fidèles pour leur donner la puissance du taureau. Voilà qui est fort instructif pour l'interprétation à donner au combat de saint Michel et du Dragon : le Dragon, comme le Taureau, représente une potentialité non encore mise en œuvre et qui, par son aspect instinctif et terrifiant, peut constituer un redoutable danger. Il faut dompter ses forces et les endiguer de façon à enrichir l'humanité de cette potentialité encore vierge. Et c'est là qu'intervient le dieu Mithra. Saint Michel ne fait que reprendre le flambeau, si l'on peut dire, pour conduire l'acte à son épilogue.

Il est plus que probable que l'évêque de Spolète, fort au courant des vestiges du culte mithraïque, et sachant fort bien que l'affaire du taureau était une résurgence des anciennes croyances, a voulu récupérer ces relents de paganisme et les

---

d'après quelques auteurs, se nommait Gargan, du nom de cette montagne, ou bien cette montagne avait pris le nom de cet homme. Il possédait un troupeau immense de brebis et de bœufs ; et un jour que ces animaux paissaient sur les flancs du mont, un taureau s'éloigna des autres pour monter au sommet et ne rentra pas avec le troupeau. Le propriétaire prit un grand nombre de serviteurs afin de le chercher. Il le trouva enfin, au haut de la montagne, à l'entrée d'une caverne. Irrité de ce que le taureau errait ainsi seul à l'aventure, il lança aussitôt contre lui une flèche empoisonnée ; mais à l'instant, la flèche, comme si elle eût été poussée par le vent, revint sur celui qui l'avait lancée et le frappa. Les habitants effrayés allèrent trouver l'évêque et demandèrent son avis sur une chose si étrange. Il ordonna trois jours de jeûne et leur dit qu'on devait en demander l'explication à Dieu. Après quoi, saint Michel apparut à l'évêque en lui disant : “ Vous saurez que cet homme a été frappé de son dard par ma volonté : car je suis l'archange Michel qui, dans le dessein d'habiter ce lieu sur la terre et de le garder en sûreté, a voulu donner à connaître par ce signe que je suis l'inspecteur et le gardien de cet endroit. ” Alors l'évêque et tous les citoyens allèrent en procession à la montagne : comme ils n'osaient entrer dans la caverne, ils restèrent en prières à l'entrée » (Jacques de Voragine, *Légende dorée*).

intégrer à la foi nouvelle. Il ne s'agissait pas de combattre les anciennes croyances — cela se serait vraisemblablement terminé par un échec — ; il s'agissait seulement de les christianiser. Le même processus s'est déroulé, au cours du Moyen Age, dans tous les pays gagnés au Christianisme, et cela n'a rien d'exceptionnel. Et, de plus, au Monte-Gargano, rôdait le souvenir d'un antique géant, le fameux Gargan de la tradition populaire, géant ambigu parce qu'à la fois destructeur et constructeur, à la fois monstrueux par sa taille et grand pourfendeur de monstres. Là encore, le personnage somme toute fantastique de Michel pouvait très bien se superposer aux images devenues désuètes de Mithra et de Gargan. C'était du même coup insuffler une nouvelle vitalité au culte de l'Entité divine ou angélique protectrice des faibles et porte-étendard de la révolte des Justes contre les Injustes. La morale, tout autant que la religion, ou la simple spiritualité, y trouvait son compte.

Une autre apparition de l'Archange Michel aurait eu lieu en l'an 590 à Rome pendant une épidémie de peste, alors que les Lombards assiégeaient la ville. Après avoir ordonné que l'on portât en procession l'image de la Vierge Marie, le pape saint Grégoire aurait vu dans le ciel, au-dessus du Mausolée d'Hadrien, un grand Ange qui essuyait et remettait au fourreau un glaive ensanglanté. Il en conclut que l'épidémie était terminée, et pour célébrer l'événement, il ordonna qu'une église fût dédiée à saint Michel sur la Via Salaria. La dédicace du sanctuaire eut lieu un 29 septembre, et c'est en souvenir de cette dédicace que la fête de l'Archange Michel fut fixée à cette date du calendrier liturgique. Et d'autres églises, à Rome et en Italie, furent édifiées en l'honneur de saint Michel.

De là, le culte remonta vers les Gaules. A Lyon, une basilique Saint-Michel fut fondée avant l'an 506. A la fin du VIIe siècle, sur la côte poitevine, ce fut la création de l'abbaye de Saint-Michel-en-l'Herm. A l'autre extrémité de l'ancienne Gaule, sur les frontières de la Germanie, ce fut l'abbaye de Saint-Michel, qui est aujourd'hui devenue la ville de Saint-

Mihiel. Et dès lors, le culte de l'Archange fut propagé par les moines irlandais itinérants et par les missionnaires anglo-saxons qui allaient évangéliser tout le nord de l'Europe. C'est entre Saint-Malo et le futur Mont-Saint-Michel que débarqua l'Irlandais Colomban, avant de s'enfoncer vers l'est et d'accomplir son périple continental, et l'un de ses disciples, Potentin, s'établit définitivement près de Coutances, à partir de 610. Mais avant cette date, le Poitevin Pair s'était établi, en compagnie d'un autre religieux, Scubillion, dans un endroit isolé, au bord de la mer, non loin de la grande forêt qui recouvrait alors la baie actuelle du Mont-Saint-Michel. Ce lieu était Sissiac (Scissy), devenu depuis Saint-Pair-sur-Mer. Ce pieux personnage fut appelé au siège épiscopal d'Avranches, et il contribua grandement, du côté normand, à l'évangélisation des campagnes, mission qu'accomplissaient, du côté breton, les Samson de Dol et les Maklaw (Malo) d'Aleth (futur Saint-Servan). Et c'est ainsi que cette région située au creux formé par les péninsules du Cotentin et de l'Armorique devint un foyer d'évangélisation, à la rencontre de deux courants, l'un venu d'Italie, avec l'influence des disciples de saint Benoît et l'introduction de la fameuse règle bénédictine, l'autre venu d'Irlande et du Pays de Galles, avec ses particularismes celtiques et la non moins fameuse règle colombanienne. De la rencontre de ces deux courants naîtra une nouvelle forme de monachisme propre à l'extrême Occident. Et cela ne sera pas sans conséquences sur le développement du culte michaélique.

L'endroit était en effet favorable. Le pays n'est encore, en ce temps-là, qu'une immense forêt, celle de Sissiac, que surplombent trois étranges collines : Tombelaine, à l'est, le Mont-Tombe, au centre, le Mont-Dol, à l'ouest. Plus tard, lorsque, après un cataclysme, la forêt de Sissiac sera engloutie, les trois buttes demeureront, aussi étranges, aussi mystérieuses, mais elles domineront des marécages et des sables.

Les noms de ces « monts » sont significatifs. Tombelaine — qui était peut-être l'appellation primitive du Mont-Saint-Michel — contient le nom — ou le surnom — du dieu solaire gaulois Belenos, le « Brillant », qui est une des épithètes de Lug-Mercure. Cela prouve incontestablement l'existence, au temps du paganisme, d'un culte en l'honneur d'une divinité de lumière. Quant au terme « Tombe », il provient du celtique *tun,* « hauteur », « élévation », dont la racine indo-européenne a donné également le latin *tumba,* « tertre », « tombeau ». Le Mont-Tombe est donc un pléonasme : c'est le Mont-Mont. Le Mont-Dol, enfin, qui a dû être un sanctuaire mégalithique avant d'être druidique, est le Mont-Table (*an daol,* « la table » en breton armoricain), appellation parfaitement compréhensible lorsqu'on se rend compte de la configuration du terrain. Ces trois buttes ont été, de toute évidence, des endroits sacrés, des *nemeton* gaulois, c'est-à-dire des projections idéales du ciel sur la terre, des lieux où se produisent les rapports privilégiés entre le monde des dieux et celui des humains. On sait que les Celtes ne bâtissaient pas — avant la conquête romaine — de temples et que leurs prêtres officiaient en pleine nature, dans des clairières isolées au milieu des forêts ou sur des tertres déjà utilisés aux époques antérieures. Tombelaine, le Mont-Tombe et le Mont-Dol étaient donc des lieux destinés à la manifestation du sacré sous toutes ses formes. Et les alentours, par leur grandiose sauvagerie, prédisposent à la méditation et à l'évocation des forces surnaturelles. Dans ces conditions, on ne peut guère s'étonner de voir le culte de l'Archange jaillir du sol, en fonction des pulsions spiritualistes des ermites.

C'est de l'établissement fondé à Sissiac par saint Pair, que la vie érémétique va se répandre dans toute la région. Dès le VIe siècle, des ermites, probablement des disciples de saint Pair, vont venir s'établir sur le Mont-Tombe, où ils furent peut-être rejoints par des disciples de saint Samson de Dol. Ces ermites vivent dans des conditions précaires, mais les habitants des villages qui se sont créés dans les clairières de la forêt les ravitaillent en bois de chauffage et en venaison. On raconte à ce sujet que, pour ne pas troubler la solitude des ermites, les paysans leur font parvenir des vivres par un âne, miraculeusement guidé à travers la forêt jusqu'au Mont-

Tombe. On raconte encore qu'un loup attaqua l'âne et le dévora. Mais, par suite de l'intervention du Ciel — et pourquoi pas de saint Michel lui-même ? —, le loup dut remplacer sa victime et assurer le ravitaillement des ermites du Mont-Tombe à partir du village d'Astériac, devenu depuis Beauvoir, à l'entrée de la digue actuelle qui relie le Mont au continent. Ces édifiantes légendes prouvent en tout cas qu'il a existé de tous temps, autour du Mont-Saint-Michel, un foyer de spiritualité particulièrement important.

Mais c'est en 708 que saint Michel va vraiment faire son apparition dans ce foyer de spiritualité et y mettre son empreinte désormais ineffaçable. L'artisan de cet essor du culte michaélique sera l'évêque d'Avranches, un Franc du nom d'Aubert. D'après un manuscrit composé vers 850 et intitulé *Revelatio ecclesiae sancti Michaelis*, regroupant diverses traditions orales, le saint homme Aubert aurait eu, en songe, la vision de saint Michel. L'Archange lui aurait demandé — selon un processus bien connu dans ce genre d'affaire — de faire construire, sur le Mont-Tombe, un sanctuaire qui lui serait consacré. Aubert, au sortir de son sommeil, est bouleversé par sa vision, mais il doute encore de la réalité de l'apparition. Le songe se reproduit la nuit suivante, mais Aubert est toujours aussi dubitatif. Alors, la troisième nuit, l'Archange lui apparaît une nouvelle fois et lui ordonne de lui obéir en lui posant son doigt sur la tempe. La tradition rapporte que le front d'Aubert portera, jusqu'à sa mort, la marque brûlante du doigt angélique : un trou dans l'os temporal. Il est bien certain que cette légende offre quelque rapport avec ce qu'on appelle l'*éveil*, ou l'*illumination*, dans les doctrines orientales : le geste de trouer la tête du bienheureux signifie réveiller le *chakra* de la tête, c'est-à-dire le plus haut degré de la connaissance et de la sagesse, permettant à la *kundalini*, c'est-à-dire à l'énergie humaine, mais d'essence divine féminine habituellement lovée dans les parties sexuelles, de se dérouler et d'accomplir sa lente maturation vers le point de rencontre avec l'énergie divine masculine, point de rencontre absolu situé dans la tête. La légende est donc loin d'être absurde, car elle traduit en images concrètes le cheminement spirituel d'Aubert, ses hésitations et enfin son « illumination ». Concernant l'Archange de Lumière, une telle « illumination » s'impose d'emblée.

Mais dans son rêve initiatique, Aubert a appris qu'il devra construire le sanctuaire à un endroit où le sol serait piétiné par un taureau furieux. Aubert, venu au Mont-Tombe avec quelques compagnons, recherche l'endroit qui correspond à son rêve, et il finit par découvrir, vers le sommet, une plateforme piétinée par un taureau qui se trouvait là, mystérieusement entravé. Dès qu'il fut libéré, le taureau s'enfuit dans la forêt. Et c'est à cet endroit qu'Aubert décida de construire le sanctuaire demandé par saint Michel.

Il est bien évident que tout cela est du domaine de la fable. La fondation des villes ou des sanctuaires est très souvent provoquée par la présence ou l'intervention miraculeuse d'un animal en lequel on voit un messager de Dieu ou des Dieux. C'est un des lieux communs de l'Histoire des Religions. Mais, en l'occurrence, l'épisode acquiert une importance très particulière. D'abord, il répète, de façon analogique, ce qui s'est passé au Monte-Gargano, dans les Pouilles : là-bas aussi, il y avait un taureau. Tout cela nous ramène au culte de Mithra : au Mont-Saint-Michel aussi, le culte de l'Archange se substitue à celui du dieu-héros de lumière. D'ailleurs, dans tout le pays de Dol et de Saint-Malo, les vestiges mithraïques ne manquent pas, et l'on y a découvert de nombreux autels tauroboliques, des tables de pierre percées à travers lesquelles coulait le sang du taureau sacrifié sur les fidèles qui recevaient ainsi la puissance instinctive et tellurique de l'animal dompté et « récupéré » par le dieu céleste. Il faudrait aussi se souvenir que le héros irlandais Cûchulainn (donc Lug le Lumineux) accomplit ses plus grands exploits au cours de la *Razzia des Bœufs de Cualngé,* guerre impitoyable entre l'Ulster et les autres royaumes d'Irlande pour la possession d'un taureau divin. Tout se recoupe dans l'élaboration du culte de saint Michel, l'Archange qui combat le Dragon *pour en récupérer les forces profondes et mystérieuses et les répandre sur le peuple chrétien.*

Ainsi, sous l'impulsion de saint Aubert, le Mont-Saint-Michel va devenir le haut lieu du culte michaélique. Le mérite de l'évêque d'Avranches a été de comprendre qu'on ne pouvait pas extirper des croyances populaires les dévotions fondamentales à une entité divine capable de maîtriser les forces obscures cachées dans la Terre-Mère. Il suffisait de recouvrir les éléments païens, inacceptables sous leur aspect archaïque, par des figurations judéo-chrétiennes. Les pieux personnages de l'Ancien Temps, qu'on a trop tendance à considérer comme des naïfs, parce qu'on prend à la lettre les récits qui leur sont consacrés, sont en réalité de grands mystiques et de grands penseurs, parfaitement conscients de la continuité des croyances et des cultes. Qu'ils aient parfois fait bon marché des textes authentiques qui leur parvenaient, c'est évident. Qu'ils les aient souvent tronqués, trafiqués, il n'en reste pas moins que ces textes conservent, en eux-mêmes, une valeur de témoignage qu'il convient d'examiner avec la plus grande attention. Saint Aubert, dans cette optique, revêt une importance très particulière, car il est vraiment celui qui a fixé, pour des siècles en Occident, le culte de l'Archange Michel et qui a permis de mieux comprendre ce qui se cachait derrière l'image de cet archange brillant luttant contre un dragon vomissant des flammes. A travers le Mont-Saint-Michel et son abbaye, c'est toute une métaphysique qui prend forme, et il faut bien avouer que cette métaphysique, parfaitement incarnée dans la mentalité occidentale, va très loin dans la recherche du Divin.

TROISIÈME PARTIE

L'énigme du Dragon

I

OMBRE ET LUMIÈRE SUR LE MONT

Le Mont-Saint-Michel est incontestablement, par son aspect et par les réflexions qu'il suscite, le plus harmonieux mélange de contrastes qui se puisse voir : à la verticalité du Mont répond l'immensité horizontale de la baie ; au triomphe orgueilleux du granit répond l'éparpillement infini des sables ; à la majesté somptueuse de l'abbaye juchée sur le sommet répond le modeste étalement de la ville à peine surgie des flancs de la colline ; au soleil éclatant qui frappe la statue de l'Archange répond l'ombre timide qui s'insinue dans les ruelles. « Jamais, disait Victor Hugo, je n'ai senti plus vivement qu'ici les cruelles antithèses que l'homme fait quelquefois avec la nature. » Tout cela ne va pas sans un certain *trouble* qu'on pourrait qualifier de « romantique », évoquant des figures fantastiques qu'on risque de rencontrer au détour des chemins ou des escaliers. « Une visite au Mont-Saint-Michel, écrivait Théophile Gautier, est un plaisir du même genre que celui qu'on prend à lire un roman d'Anne Radcliffe ou à feuilleter ces étranges eaux-fortes dans lesquelles Piranèse égratignait sur le vernis noir ses cauchemars d'architecture. » Quand on sait qu'Anne Radcliffe est l'auteur de « romans noirs », ou encore « gothiques », dans lesquels s'agitent des êtres bizarres, des fantômes et autres produits d'une imagination tourmentée, dans le cadre de vieilles forteresses suintant d'humidité, on comprend l'attrait presque morbide qu'a pu exercer sur certaines personnes un Mont-Saint-Michel écartelé entre l'ombre et la lumière.

A vrai dire, tout commence par une sorte de vertige à l'envers : quand on se trouve sur la digue et qu'on approche du Mont, on est surpris par l'élévation du monument, et cette impression de grandeur, de verticalité, crée un certain malaise, comme si on allait s'engloutir dans le ciel après la traversée d'un désert. Et cette impression est renforcée par le fait qu'il est impossible, par le regard, de proposer une estimation de la hauteur du Mont.

Il est évident que l'élévation du Mont a varié au cours des siècles, puisqu'il est le résultat d'un travail considérable de la part des hommes. D'après un manuscrit de la Bibliothèque d'Avranches, et qui provient de l'abbaye bénédictine, le rocher primitif avait deux cents coudées. Mais comme personne ne peut se mettre d'accord sur la valeur exacte de la coudée, il est difficile de donner autre chose qu'une approximation. L'hypothèse la plus satisfaisante consiste à prendre la coudée arabe qui vaut 0,48 mètre, ce qui donne une hauteur de 96 mètres. Or, les relevés scientifiques de l'architecte restaurateur Corroyer proposent, de la base au sommet de la butte, 78,60 mètres. Il faut donc en conclure que le sommet de la butte a été rasé pour permettre l'édification de l'église abbatiale actuelle. De plus, il faudrait savoir à partir de quelle base, au Moyen Age, on s'efforçait de calculer la hauteur d'une colline ou d'un monument.

Cela dit, en 1775, des géomètres plus ou moins qualifiés mesurèrent le Mont et lui trouvèrent une hauteur de 385 pieds, c'est-à-dire de 125,43 mètres, de la base du roc à l'extrémité de la lanterne. Et, pendant tout le XIXe siècle, suivant diverses estimations, les chiffres variaient de 100 mètres à 188 mètres. C'est dire combien le Mont-Saint-Michel est

« insaisissable » aussi bien dans ses mensurations que dans sa mystérieuse intimité.

En réalité, des calculs plus récents permettent de préciser des chiffres, à partir d'une base qui est le niveau moyen de la mer. Jusqu'au seuil de l'abbatiale, qui correspond au sommet de la butte naturelle, il y a 78,60 mètres. De ce seuil au niveau supérieur de la tour neuve, il y a 34,70 mètres. De ce niveau, qui est la base de la flèche, jusqu'au sommet de la plate-forme qui porte la statue de saint Michel, on trouve 39,80 mètres. Quant à la statue, du socle à la pointe de l'épée, elle mesure quatre mètres. Cela donne par conséquent une hauteur de 157 mètres.

Est-ce vraiment la hauteur exacte du Mont ? Croyons-le. Ici, la science se manifeste par des alternances de zones d'ombre et de lumière. Tout se passe comme si le Mont-Saint-Michel voulait préserver jalousement son mystère et interdire à jamais que des intrus puissent en dérober les secrets. Une tradition qu'on fait remonter au XIe siècle est parfaitement révélatrice de cette tendance.

Anciennement, personne n'osait en effet pénétrer la nuit dans l'église abbatiale. Le frère portier lui-même, après avoir fermé soigneusement les portes, à la tombée de la nuit, n'aurait jamais eu l'audace de les rouvrir avant d'avoir sonné matines. Cette coutume s'appuyait sur une croyance dûment établie : aucun être humain n'aurait pu contempler les Anges qui, la nuit venue, envahissaient l'église et la remplissaient d'une clarté plus vive que celle du soleil, tout en chantant des hymnes dont l'écho harmonieux se répercutait dans tout le monastere. Sans doute le vent qui s'introduisait par les moindres fentes était-il pour quelque chose dans la beauté angélique de ces hymnes, mais après tout les Anges de Lumière se font connaître des hommes et communiquent avec eux par le biais des choses concrètes : on sait bien que le vent porte au loin la parole céleste et les chants de la nouvelle aurore, quelque part de l'autre côté du monde. De toute façon, le plus simple respect consistait à ne pas troubler les Anges qui accomplissaient ainsi, dans le plus grand secret, les liturgies de la présence divine.

Or, à ce qu'on raconte, un homme nommé Colibert osa railler cette croyance, et prétendit qu'il serait bien capable de demeurer dans l'église une nuit entière et d'y examiner tout ce qui se passerait. Il obtint l'autorisation d'y être enfermé pendant une nuit. Comme il ne s'agissait pas pour lui de commettre un sacrilège, mais seulement de *raisonner*, il se prépara à cette épreuve. Il jeûna pendant trois jours, se confessa et lava soigneusement son corps, et, à la tombée de la nuit, il se cacha dans un recoin de l'abbatiale.

Mais, sur le coup de minuit, voici Colibert en proie à d'horribles visions : il tombe sur les dalles de pierre, glacé d'effroi, mais n'ayant pas perdu l'usage de ses yeux et de ses oreilles. Il voit toute l'église resplendir d'une lumière étonnante, et, soudain, saint Michel, en compagnie de la Vierge Marie et de saint Pierre, le gardien du Paradis, fait son apparition dans la nef. Frappé d'épouvante, il entend saint Michel se plaindre à la Vierge et à saint Pierre de ce qu'il sent dans l'église une très puante odeur, comme celle d'un cadavre. Et il voit l'Archange s'approcher de lui avec un regard terrible. Il veut fuir, mais où ? les portes sont fermées. La Vierge et l'apôtre Pierre, voyant la colère de l'Archange, ont pitié de sa terreur, et ils intercèdent auprès de saint Michel pour qu'il fasse grâce à cet homme seulement coupable de curiosité présomptueuse. Mais l'Archange refuse tout net, disant qu'une telle injure, faite aussi bien à tous les esprits célestes qu'à lui-même, ne peut demeurer impunie. La Vierge supplie alors l'Archange de donner au moins à cet homme le temps de faire pénitence. L'Archange demeure inflexible, et il faut que Marie donne sa caution pour qu'il accepte un sursis. Colibert entend la voix de Michel à ses oreilles : « Pourquoi as-tu eu l'audace de vouloir pénétrer mes secrets ? Sors d'ici et repens-toi, car la mort viendra bientôt te surprendre comme un voleur. » La vision disparaît alors et Colibert se retrouve sur le pavé, au pied des marches de la porte principale. Et il perd conscience.

Le lendemain, quand ils ouvrirent les portes, les sacristains le trouvèrent inanimé. On le transporta dans une chambre et on le soigna. Devant le prieur, il raconta ce qui lui était arrivé, et il se confessa pieusement, reconnaissant son orgueil et son manque de foi. Et il mourut le troisième jour.

Cette tradition appartient évidemment à toute une série de récits destinés à l'édification des fidèles : moins on en sait, mieux on se porte, semble-t-il, et les secrets sont ainsi fort bien gardés. A force de vouloir pénétrer le Sacré, celui-ci perd sa valeur et se dilue dans le quotidien. Et surtout, il se venge. L'avertissement vaut pour tous ceux qui tenteraient d'aller plus loin qu'il n'est permis dans l'exploration des corridors profonds du Mont-Saint-Michel. Il ne faut pas oublier que *le Dragon* rôde dans ses corridors et que seul saint Michel est capable de le dompter. D'ailleurs, à quoi servirait de voir l'Archange terrasser le Dragon, puisqu'il est le seul à pouvoir le faire ? Là réside toute l'ambiguïté du Mont. Et bon nombre de récits, historiques ou légendaires, viennent prouver qu'au Mont-Saint-Michel, l'éternel combat que se livrent les Forces de Lumière et les Forces de Ténèbres s'incarne dans le quotidien.

Au XIIe siècle, sous l'impulsion de Roger II, prieur de l'abbaye, homme « docte, de grande religion et capable de gouverner un monastère », l'ancienne discipline de saint Benoît a été rétablie et l'abbaye est en pleine prospérité. Il y a cependant un point noir, l'animosité d'un seigneur voisin, le baron Thomas de Saint-Jean. Non seulement celui-ci ne veut point acquitter la redevance qu'il doit chaque année au monastère, mais il excite contre les moines plusieurs de ses vassaux et ravage journellement leurs terres. Que faire pour que cessent les exactions de ce seigneur orgueilleux et querelleur ? Le prieur répugne à employer la force. Certes, il serait facile de dépêcher quelques bons sergents pour surprendre Thomas de Saint-Jean et lui faire payer cher ses brigandages, mais le sang coulerait, et ce n'est pas le rôle des hommes de Dieu de faire couler le sang. Alors, Roger réunit les moines, leur expose la situation et tient conseil avec eux.

Et voici ce qui est décidé : « Sans omettre un seul jour, il sera célébré, devant l'autel Saint-Michel, pendant que l'on chantera la messe, une *clameur très pieuse* en présence du très saint et très véritable corps de Notre-Seigneur Jésus-Christ, chantant avec larmes *miserere mei* et clamant *kyrie eleison.* » Ainsi est fait. Mais le baron, averti que les moines célèbrent contre lui un *office de clameur*, se contente d'en rire : « Qu'ils prient, ces bons moines, dit-il, tant qu'il leur plaira ; ce n'est pas leur saint Michel qui éteindra ma torche ou émoussera la pointe de mon épée. » Et il continue à ravager les terres de l'abbaye.

Le dix-huitième jour, alors que l'office vient de se terminer, on vient annoncer au prieur qu'une troupe armée, auprès de Tombelaine, paraît se diriger vers le Mont. On distingue même le gonfanon rouge, à trois langues, du baron de Saint-Jean. Bientôt, la cohorte guerrière fait son entrée dans la ville et les habitants, épouvantés, se réfugient dans leurs demeures. Le baron, à la tête de ses hommes, gravit les escaliers, et fait donner un coup de massue dans la porte de l'abbaye. La porte s'ouvre, et le prieur se présente au milieu de ses moines. L'affrontement est imminent. Mais personne ne bouge. On attend. Finalement, c'est Thomas de Saint-Jean qui parle le premier. Il est furieux, et il s'écrie avec violence : « Moines ! est-il vrai que chaque jour, vous criez contre moi jusqu'à Dieu ? » Le prieur répond que c'est la vérité. Tout aussi courroucé, le baron demande la raison de cette clameur : « Parce que, répond le prieur, tu as dépouillé et volé mon maître saint Michel ! »

Cette réponse ne fait qu'accroître la fureur de Thomas. Il s'élance, son épée nue, sur le prieur. Mais alors, sans qu'on sache comment, il s'abat aux pieds du religieux, et avec lui toute sa troupe. Le baron baise même dévotement le seuil de l'abbaye en disant : « Moines ! je serai votre soldat et votre serviteur. Grâces et gloire à saint Michel ! » Le prieur relève le baron dont le visage est baigné de larmes. Il le conduit dans l'église abbatiale, où un *Te Deum* est immédiatement chanté pour remercier Dieu et l'Archange d'avoir permis la conversion subite d'un terrible ennemi de l'abbaye, lequel fut, par la suite, l'un de ses plus ardents et plus loyaux défenseurs.

Touchante histoire... On peut facilement y découvrir une transposition de la bataille mythique de l'Archange et du Dragon. Et l'on remarquera que le Dragon n'est pas tué, mais seulement converti, *dompté,* et qu'il se montre désormais le plus puissant appui du monastère. Quelle que soit la réalité de cette anecdote, il convient d'en signaler la justesse sur le plan de la signification mythologique : on ne peut éliminer purement et simplement l'élément *noir,* mais on peut toujours le faire surgir, le maîtriser et intégrer sa prodigieuse énergie à une action de lumière. Le dualisme apparent du Mont-Saint-Michel ne serait-il qu'un leurre ?

Hélas ! des événements historiques incontestables font apparaître ce dualisme, et parfois dans une atmosphère de violence peu conforme aux suaves accents de la « légende dorée », quand les loups deviennent bergers du troupeau qu'ils massacraient auparavant. Au XVIe siècle, la dégradation morale de l'abbaye se fait cruellement sentir. La plupart des moines vivent avec des femmes « comme gens mariés », et leurs enfants contribuent à augmenter la population du Mont. Les bâtiments conventuels se vident, car les frères passent la plupart de leur temps dans les tavernes. Un chroniqueur assez féroce signale qu'un jour, des pèlerins, désireux de voir le trésorier, ne le trouvèrent que dans une auberge, complètement ivre. Les pèlerins lui demandèrent de leur montrer les saintes reliques, s'attirant cette réponse : « Je me donne au Diable si les chiens ne les ont mangées. » Assurément, le Dragon avait vaincu saint Michel.

Mais les moyens d'assurer la victoire à l'Archange étaient parfois à la limite du tolérable, comme en témoigne un épisode de la longue lutte qui opposa les Montois au Huguenot Montgommery. Un soir que celui-ci, à la tête d'une petite troupe, s'était hasardé jusqu'aux murailles de la ville, il avait fait prisonnier un soldat de la garnison, un *miquelot*, comme on disait, et il voulait le faire pendre haut et court lorsqu'il imagina un stratagème pour prendre l'abbaye. Il fit grâce au prisonnier, un nommé Jean Courtils, à condition que celui-ci s'engage, le 29 septembre, à dix heures du soir, « à faire glisser hors du cellier, jusqu'au bas de la Merveille, une corde solide capable de porter un homme ». En échange, Jean Courtils devait donner sa parole d'obéir, et, en récompense, il recevrait immédiatement cent écus d'or.

C'est ainsi que, le 29 septembre, jour de la fête de l'Archange, à dix heures du soir, Montgommery, accompagné de quelque cent cinquante hommes, profitant du brouillard, s'était rendu, dans le plus grand silence, sur la rive nord du Mont, juste au-dessous de la Merveille. Les Huguenots s'étaient cachés dans le petit bois, et à dix heures précises une corde glissa. Un lieutenant de Montgommery s'y cramponna et, après un signal convenu, fut enlevé en haut de la muraille. Montgommery jubilait : ainsi pourrait-il conquérir l'abbaye *de l'intérieur*, et sans crier gare.

Trente hommes furent ainsi hissés sans incident. Pour la trente et unième fois, la corde tomba, et Montgommery la saisit, voulant monter lui-même, afin de voir ce qui se passait là-haut et organiser l'attaque. Mais on lui fit remarquer que sa présence en dehors de l'abbaye était nécessaire. Alors il ordonna à son deuxième lieutenant de monter, lui demandant, si tout allait bien, de jeter le cadavre d'un moine par-dessus la muraille.

Le lieutenant fut bientôt à destination, accueilli par Jean Courtils à qui il fit part de la volonté de son chef. « Rien de plus facile, répondit Courtils. Vos hommes sont maîtres de l'abbaye et de toutes les positions du sud. Des moines ont résisté, et ils ont été tués. Nous allons jeter un cadavre à Monseigneur. Suivez-moi. » Le lieutenant suivit le traître jusqu'au corps de garde, mais là, dès qu'il eut franchi le seuil, il fut immédiatement poignardé. Comme l'avaient été les trente autres Huguenots qui l'avaient précédé. Car Jean Courtils, plein de remords d'avoir donné sa parole au chef protestant, s'était confessé dévotement et avait tout raconté au capitaine-gouverneur. L'histoire ne dit pas s'il avait gardé les cent écus, mais il avait été décidé que Jean Courtils ferait semblant de mettre le plan à exécution, et qu'il amènerait les Huguenots dans un piège.

Comme Courtils avait compris ce que voulait Montgommery, il alla choisir un cadavre de Huguenot, le revêtit d'une robe de moine, le défigura et balança le cadavre par-dessus le mur. Le corps vint s'abattre aux pieds de Montgommery. Celui-ci, comprenant que tout allait bien, continua à faire monter ses hommes. Cinquante protestants furent ainsi hissés et froidement poignardés. Pourtant Montgommery commençait à s'inquiéter : point de lumières là-haut, point de cris de victoire, rien que le silence... Il voulut monter à son tour, mais son page le devança et disparut dans la nuit noire.

Quelques instants plus tard, un cri terrible retentit : « Trahison ! trahison ! » Et un corps roula le long de la muraille. C'était le page. Celui-ci s'était méfié, avant d'entrer dans le corps de garde, et il avait aperçu les soldats prêts à le poignarder. Il s'était jeté en arrière, et, tout en donnant l'alarme, il avait préféré se jeter dans le vide plutôt que de périr sous le poignard. Montgommery comprit alors qu'il avait été joué, d'autant plus que les défenseurs de l'abbaye se mirent à les mitrailler. Avec ce qui lui restait d'hommes, il se hâta de s'enfuir, la rage au cœur et le désespoir dans l'âme, tandis que les cloches du Mont sonnaient à toute volée, accompagnant le *Te Deum* que les moines, les défenseurs de l'abbaye et les habitants de la ville ne manquèrent pas de chanter pour remercier le Ciel de leur délivrance. Le tout est de savoir si saint Michel était intervenu lui-même dans une action qui ressemblait davantage à de l'assassinat qu'à une lutte à armes égales. L'ambiguïté du Mont se retrouve dans tous les domaines, y compris dans les actes de légitime défense.

Au reste, tout est loin d'être glorieux dans l'histoire du Mont-Saint-Michel, si l'on en croit les abondantes chroniques sur les multiples événements qui s'y déroulèrent. La face sacrée du Mont ne doit pas estomper la face profane et parfois sordide que tout rassemblement humain contribue à former. En 1662, par exemple, l'épouse du gouverneur, M. de la Chastière, fit parler d'elle en des termes peu flatteurs. Le gouverneur avait rencontré cette femme alors qu'il « prenait les eaux » de Bourbon, en Bourbonnais, mais il était évident que la future Madame de la Chastière, qui avait été « demoiselle suivante de Madame la duchesse de Longueville », qui se nommait Cécile Legay, passait son temps à prendre tout autre chose que les eaux. Bref, M. de la Chastière l'avait épousée et l'avait amenée au Mont. Dès leur arrivée, les deux époux, avides de biens, s'étaient efforcés de pressurer les moines, leur imposant taxes et vexations diverses et déclenchant de leur part une franche hostilité. Madame de la Chastière se montre la plus ardente à persécuter les religieux. Une nuit, elle fait changer toutes les serrures du couvent et condamner toutes les portes de communication entre les lieux réguliers, où seuls les religieux ont le droit de circuler. Chaque fois que les moines se livrent à leurs méditations, elle fait battre le tambour dans les couloirs. Une fois même, à ce que raconte le chroniqueur Étienne Jobard, elle entre à pas de loup dans la cellule d'un moine particulièrement vertueux, dom Mancel, et cela presque « dans le simple appareil d'une beauté qu'on vient d'arracher au sommeil ». Mais quant à sa beauté, elle est mise en doute, précisément par ce dom Mancel dont on lui a répété une plaisanterie : un jour qu'un plâtrier travaillait sur le mur du réfectoire, le religieux avait osé dire à l'ouvrier de ne pas tant gâcher de plâtre pour en laisser plus à Madame de la Chastière, laquelle, on le savait, se fardait abondamment « pour réparer des ans l'irréparable outrage ». Mais tout cela ne porte guère bonheur au couple indélicat : M. de la Chastière meurt d'apoplexie, ayant seulement le temps de se réconcilier avec l'Église, et Madame de la Chastière, criblée de dettes, doit quitter précipitamment le Mont en abandonnant ce qui lui reste de biens.

Il y avait aussi les habitants de la ville, ceux qui tiraient profit de l'abbaye tout en n'en faisant pas partie, autrement dit les « marchands du Temple ». Au XVIIIe siècle, la plupart des 250 Montois étaient des aubergistes, des marchands de *béatilles* (nous dirions « souvenirs », ou même « bondieuseries »), des marins et des pêcheurs dont l'activité était proportionnelle à l'abondance des pèlerins. Cette population, assez dense pour un territoire exigu, était fort agitée, car l'animosité profonde qui existait entre cinq ou six familles, très âpres à défendre des intérêts contraires, faisait du Mont-Saint-Michel un théâtre de querelles publiques permanentes. D'ailleurs, les religieux en profitaient largement : pour avoir eux-mêmes la paix, ils entretenaient à merveille les querelles entre ceux qu'ils considéraient parfois comme des concurrents, ou prenaient parti pour ceux qui leur manifestaient leur reconnaissance. Par contre, ils s'acharnaient contre ceux qui avaient eu le malheur de leur déplaire.

C'était le cas du syndic Guillaume Ridel, « chirurgien, propriétaire de l'hôtellerie à l'enseigne de *la Licorne* ». La famille Ridel était à couteaux tirés avec la famille Oury, laquelle était au mieux avec les moines. Or, en 1764, en sa qualité de syndic, Guillaume Ridel avait fait connaître au subdélégué d'Avranches que les moines avaient commis un abus de pouvoir, donnant l'occasion à son concurrent acharné, Oury, de s'enrichir illégalement. Ridel porta plainte devant le Parlement de Rouen, « contre les souverains despostes du Mont », entendez les moines. Le texte de la plainte est assez caractéristique : « Autrefois, le Mont-Saint-Michel était un lieu édifiant ; aujourd'hui, les religieux le regardent comme une prison de leur ordre. La police qu'ils exercent est vexatoire ; le principal commerce du lieu est celui des choses qu'on vend aux pèlerins ; chaque marchand s'empresse d'offrir sa marchandise et c'est une occasion de querelles. Le commandant avait, à cet effet, réglé le rang des marchands ; chacun devait vendre à son tour et ne pouvait équiper de suite deux compagnies. Si la loi était bien appliquée, ce serait parfait ; mais les moines prétendirent que ceux qui n'étaient pas marchands participeraient au profit des marchands ; ils voulaient que chaque marchand eût un associé non marchand, qui ne mettrait rien dans le commerce, qui ne risquerait aucune perte, et qui, cependant, aurait la moitié des profits. » [1] L'affaire s'envenima : le beau-frère de Ridel, un certain Natur, se livra à des voies de fait sur un des membres de la famille Oury et fut emprisonné. Les religieux, protecteurs de la famille Oury, accusèrent Ridel d'avoir monté le coup, et les esprits s'échauffèrent dangereusement.

Guillaume Ridel, proprement exaspéré par la mauvaise foi des moines, déposa contre eux une nouvelle plainte d'ordre économique et fiscal. Il fit connaître aux autorités que les religieux ruinaient le commerce des liquides et ruinaient le Trésor parce qu'ils permettaient aux pèlerins d'emporter du vin acheté chez Oury, vin qui eût dû légalement être consommé sur place. Le vin, ainsi transporté, pouvait être revendu à bon compte, puisqu'il n'était pas assujetti au droit de consommation. Donc, Oury, en exportant son vin, retirait un grand profit de la vente de ses liquides et causait un tort considérable à la Régie.

Tout cela fut l'occasion d'une belle pagaille judiciaire et de nombreuses disputes au Mont. De plus, Guillaume Ridel avait un contentieux à régler avec les autorités. En 1757, son auberge de la Licorne avait été réquisitionnée par le prieur et l'officier de la maréchaussée pour y loger des troupes de renfort. On craignait en effet un débarquement anglais sur les côtes du Cotentin. Et les troupes avaient saccagé son auberge, bu ses réserves de vin et occasionné un manque à gagner évident. Or, Guillaume Ridel n'avait jamais été dédommagé. Il avait intenté procès sur procès, manifestant une telle hargne que les autorités le tenaient pour fort suspect. L'affaire de la rivalité entre les familles Ridel et Oury ne faisait que renforcer cette suspicion. Et, en 1765, le malheureux propriétaire de la Licorne fut arrêté en vertu d'une

---

1. Archives départementales du Calvados, C. 472.

lettre de cachet et expédié, de brigade en brigade, à Vincennes où il fut enfermé « parce qu'il avait porté le trouble au Mont-Saint-Michel et qu'il y entretenait des intelligences avec des prisonniers d'État. »[1]

Guillaume Ridel protesta vigoureusement, ce qui déclencha une contre-enquête, confiée au subdélégué de Coutances. Finalement, le rapport fut favorable à l'aubergiste, reconnu seulement coupable d'avoir « eu la langue trop bien pendue » et d'avoir été « imprudent dans certaines conversations ». On reconnaissait qu'il s'était surtout montré très résolu à ne pas se laisser impressionner par les moines. Dans ces conditions, il n'était plus nécessaire de le maintenir à Vincennes, « d'autant plus que sa pension était payée par Sa Majesté ». Guillaume Ridel fut libéré et revint prendre la direction de sa chère *Licorne*. Mais il abandonna tout procès contre les moines et ne fut jamais dédommagé de ses pertes, tout heureux de s'en tirer ainsi à bon compte.

Cette histoire rigoureusement authentique est un exemple parmi bien d'autres des affaires sordides qui ont surgi à l'ombre de la statue de l'Archange. Cela montre assez bien le contraste permanent entre la vocation mystique inscrite dans les constructions de l'abbaye et les intérêts humains en jeu pour exploiter, d'une façon ou d'une autre, une ferveur religieuse incontestable. Plus que jamais le Diable rôde dans tous les endroits où se trouvent des saints, et c'est à croire que la sainteté est inséparable des marécages de l'Enfer. La lumière qui brille, paraît-il, dans l'église abbatiale, pendant la nuit, ne parvient pas à éclairer suffisamment les zones ombreuses et tortueuses de la malignité humaine.

Bien entendu, dans la foule bigarrée des pèlerins qui affluaient au Mont, il y avait de tout, le meilleur et le pire, des faux dévots évidemment, coupeurs de bourses et vide-goussets, faux éclopés, faux aveugles et vrais escrocs. Les autorités le savaient fort bien, et tous ces gens-là étaient sous surveillance. Ainsi les Bohémiens étaient-ils tenus de faire

1. Bibliothèque de l'Arsenal, 12.316.

des déclarations de changement de domicile : on se doute que ce genre de règlements provoquait une tendance au racisme et que tous les gens de *la Petite Égypte,* comme on disait, étaient soupçonnés de méfaits imaginaires. Il y avait aussi les fameux *goglus,* c'est-à-dire les « pisteurs », ceux qui prenaient soi-disant en charge les pèlerins et les emmenaient loger là où ils touchaient un pourcentage, avec évidemment la complicité des bons bourgeois du Mont. Ce procédé du *gogluage* devait être particulièrement répandu, car il était considéré comme un délit religieux et, pour en être absous, il fallait passer par le tribunal de la Pénitence. Mais, après tout, ce sont choses courantes dans un monde où le Sacré et le Profane font route commune.

De toute façon, il faut bien vivre. Et si l'on admet que saint Michel est l'image christianisée du dieu Lug-Mercure des Gaulois, il a peut-être quelque chose à voir avec le Mercure des Latins qui est, comme chacun sait, le dieu du Commerce (à tous les sens du terme, y compris la communication) et aussi des voleurs. Les documents sur le Mont-Saint-Michel sont assez précis en ce qui concerne les « marchands du Temple ». Les hôteliers et les cabaretiers étaient soumis à la vérification des poids et mesures, mais ils ne semblaient pas tous très délicats. Ainsi, en 1494, en vertu des pouvoirs qui lui étaient conférés par le roi de France, l'abbé du Mont fit condamner plusieurs débitants pour contraventions aux mesures de vin et de cidre. On sait aussi que, le 22 mai 1637, le R.P. Bernard Jevardac, archidiacre de l'abbaye, se présenta inopinément chez les marchands de liquides établis dans la ville. D'après la chronique, « il fit la visite des mesures des pots et pintes en usage dans les cabarets et hôtelleries du Mont, vendant et débitant vin et cidre, où ayant trouvé plusieurs vaisseaux trop petits, il les a cassés et confisqués, condamnant les délinquants à l'amende ». Tout cela devait être monnaie courante, comme partout, dans toutes les villes, dans tous les villages. Cela peut choquer dans un endroit par nature sacré, où l'on a tendance à considérer que l'*aura* qui y règne est toujours bénéfique. Mais c'est précisément là où le Diable rôde le plus sûrement et le plus sournoisement.

Qu'on se souvienne de ce passage de la *Folie Tristan,* ce célèbre poème épisodique de la légende, où il est question du Mont-Saint-Michel dans le plus bel irrespect qui soit. Tristan est déguisé en fou, et pour faire encore mieux que nature, il raconte aux autres : « Je reviens des noces de l'abbé du Mont, que j'ai bien connu. Il a épousé une abbesse, une grosse dame voilée. Il n'est pas de prêtre, d'abbé, de moine, ni de clerc ordonné, de Besançon jusqu'au Mont, à quelque ordre qu'il appartienne, qui ne sera invité aux noces, et tous y portent bâtons et crosses. » Assurément, cela veut dire qu'au XIIe siècle, époque où a été écrite la *Folie Tristan,* le Mont-Saint-Michel, quelle que fût la ferveur des pèlerinages qui s'y déroulaient, avait la réputation d'un endroit où l'on se détendait. Et aussi d'un endroit riche, si l'on en croit un passage du *Roman de Tristan* dû au Normand Béroul. Il s'agit de l'épisode où Tristan et Yseult, dans la forêt de Morois, ont décidé de se réconcilier avec le roi Mark. Comme la reine est vêtue de haillons, l'ermite Ogrin se charge de lui procurer des vêtements dignes de son rang : « L'ermite s'en va au Mont [1], à cause des richesses que l'on y trouve. Il achète en quantité vair et petit-gris, étoffes de soie et de pourpre bis, écarlate et fine toile blanche, bien plus blanche que fleur de lis, et un palefroi qui va doucement à l'amble, richement paré d'or flamboyant. L'ermite Ogrin achète, prend à crédit et marchande à tel point les étoffes de soie, le vair, le petit-gris et l'hermine, qu'il finit par vêtir somptueusement la reine. » En somme, on trouve tout au Mont-Saint-Michel, ce qui prouve la richesse des habitants et aussi l'essor considérable du commerce dans ce lieu isolé qui était cependant un carrefour d'échanges tout à fait exceptionnel entre voyageurs venus des

1. Le strict contexte ferait identifier ce Mont avec Saint-Michaël's-Mount, près de Penzance (Cornwall). Mais la description du romancier normand cadre davantage avec le Mont-Saint-Michel de Normandie.

pays les plus divers. Au fond, de nombreux sites de pèlerinage, nés de la foi et de la ferveur, sont devenus par la suite des villes commerçantes et ont accumulé ainsi des richesses considérables.

Il y a plus grave. Pourquoi le Mont-Saint-Michel, dont la vocation primitive et essentielle est d'affirmer la présence de l'Archange Michel et la nécessité de son culte de Lumière, a-t-il été si longtemps une sombre prison dans laquelle ont été enfermés des prisonniers qui n'étaient pas toujours coupables ? Apparemment, il y a incompatibilité entre un monastère dédié à un Libérateur des Ames et une sordide prison où l'on châtie les corps sans trop s'occuper du salut des âmes. Et, pendant des siècles, l'abbaye du Mont-Saint-Michel a servi de prison d'État.

Certes, ce sont les circonstances qui ont provoqué cette vocation plutôt contestable. Les guerres continuelles, en particulier la guerre de Cent Ans, amenaient la garnison à faire de nombreux prisonniers, lesquels étaient précieusement gardés au Mont parce qu'ils représentaient une grande valeur : il ne faut pas oublier qu'au Moyen Age, on s'enrichissait à faire des prisonniers et à les libérer moyennant une rançon. C'était une façon comme une autre de faire légalement fortune, et c'était la règle d'un jeu universellement admis. Mais la paix revenue, les prisons n'en existaient pas moins. Aussi eut-on l'idée de les utiliser.

C'est Louis XI qui décida de faire du Mont-Saint-Michel une prison d'État : pour lui, cette abbaye-forteresse, isolée au milieu de la mer et des sables, convenait parfaitement comme lieu d'exil et de réclusion. C'est là que ce roi tortueux, cette « universelle aragne », fit installer, au cours d'un de ses pèlerinages — il était fort dévot à saint Michel et fort superstitieux —, l'une de ses célèbres *fillettes* dont l'invention est due, selon la tradition, au cardinal Jean de La Balue, lequel, lorsqu'il fut disgracié, en fut la victime en quelque sorte expiatoire.

Une *fillette* était une cage formée d'un assemblage de grosses pièces de bois renforcées à l'intérieur par des barres de fer. Le prisonnier que l'on y enfermait devait vivre dans un espace cubique de moins de trois mètres de côté. Cette cage était suspendue à l'aide de crampons de fer scellés dans la voûte de pierre : ainsi, à chaque mouvement que faisait le condamné, la cage oscillait, et l'on imagine le supplice que provoquait cette instabilité permanente et le vertige qui s'ensuivait. Il y avait deux trous dans la porte d'entrée, par lesquels on faisait passer la nourriture et un bassin pour les besoins naturels. Ce singulier instrument de supplice fut en usage pendant toute la fin de l'Ancien Régime, et destiné essentiellement à des condamnés politiques. Ainsi en fut-il pour Noël Béda, universitaire chevronné qui avait eu l'audace de se moquer, lors d'un sermon, de la coûteuse et fastueuse entrevue du Camp du Drap d'Or, entre François Ier et le roi d'Angleterre Henry VIII. Il y resta deux ans avant d'y mourir. Au XVIIe siècle, le bénédictin François de Chavigny de La Bretonnière, qui avait publié en Hollande un pamphlet contre Le Tellier, archevêque de Reims et frère de Louvois, pamphlet dont le titre était *Le Cochon mitré,* y fut également enfermé avant d'y mourir complètement fou.

En 1777, les fils du duc d'Orléans, conduits par leur gouvernante, Madame de Genlis, visitèrent l'abbaye du Mont-Saint-Michel et purent voir la fameuse cage que d'ailleurs, quelques mois auparavant, le comte d'Artois, frère de Louis XVI, avait ordonné de détruire. Le jeune duc de Chartres, c'est-à-dire le futur Louis-Philippe, roi des Français, nous a laissé une description assez saisissante de la *fillette :* « Elle était formée par de grosses pièces de bois, dans un cachot affreux et humide. Il y avait sur un poteau une fleur que ce malheureux (Dubourg) y avait gravée avec un clou. Le prieur nous dit que cette cage ne servait presque jamais, qu'on y mettait quelquefois pendant un jour ou deux les prisonniers auxquels on voulait infliger une punition particulière, et qu'il avait été souvent tenté de la faire détruire comme un monument de barbarie. Alors, nous témoignâmes le désir qu'elle fût détruite à l'occasion de notre passage, et le prieur y consentit de très bonne grâce, à la grande joie des prisonniers qui nous suivaient. Le Suisse seul paraissait regretter la cage, et son regret était naturel, car il gagnait de l'argent à la montrer. Mais un bon pourboire, et l'assurance qu'il gagnerait autant à montrer le cachot où elle avait été, le consolèrent promptement. Elle ne fut pas détruite en notre présence, comme on l'a dit dans le temps, car cette opération n'aurait pas pu se faire dans une journée, et on se borna à en ôter la porte. »[1]

Cela dit, les prisonniers du Mont étaient loin d'être tous enfermés dans la *fillette*. Il ne faut d'ailleurs pas exagérer le nombre de ces prisonniers : entre 1685 et 1789, c'est-à-dire en un siècle, il n'y en a eu que cent quarante-sept en vertu d'une lettre de cachet. Trente-trois d'entre eux avaient été incarcérés par ordre direct du roi pour des motifs politiques, des complots, des outrages ou des concussions ; quatre-vingt-quatorze y avaient été enfermés à la requête des familles pour inconduite notoire, meurtres, vols ou démence ; vingt avaient été des religieux, à la demande de leurs supérieurs, pour des manquements graves à la discipline, ou pour délits d'opinion, en particulier des Jansénistes. Ces prisonniers se trouvaient dans ce qu'on appelait les *Exils*, qui comprenaient une trentaine de pièces assez étroites. D'après l'inventaire de 1793, il n'existait à cette époque, pourtant riche en prisons de toutes sortes, que quarante chambres fortes dans l'abbaye. Et nous savons qu'en juillet 1789, le Mont ne comptait en tout et pour tout que trois civils et quatre religieux, cela en vertu de lettres de cachet, pour inconduite ou démence. C'est dire que l'abbaye du Mont-Saint-Michel n'a jamais été cette monstrueuse prison que certains auteurs ont décrite avec un luxe de détails étonnants et qui aurait contenu six cent mille prisonniers au cours des siècles ! Même après la Révolution, sous la Restauration et la Seconde République, le nombre des prisonniers, bien que plus important parce qu'on avait récupéré à

1. Louis-Philippe, *Mémoires*, Paris, 1973, pp. 40-41.

cet effet les bâtiments conventuels, n'a pas été aussi élevé qu'on l'a prétendu.

En dehors des fameux prisonniers politiques du XIXe siècle qui se sont signalés soit par leur présence permanente dans des prisons, soit par leurs tentatives d'évasion, il est un cas qui a retenu l'attention des commentateurs : c'est celui de Dijols de la Cassagne, plus connu sous le nom de Dubourg. La légende le présente comme étant un honnête et vertueux publiciste hollandais, enfermé par ordre de Louis XIV pendant plus de vingt-cinq ans et qui y serait mort dévoré par les rats. La légende en fait une histoire sinistre, mais, en réalité, ce soi-disant Hollandais était français, n'était pas protestant, mais catholique, était un traître à la solde de l'Allemagne, ne fut pas victime de Louis XIV puisqu'il naquit en 1715, l'année même de la mort du Roi-Soleil, ne fut enfermé que 368 jours, et mourut d'inanition parce qu'il avait résolu de faire la grève de la faim.

Un autre personnage incarcéré au Mont a fait couler beaucoup d'encre, et l'on y a même vu le fameux « Masque de Fer », lequel, comme on le sait maintenant, n'a jamais existé que dans l'imagination d'Alexandre Dumas, sur une idée de Voltaire. Il n'en reste pas moins vrai qu'un mystérieux prisonnier a résidé au Mont de 1707 à 1709, et que le mystère qui l'a longtemps entouré a pu très facilement alimenter la légende du Masque de Fer.

On connaît maintenant l'identité de ce personnage. Il s'agit d'un certain Avedick, qui était patriarche d'Arménie. Né à Tocate, vers 1646, Avedick, qui s'était consacré à l'étude des doctrines de l'église arménienne, s'était répandu en propos d'une extrême violence contre le roi Louis XIV. L'ambassadeur du roi à Constantinople avait réussi, à force d'intrigues, à faire déposer le patriarche, mais en plus il le fit enlever de l'île de Chio et débarquer en France. On l'enferma au Mont-Saint-Michel, au secret, et sous un régime très rigoureux. Cependant, on s'efforça de le convertir au catholicisme. On eut bien du mal à trouver un religieux qui parlait l'arabe, mais il y en eut un qui se chargea de catéchiser le patriarche d'Arménie. Et, en 1709, Avedick fut transféré à la Bastille. Il abjura son ancienne religion en 1710 devant le cardinal de Noailles et recouvra immédiatement sa liberté. Mais il mourut l'année suivante, officiellement « par suite de l'usage immodéré de l'eau-de-vie », ce qui veut dire que son décès fait partie de ces morts inexplicables, mais très utiles, dont l'Histoire offre de fréquents exemples. Qui était-il exactement ? On ne le saura jamais.

On a beaucoup brodé sur la « Bastille des Mers ». Il est d'ailleurs dommage qu'Alexandre Dumas n'ait pas situé au Mont-Saint-Michel la cellule de l'abbé Faria : de nos jours, on la visiterait avec autant de respect et de dévotion que celle de l'île Sainte-Marguerite. Et on oublie peut-être que les premiers habitants du Mont ont été des solitaires, des ermites qui choisissaient ce lieu comme une prison volontaire. Et que dire de cet ermite des temps modernes, ce fameux « marquis de Tombelaine », sur le dos duquel les journalistes ont brossé des légendes, ce Jean de Tombelaine, qui s'appelait simplement Jean Déluge, mais qui aimait guider les touristes à travers les sables du Mont en racontant des histoires invraisemblables, moyennant un modeste pourboire ? Là encore, la tradition est respectée, y compris celle des sables mouvants, puisque le « marquis » de Tombelaine se noya accidentellement, un soir de décembre 1892, entre le Mont et la côte bretonne.

Mais ce sont des figures comme celle de ce pittoresque personnage qui ajoutent encore aux mystères de ce Mont-Saint-Michel au Péril de la Mer, cette « citadelle des brumes », cette « Merveille de l'Occident », ce Mont-Tombe dont certains disent encore qu'aux époques païennes officiaient des prêtresses qui n'avaient rien de repoussant et qui se chargeaient de montrer *le bon chemin* aux jeunes gens qui s'égaraient dans leurs sombres retraites.

Ombre et Lumière : ces deux mots résument admirablement le Mont-Saint-Michel. A la liturgie céleste en l'honneur de l'Archange Michel répondent des liturgies plus ambiguës, plus secrètes, plus ombreuses. C'est qu'il est impossible de concevoir saint Michel sans le Dragon des profondeurs avec lequel il engage un jeu dramatique qui n'aura jamais de fin.

II

LE DRAGON DES PROFONDEURS

Le Dragon apparaît dans les traditions universelles comme le signe le plus extraordinaire qui soit de la force terrifiante enfermée au sein de la terre. Animal fabuleux, il prend modèle sur le serpent dont il exagère les formes, mais avec lequel il est souvent confondu. Il fait partie intégrante de l'imaginaire humain depuis les plus lointaines époques où l'être pensant s'est réveillé de sa primitive inconscience pour nommer le Bien et le Mal. Il résume en lui tous les fantasmes et toutes les pulsions de l'être, toutes les terreurs dont la mémoire a gardé la douloureuse cicatrice, toutes les ambiguïtés de l'existence qui se déroule, de façon aveugle, entre des obstacles qu'on ne peut franchir qu'en les contournant.

Certes, ici, deux écoles de pensée sont confrontées, et de façon, semble-t-il, irréductible. D'autre part, les rationalistes prétendent, avec quelque bon sens, que l'image terrifiante du dragon est la réminiscence de cette terreur ancestrale inspirée par des monstres antédiluviens comme les brontosaures ou les paléontosaures, et surtout ceux qu'on appelle les tyrannosaures. Ces grands reptiles des temps primordiaux ont dû effectivement exercer une action en profondeur sur l'imaginaire humain, et, dans ces conditions, il n'est pas étonnant de les retrouver, presque intacts, dans les bas-fonds de l'inconscient, prêts à prendre les formes ondoyantes et hallucinantes que l'on sait. L'allure reptilienne est incontestable dans toutes les descriptions et dans toutes les représentations des dragons, en Orient comme en Occident. Mais ce sont des reptiles munis de pattes qui, elles aussi, prennent des dimensions monstrueuses. Quant à la tête, elle en arrive à détenir toutes les puissances de destruction qu'on attribue à l'animal : les yeux qui découvrent la proie finissent par lancer des éclairs, la langue devient elle-même un jet de flammes, l'haleine est empoisonnée, et les dents broient, déchirent et dévorent. L'instinct brutal, la lutte pour la vie, la violence, tout cela est cristallisé dans l'image de la bête préhistorique devenue objet fanstasmatique.

Mais, d'autre part, les tenants d'un système de valeurs plus philosophique, et aussi plus théologique, pensent que l'image du Dragon est le résultat d'une lente élaboration, d'une construction entièrement intellectuelle, destinée à représenter de façon concrète tout ce qu'il ne faut pas faire, c'est-à-dire le Mal, la Laideur, l'Obscurité. Plus qu'un objet fantasmatique, le Dragon est alors un support de catharsis qui permet à l'être humain d'extirper de sa conscience ces pulsions maléfiques qui l'obsèdent et l'encombrent. Peu importe alors que le Dragon revête telle ou telle forme : il n'est qu'un repoussoir, et ce n'est que par pure métaphore qu'il est représenté le plus souvent sous une allure reptilienne. En bref, ce sont des pensées abstraites qui se concrétisent dans l'image du Dragon, tandis que pour l'école rationaliste ce sont des formes concrètes mémorisées et cependant déformées qui provoquent le fantasme.

Il est bien difficile de savoir qui a tort ou raison dans cette double interprétation. On ne peut nier que l'image de la bête féroce ait pu déclencher des cauchemars répercutés de génération en génération, même sans remonter aux époques antédiluviennes : les luttes avec l'ours, avec le loup, avec les grands fauves, ont constitué des réalités quotidiennes, et il en est resté des traces douloureuses dans la mémoire humaine. Mais il est non moins vrai que les angoisses métaphysiques de l'humanité aient pu en quelque sorte se matérialiser sur d'authentiques images de la mémoire ancestrale, quitte à les dévier de leur signification originelle et à en faire les supports symboliques de l'affrontement permanent qui règne dans le monde entre des forces apparemment contradictoires. Car, en définitive, c'est bien de cela qu'il s'agit : le Dragon n'existe pas sans celui qui vient lutter contre lui, soit qu'il sorte lui-même de son antre pour provoquer le « dieu », soit que ce « dieu » s'introduise dans la caverne profonde et se fasse attaquer par le monstre. Autrement dit, le Dragon n'existe pas sans saint Michel, et, en allant plus loin, le personnage de Satan n'existe pas sans Yahvé-Dieu, ce qui est d'une logique parfaite, puisqu'on nous assure que les Anges, bons ou mauvais, sont des créatures de Dieu. Et si l'on admet l'équivalence entre le Serpent et le Dragon — ce qui n'est plus à démontrer —, on ne peut que se référer à la *Genèse* (III, 1) : « Le Serpent était le plus rusé de tous les animaux des champs que Dieu avait faits. »

Mais, ici, c'est du Serpent primitif dont il est question : il n'habite pas encore les profondes cavernes de la terre, et il n'est remarquable que par sa ruse, ce qui suppose une intelligence déjà disposée à aller plus loin que ne l'avait prévu le Créateur. En somme, si l'on prend le texte de la *Genèse* à la lettre, une créature de Dieu — et qui n'est pas l'homme — est en passe de détourner la pensée divine de son but initial, et la tentation d'Adam et Ève, tentation qui se révèle fructueuse puisqu'elle aboutit au succès de l'entreprise, prouve ce dépassement, cette transgression de la part de la créature, face au Créateur. Et c'est après la transgression que le Serpent acquiert ses caractéristiques. Le texte de la *Genèse* est alors très énigmatique, très complexe (III, 14) : « Alors Yahvé-Dieu dit au Serpent : parce que tu as fait cela, maudit sois-tu entre tous les bestiaux et toutes les bêtes sauvages. Tu marcheras sur ton ventre et tu mangeras de la terre tous les jours de ta vie. » Voilà qui fait du Serpent un être tellurique, ce qu'il n'était pas auparavant. Mais ce n'est pas tout. Le texte ajoute (III, 15) : « Je mettrai une hostilité entre toi et la femme, entre ton lignage et le sien. *Il* (le lignage de la femme) *t'écrasera la tête et tu l'atteindras au talon.* »

Il est évident que toutes les représentations où l'on peut remarquer la Vierge Marie foulant au pied la tête d'un serpent sont provoquées par cette phrase de la *Genèse*. Mais, dans ce cas, *on se garde bien de représenter la Vierge se faisant mordre au talon.* C'est comme si l'on s'était empressé d'oublier la seconde partie de la phrase. Pourquoi donc ? A la rigueur, on peut comprendre que le genre humain, c'est-à-dire le lignage de la Femme (Ève), veuille prendre sa revanche sur le Serpent, tenu pour responsable de ses souffrances et de ses malheurs : ce ne serait que justice. Mais pourquoi l'acharnement du Serpent, et surtout pourquoi l'avoir négligé dans la plupart des représentations ? Il faudrait alors admettre que rien ne peut se faire, depuis la chute originelle, sans l'affrontement entre le lignage de la Femme et celui du Serpent. Et c'est là que nous retrouvons le combat de l'Archange et du Dragon, mais avec une tout autre signification que celle qui est admise de façon *exotérique*, c'est-à-dire au premier degré : sur un plan supérieur, cet affrontement doit être conçu *comme une nécessité* parce qu'il témoigne d'un échange obligatoire entre deux entités, entre deux concepts, entre deux forces.

C'est en tout cas cette hostilité entre la Femme et le Serpent qui conditionne le récit de l'*Apocalypse* (XII) : « Un signe grandiose apparut au ciel, une Femme. Le soleil l'enveloppe, la lune est sous ses pieds et douze étoiles couronnent sa tête ; elle est enceinte et crie dans les douleurs et le travail de l'enfantement. Puis un second signe apparut au ciel : un énorme dragon rouge feu, à sept têtes et dix cornes, chaque tête surmontée d'un diadème. Sa queue balaie le tiers des étoiles du ciel et les précipite sur la terre. En arrêt devant la femme en travail, le Dragon s'apprête à dévorer son enfant aussitôt né. Or la femme mit au monde un enfant mâle, celui qui doit mener toutes les nations avec un sceptre de fer. Et son enfant fut enlevé jusqu'auprès de Dieu et de son trône tandis que la femme s'enfuyait au désert. » C'est ensuite le combat de Michel et du Dragon, décrit comme « l'antique Serpent », et l'enchaînement de celui-ci pour mille années. Puis le Dragon est relâché et tente de reprendre son combat : « Mais un feu descendit du ciel et les dévora. » Ici, le texte devient obscur, car c'est le Diable, le « séducteur », qui est jeté dans l'étang de feu, y rejoignant la Bête et le faux prophète, tandis que le Dragon est seulement « rejeté sur la terre ». Alors, « le Dragon se lança à la poursuite de la Femme, la mère de l'enfant mâle. Mais elle reçut les deux ailes du grand aigle pour voler au désert jusqu'au refuge où, loin du Serpent, elle doit être nourrie un temps et des temps et la moitié d'un temps. Le Serpent vomit alors de sa gueule comme un fleuve d'eau pour l'entraîner dans ses flots. Mais la terre vint au secours de la Femme : ouvrant sa bouche, elle engloutit le fleuve vomi par la gueule du Dragon. Alors, furieux contre la Femme, le Dragon s'en alla guerroyer contre le reste de ses enfants, ceux qui gardent les commandements de Dieu et possèdent le témoignage de Jésus ».

Si l'on comprend bien, le Dragon, qui est tantôt Satan, tantôt une entité différente et indépendante, est non seulement une puissance céleste (il vole, il a des ailes, puisqu'il est un Ange), mais également une puissance terrestre de caractère aquatique : il ne vomit pas seulement du feu, mais également de l'eau. C'est l'indication que le Dragon, au lieu de représenter bêtement le Mal métaphysique, symbolise davantage une puissance créatrice, ou plutôt démiurgique, mais considérée sous son aspect le plus primitif, le plus instinctif, le moins élaboré, bref une puissance créatrice à l'état brut, et que seule l'intervention de Michel peut contraindre. Mais cela n'explique nullement l'acharnement du Dragon contre la Femme, surtout après que son enfant a été ravi au ciel : il semble que ce soit réellement contre la Femme et non contre l'Enfant que le Dragon veuille lutter. Et l'on a beau prétendre que la Femme représente l'Église, cela ne justifie aucunement les détails divers du texte de l'*Apocalypse,* pas plus d'ailleurs que, dans le chapitre suivant, le personnage de la Bête, identifiée parfois comme étant l'empereur Néron. A force de faire de l'Histoire à n'importe quel prix, on se heurte à des incohérences : un texte visionnaire comme l'*Apocalypse,* qui signifie d'ailleurs « révélation », doit être interprété à de multiples degrés. Certes, Néron a pu incarner la Bête, mais pour nous, qui le voyons avec du recul. Et quant à la différenciation faite entre Satan et le Dragon, elle vient à point pour signifier que le Principe symbolisé par le Dragon peut parfaitement apparaître sous d'autres formes ou sous d'autres noms selon les circonstances considérées et selon le sens précis et momentané qu'on prétend lui donner. Le Dragon n'est pas forcément Satan : il ne l'est que dans la mesure où l'on interprète son activité comme négative par rapport à une polarité positive que détient l'*Autre,* en l'occurrence, dans le texte de l'*Apocalypse,* l'Archange Michel. Mais pour ce qui est de la Femme, la polarité du Dragon paraît beaucoup plus ambivalente, à vrai dire aussi ambivalente que la polarité de la Femme elle-même. Donc, en valeur absolue, le Dragon n'est ni bon ni mauvais : *il est.*

C'est pourquoi il importe de rechercher, à travers les différents récits mythologiques qui nous sont parvenus à son sujet, les aspects et les caractéristiques qui peuvent lui être attribués selon les époques et les contextes socioculturels.

En Extrême-Orient, le Dragon, qui fait partie du quotidien en ce sens qu'il est vécu dans la mémoire populaire, présente bien des faces divergentes selon qu'il est aquatique, terrestre — et parfois souterrain — et céleste à la fois. C'est dire qu'il s'agit d'un symbole unique, celui du principe actif et démiurgique : il concrétise le concept de puissance de vie de la manifestation, il crache les eaux primordiales (comme dans l'*Apocalypse*) ou l'Œuf du Monde (comme chez les Celtes, à propos de l'Œuf de Serpent), ce qui en fait une image évidente du *Verbe créateur*. Il peut signifier la nuée qui va déverser des flots fertilisants, ou, lorsqu'il est souterrain, le feu qui couve dans les entrailles du monde et qui ne demande qu'à surgir pour provoquer l'activité humaine (l'art du Forgeron). Dans la tradition indienne, le Dragon s'identifie à Agni. Le Dragon produit le *soma*, c'est-à-dire le breuvage d'immortalité. Pour la pensée chinoise, le Dragon représente la résolution des contraires, et il sert de symbole à l'Empereur, puisqu'il enferme en lui toutes les fonctions royales : *la face du Dragon* est à proprement parler le visage de l'Empereur, et, à l'autre bout du vieux continent, lorsque les Celtes veulent parer un de leurs chefs d'un titre exprimant sa toute-puissance, ils le nomment « Tête de Dragon », comme le père du roi Arthur, Uther *Penndragon*. Et n'oublions pas qu'en Alchimie traditionnelle, le Dragon n'est autre que le symbole du Mercure philosophal.

Et pourtant, il est incontestable que le Dragon est très souvent l'incarnation du Mal, ou tout au moins des forces mauvaises, négatives, qui sont à la fois dans l'être humain et dans le monde. Au point de vue astrologique, *et aussi astronomique*, la tête et la queue du Dragon sont les nœuds lunaires, c'est-à-dire des points où se croisent les trajectoires de la lune et du soleil, les points où se produisent les éclipses : le Dragon est donc lié à tout ce qui est obscur ou caché, et, dans ces conditions, il n'est pas étonnant de le rencontrer, dans la plupart des légendes, comme le gardien des Trésors secrets enfouis dans les cavernes de la terre.

Dans les mythologies européennes, le point de départ du thème du Dragon, identifié très nettement avec un animal ophidien, est probablement le mythe connu, chez les Grecs, sous le nom d'Echidna, et dont Hésiode parle abondamment dans sa *Théogonie*. Parmi les héros fabuleux nés de la postérité d'Ouranos (le Ciel) et de Gaia (la Terre), se trouve en effet l'abominable et terrifiante Echidna, « enfant monstrueux, invincible, nullement semblable aux hommes mortels et aux dieux immortels ». Nous voilà prévenus : il s'agit d'un être intermédiaire, participant des deux mondes, mais cependant n'appartenant ni à l'un ni à l'autre. Sa description, par Hésiode, est assez significative : « La divine Echidna au cœur ferme, moitié nymphe aux yeux noirs, aux belles joues, moitié serpent monstrueux, horrible, immense, aux couleurs variées, nourrie de chairs crues dans les antres de la terre divine. Et sa demeure est au fond d'une caverne, sous une roche creuse, loin des dieux immortels et des hommes mortels ; car les dieux lui ont donné ces demeures illustres. Et elle était enfermée dans Arimos, sous la terre, la morne Echidna, la nymphe immortelle, préservée de la vieillesse et de toute maladie. » Le caractère tellurique de cet être est indéniable. Et le nom d'Echidna, en grec, signifie tout simplement « vipère ». Et si le Dragon revêt la plupart du temps un aspect mâle, pour ne pas dire phallique, n'oublions cependant pas que dans de nombreuses langues, le serpent est du genre féminin. En tout cas, Echidna est une femme-serpent, et il n'est guère douteux que la célèbre Mélusine de la légende poitevine ait emprunté quelques-uns de ses traits à la redoutable Vipère grecque dont Hésiode nous raconte l'histoire.

Car Echidna a une histoire : « On dit que Typhôn s'unit d'amour avec elle, ce Vent impétueux et violent avec cette belle nymphe. » Hésiode ne s'étend pas sur les circonstances de la rencontre entre l'élément tellurique qu'est Echidna, enfermée dans sa caverne, et Typhôn, le vent des tempêtes, élément céleste, mais *perturbateur* et incontrôlable, dont le domaine s'étend au-dessus de l'univers. Mais cette rencontre n'est ni fortuite ni sans conséquence : « Elle devient enceinte, et elle enfanta le monstrueux et ineffable Cerbère, chien d'Hadès, mangeur de chair crue, à la voix d'airain, aux cinquante têtes, impudent et vigoureux. Et puis elle enfanta l'odieuse Hydre de Lerne... et puis Chimère au souffle terrible, affreuse, énorme, cruelle et robuste. Elle avait trois têtes : la première d'un lion farouche, l'autre d'une chèvre, et la troisième d'un dragon vigoureux. Lion par le front, dragon par derrière, chèvre par le milieu, elle soufflait horriblement l'impétuosité d'une flamme ardente. Et puis Echidna enfanta *la* Sphinx, ... et puis le Lion de Némée. »

Les enfants d'Echidna sont dignes de leur mère. Ce sont des monstres dont l'action se révèle, du moins apparemment, comme néfaste aux Dieux comme aux hommes. C'est alors qu'Héraklès, l'homme à tout faire, sera chargé d'en anéantir quelques-uns, en des combats grandioses qui sont évidemment construits sur le même canevas mythologique que la lutte de saint Michel contre Satan.

L'enfant le plus célèbre d'Echidna est certainement le Sphinx, qu'Hésiode présente comme étant du genre féminin. C'est incontestablement la *Sphinge,* monstre à tête et à buste de femme, le bas du corps étant animal, lion ou chien. Cette Sphinge, par l'ambiguïté de sa nature et par les énigmes qu'elle pose à ses futures victimes, est double : elle représente une certaine bisexualité, comme Echidna elle-même. Et l'on sait que, pour Œdipe, la Sphinge constitue la vision terrifiante, mais cependant énigmatique et attirante de la mère phallique, celle qui lui apparaîtra plus tard sous les traits adoucis de Jocaste. Certes, la Sphinge n'est pas un Dragon, pas plus que Cerbère ou l'Hydre de Lerne, mais son caractère dragonesque et son ambivalence, plus le fait qu'elle est née d'Echidna, en font un équivalent certain.

Cependant, Echidna a un autre enfant, la fameuse Scylla, monstre marin embusqué dans le détroit de Messine. Elle a un corps de femme, mais six chiens abominables sont greffés à la hauteur de l'aine et dévorent les malheureux qui passent à leur portée. Et Virgile nous en fait une description courte, mais saisissante : « Elle a le haut du corps d'un être humain, le sein d'une jeune fille, mais, passé la ceinture, c'est un monstrueux dragon avec un ventre hérissé de loups et des queues de dauphins » (*Énéide,* III, 426-428). Le rapport avec Mélusine est évident, mais il faut noter que ce dragon femelle a aussi quelque chose à voir avec le poisson et le canidé. En ce sens, cela fait penser au célèbre « monstre androphage », plusieurs fois représenté dans la statuaire gauloise et même, plus tard, sur les chapiteaux romans, dont le monument le plus remarquable est sans conteste celui qu'on nomme la « Tarasque de Noves », conservée au musée Calvet d'Avignon. Le thème du chien, ou d'une façon générale du canidé, est important dans la mesure où très souvent, dans diverses légendes chrétiennes, la « Mère aux Chiens » est identifiée avec la « Mère aux Serpents », « deux avatars pré-chrétiens d'une dame plus ancienne que certains folkloristes n'hésitent pas à apparenter à Mélusine » [1]. Et c'est ainsi que, dans certains contes populaires, se profile l'image plutôt inquiétante d'une « Mère du Diable » qui, comme dans un récit recueilli au Mané-Gwenn de Guénin, recouvre la Déesse des Commencements.

Au reste, Scylla, dans les récits mythologiques, est décrite comme une très belle jeune fille dont Glaucos, dieu de la mer, aux larges épaules et à la puissante queue de poisson, tombe amoureux. Malheureusement, la magicienne Circé, saisie par la jalousie, transforma Scylla en monstre épouvantable, lui donnant ainsi cet aspect castrateur qui, transposé dans la géographie, rend compte de la terreur des navigateurs de se voir dévorés par des récifs en forme de dents aiguës. Quant à l'Hydre de Lerne, elle est évidemment l'image multipliée d'Echidna, et, sur le plan fantasmatique, elle reflète toutes les terreurs qu'inspire le Serpent à l'être humain. Seul un personnage surhumain comme Héraklès peut venir à bout de cette Hydre, de la même façon que dans la tradition irlandaise le héros Cûchulainn est le seul à pouvoir combattre les enfants de Calatin, image anthropomorphique et historicisée du même monstre ophidien. Et l'on sait que Cûchulainn, représentation humanisée du dieu Lug-Mercure, est le prédécesseur de saint Michel dans sa lutte contre le Dragon.

L'aspect redoutable d'Echidna n'empêche cependant pas les humains d'avoir envie de faire l'amour avec la « Serpente » divine. Une fable rapportée par Hérodote (*Enquête*, IV, 8-10) nous en donne un curieux témoignage. Il s'agit

1. Jacques Bril, *Lilith ou la Mère obscure*, Paris, Payot, 1981, p. 83.

d'Héraklès qui, au cours de ses voyages aventureux, se retrouve en Scythie. Fatigué, il décide de se reposer dans un endroit désert. Il met ses chevaux à pâturer et il s'endort du sommeil du juste. Mais, lorsqu'il se réveille, il constate que ses chevaux ont disparu et part immédiatement à leur recherche. C'est alors qu'il rencontre Echidna, laquelle habite une sombre caverne. Echidna lui avoue qu'elle lui a dérobé ses chevaux et lui précise qu'elle ne les lui rendra que s'il consent à coucher avec elle. Héraklès ne manifeste, semble-t-il, aucune répugnance : il couche avec Echidna et récupère ensuite ses chevaux. Mais de cette union naissent trois enfants, dont un certain Gelonos, sous l'aspect duquel nous retrouvons le monstre serpentiforme Gelô, et un certain Scythès, éponyme du peuple des Scythes.

Car nous sommes en Scythie, et c'est le pays de la nymphe Ora dont nous parle Rabelais, et qui « avait pareillement le corps mi-partie en femme et en andouille. Elle, toutefois, tant sembla belle à Jupiter qu'il coucha avec elle et en eut un beau fils ». Ces détails mythologiques, semés à travers le texte de Rabelais, ne sont pas des coïncidences : tout l'épisode des andouilles, dans le *Quart Livre,* tourne autour du thème des monstres serpentiformes. Et cela fait également penser aux Gorgones de la tradition grecque, qui résident en extrême Occident, au pays de la nuit, non loin du royaume des Morts, là où jamais ne luit le soleil, comme dans le pays des Cimmériens décrit par Homère. Les têtes des Gorgones étaient entourées de serpents. Leurs bouches étaient pourvues de dents analogues à celles des sangliers. Leurs cous étaient protégés par d'immenses écailles. Et elles pouvaient voler grâce à leurs ailes d'or. On sait aussi que leur regard leur permettait de changer en pierres tous ceux qui rencontraient le rayonnement de leurs yeux. C'est d'ailleurs en se servant de son bouclier comme miroir que le héros Persée put tuer l'une d'entre elles, la célèbre Méduse. Et il n'est pas besoin de beaucoup d'imagination pour voir dans Persée vainqueur de la gorgone Méduse le prototype mythologique de saint Michel vainqueur du Dragon. D'ailleurs, les Gorgones sont des Dragons si l'on se réfère à la description que l'on nous en donne.

Une autre tradition grecque se rapporte à ce thème du Dragon, celle de Lamia. Lamia était une très belle jeune fille de Libye, dont le père était le roi Belos et la mère Lybia. Cette Lamia avait été aimée par Zeus, et Héra en avait conçu une telle jalousie que chaque fois que Lamia donnait naissance à un enfant, elle s'efforçait de le faire périr. Seule Scylla — qui est ici fille de Lamia et non d'Echidna — échappa à ce funeste sort. Mais Lamia, dans son désespoir, alla se cacher dans une profonde caverne où elle prit la forme d'un monstre, sortant la nuit pour aller ravir et dévorer les enfants des autres femmes plus heureuses qu'elle. Toujours poursuivie par la malédiction d'Héra qui l'avait privée de sommeil, elle implora Zeus, lequel lui octroya le don de pouvoir déposer ses yeux dans un vase pendant la nuit. Quand elle n'avait pas ses yeux, on n'avait rien à craindre d'elle.

Cette histoire rappelle évidemment toutes les traditions populaires au sujet des *vouivres,* ces femmes-serpents qui errent dans les forêts et qui s'endorment près des fontaines. On raconte qu'elles portent dans leur tête une escarboucle ou une pierre précieuse quelconque. Quand elles dorment, elles déposent l'escarboucle à côté d'elles, et c'est le moment qu'attendent les audacieux pour aller la dérober. Mais malheur à eux si la vouivre se réveille avant qu'ils ne se soient emparés de la pierre précieuse et lumineuse. Quand les vouivres se penchent sur les fontaines pour boire, elles déposent également leur escarboucle, et l'on peut alors essayer de la leur ravir, à condition d'être vif et silencieux. Qui peut s'emparer de cette escarboucle possède alors non seulement la richesse, mais aussi la sécurité.

La *vouivre* est un personnage bien connu des traditions populaires. Le nom provient d'un mot latin *vipera* (donc l'équivalent du grec *echidna*), lui-même d'origine germanique. Elle apparaît également, dans les textes médiévaux, sous la forme *guivre,* et les églises du Moyen Age, surtout à l'époque du gothique fantastique, sont remplies de représentations de cette « serpente » aux allures sulfureuses. « On voyait jadis dans les forêts du pays de Luchon de grands serpents qui avaient une pierre brillante sur la tête ; ces serpents, fort rares, allaient très vite en faisant un grand bruit. Si on parvenait à en tuer un, on s'emparait de la pierre qui était un talisman très précieux. La vouivre qui hantait autrefois les forêts du mont Bleuchin n'avait pas, comme ses congénères, un diamant, mais elle était fort redoutée ; de crainte de la rencontrer, on n'osait les traverser de nuit, et même on l'appréhendait pendant le jour. Un sire de Moustier parvint enfin à lui percer le cœur, après une lutte terrible. En Auvergne, des gens assuraient, au milieu du XIXe siècle, qu'ils avaient entendu le vieux Serpent de la forêt se plaindre et se lamenter avant d'entreprendre le long voyage de Rome pour y composer le chrême. »[1] On ne peut que penser au *soma* indien que procure le Dragon.

Cette vouivre n'est pas nouvelle. Dès le VIIIe siècle, elle est répertoriée dans le *Physiologus*, modèle de tous les Bestiaires du Moyen Age, ainsi que dans le *Livre des Monstres* compilé en Espagne aux environs de 750. « Elle a le visage d'un homme et est femme jusqu'au nombril ; le reste du corps ressemble à la queue d'un crocodile. » Serait-ce encore ici le souvenir ancestral de ces redoutables sauriens antédiluviens ? D'après de multiples descriptions populaires qui concordent sur l'ensemble, la vouivre est un serpent ailé dont le corps est recouvert de feu, ou d'écailles qui réfléchissent la lumière du feu. Son œil est une escarboucle dont il se sert, comme d'un radar, pour se guider dans les airs. La vouivre a sa demeure dans les grottes les plus humides et n'apparaît qu'au voisinage des sources. En Côte-d'Or, au château des Gémeaux, elle se baigne dans la fontaine de Gémelos entre deux et trois heures de l'après-midi, et si on la surprend, elle relève son capuchon sur sa tête. Et surtout,

1. Paul Sébillot, *Le Folklore de la France*, nouvelle édition, Paris, Imago, 1983, tome II, « La Terre et le Monde souterrain », p. 127.

avant de se baigner, elle dépose son escarboucle sur le bord de la fontaine.

Ce détail revêt une importance exceptionnelle. L'escarboucle est en effet une gemme fabuleuse, très à l'honneur dans les textes du Moyen Age, et plus ou moins confondue avec le rubis et surtout avec l'almandin. L'almandin est en effet une pierre précieuse de couleur grenat, qui est luminescente : elle est censée briller dans les ténèbres. Quant au rubis, c'est essentiellement *la pierre de sang,* qu'on a d'ailleurs utilisée en homéopathie pour la préparation de médicaments antihémorragiques. Par extension, c'est la pierre des amoureux, parce qu'elle énivre sans contact. Et, d'après l'évêque Marbode, qui traite de toutes les croyances attachées aux pierres, le rubis — classé alors comme escarboucle — est l'œil unique et rougeoyant que portent au milieu du front dragons et vouivres : il surpasse les pierres les plus ardentes, jette des rayons « tels qu'un charbon allumé dont les ténèbres ne peuvent venir à bout d'éteindre la lumière ». On ne peut alors que penser à l'œil frontal du Bouddha, c'est-à-dire au chakra supérieur qu'on dit être l'Œil de Çiva : c'est la lumière de la plénitude que peut atteindre l'être après le long déroulement de la Kundalini.

Cela n'est pas sans rapport avec la tradition hermétique selon laquelle Lucifer, avant sa chute, aurait eu une magnifique émeraude sur le front et que cette émeraude serait tombée à ce moment-là sur la terre. L'Évangile de Nicodème en fait même la matière dans laquelle fut taillé le saint Graal. Pour les Alchimistes, elle est la pierre d'Hermès, le messager des Dieux, mais aussi celui qui connaît les secrets de tous. C'est donc la pierre de la connaissance cachée : elle a un double aspect, à la fois faste et néfaste. Une statuette du musée de Munich présente une curieuse illustration de la valeur de l'émeraude : il s'agit de saint Georges luttant contre le Dragon. Or le saint est vêtu de vêtements couleur de saphir, symbole céleste, tandis que le Dragon est vert émeraude. C'est assez révélateur : il suffit de remplacer saint Georges par saint Michel, et l'on retrouve le sens profond du combat de l'Archange et de Satan. Mais l'ambivalence demeure, car, dans l'*Apocalypse,* l'Éternel apparaît, siègeant sur son trône, « comme une vision de jaspe vert ou de cornaline ; un arc-en-ciel autour du trône est comme une vision d'émeraude » (IV, 3). C'est dire que le Dragon n'est pas forcément l'incarnation du Mal : sa couleur verte est ambiguë. L'escarboucle qu'il porte dans la tête est une pierre de connaissance et de vision intérieure. On retrouve ici le Serpent de la *Genèse,* débarrassé de son contexte moral : lui aussi devait être vert émeraude et porter une escarboucle dans la tête.

Ailleurs, la « Pierre de Dragon » se trouve dans la queue du monstre. Dans le récit archaïque gallois de la Quête du Graal, le héros Peredur (Perceval) est confronté à un énorme serpent. L'un de ses informateurs, qui est borgne, lui explique comment il a perdu un œil : « Il y a un monticule qu'on appelle le Tertre Douloureux, et sur ce monticule il y a un *carn,* dans le *carn* un serpent, et dans la queue du serpent une pierre. La pierre a cette vertu que quiconque la tient dans une main peut avoir, dans l'autre, tout ce qu'il peut désirer d'or. C'est en me battant avec le serpent que j'ai perdu mon œil. » [1] Il s'agit bel et bien de la Pierre philosophale des Alchimistes. Et il y a une nette équivalence entre la pierre et l'œil, puisqu'on peut perdre un œil en essayant de s'emparer de la pierre. D'ailleurs, dans l'épisode suivant du récit, Peredur rencontre une mystérieuse femme, l'Impératrice (qui est la Kundry de Wolfram von Eschenbach), qui lui révèle comment aller combattre un autre monstre, un *addanc,* c'est-à-dire une sorte de dragon qui se cache dans une caverne et qui ravage le pays : « Il y a, sur le seuil de sa grotte, un pilier de pierre. Il (l'*addanc*) voit tous ceux qui viennent sans être vu de personne, et, à l'abri du pilier, il les tue tous avec un dard empoisonné. Si tu me donnais ta parole de m'aimer plus qu'aucune autre femme au monde, je te ferais don d'une pierre qui te permettrait de

1. J. Loth, *Les Mabinogion,* éd. de 1979, p. 220.

le voir en entrant sans être vu de lui. »[1] Cette pierre de l'Impératrice est donc à la fois une pierre d'invisibilité et une pierre qui permet de voir ce qui est invisible, avec toute l'ambiguïté conséquente. Mais, incontestablement, la pierre de l'Impératrice est l'équivalent de la Pierre du Dragon, et toutes deux sont liées à l'œil.

Le Dragon, quel qu'il soit, Satan ou la Vouivre des traditions populaires, possède donc une *pierre :* c'est une pierre précieuse douée de vertus extraordinaires et d'où émane une lumière surnaturelle. Cette *pierre* est donc un *œil* qui non seulement *voit* mais *lance aussi une lumière* qui peut être mortelle. On pense à Balor, le chef géant des Fomoré de la mythologie irlandaise, qui est le grand-père du dieu Lug : il a un *oeil pernicieux,* c'est-à-dire un œil dont le regard peut foudroyer les ennemis qu'il regarde. Et le dieu Lug, dans le combat qui oppose les Tuatha Dé Danann aux Fomoré, réussit à vaincre Balor en lui lançant une balle de fronde dans l'œil. N'oublions pas que Lug-Mercure est l'équivalent de saint Michel.

De toute façon, cette Pierre de Dragon, escarboucle, rubis ou émeraude, est un talisman dont le rapport semble très étroit avec un monstre serpentiforme. Et c'est alors que la comparaison devient nécessaire avec un motif celtique bien mystérieux et sur lequel on a beaucoup discuté, celui de l'*œuf de serpent.* Dans les traditions populaires, comme le fait remarquer Paul Sébillot, ce n'est en réalité pas un œuf, bien que la forme en soit ovoïde et prête ainsi à cette appellation : c'est une pierre produite par le serpent lui-même. De nombreux contes populaires bretons-armoricains font ainsi allusion à cet *œuf de serpent,* lui accordant toujours des vertus magiques ou démoniaques. En fait, c'est Pline l'Ancien qui en a parlé la première fois à propos des Gaulois :

« Il y a en outre une sorte d'œuf dont les Grecs ne parlent pas, mais qui est très connue dans les Gaules. Pendant l'été, d'innombrables serpents, qui se sont enroulés ensemble, se

1. *Ibid,* p. 222.

rassemblent dans une étreinte harmonieuse, grâce à la bave de leurs gosiers et les sécrétions de leurs corps. Cela s'appelle " œuf de serpent ". Les druides disent que cet œuf est lancé en l'air par des sifflements, et qu'il faut le recueillir dans un manteau avant qu'il ne touche terre. A ce moment, le ravisseur doit s'enfuir très vite à cheval, car il est poursuivi par les serpents, lesquels ne peuvent s'arrêter que devant l'obstacle d'une rivière. On reconnaît cet œuf à ce qu'il flotte contre le courant, même s'il est attaché à de l'or. L'habileté extraordinaire des mages (= druides) pour cacher leurs fraudes est telle qu'ils prétendent qu'il ne faut s'emparer de cet œuf qu'à une certaine phase de la lune, comme s'il était possible de faire coïncider l'opération avec la volonté humaine. Certes, j'ai vu cet œuf, de la grosseur d'une pomme ronde de taille moyenne, avec une croûte cartilagineuse comme les nombreux bras du poulpe. Cet œuf est célèbre chez les druides. On en vante le pouvoir pour faire gagner les procès, ou pour accéder auprès d'un roi » (*Histoire naturelle,* XXIX, 52).

Les commentateurs de ce texte assez étrange pensent généralement que l'œuf de serpent décrit par Pline est en réalité un oursin fossile. Cette hypothèse est largement appuyée sur des trouvailles archéologiques : dans de nombreux tombeaux gaulois, des oursins fossiles ont été intentionnellement déposés. Mais si Pline l'Ancien ne comprend pas grand-chose à ce qu'il raconte ici, et s'il tente d'expliquer rationnellement et scientifiquement un objet symbolique qui relève de la mythologie et de la cosmogonie, il n'était quand même pas un imbécile. En bon naturaliste, il devait parfaitement savoir ce qu'était un oursin, même fossilisé. Il déclare avoir eu lui-même entre les mains un « œuf de serpent » gaulois. Ce n'est pas là un témoignage de second ordre, et si l'objet qu'il a vu et touché avait été un oursin fossile, *il l'aurait dit.* Le problème de l'œuf de serpent gaulois est beaucoup plus complexe.

D'abord, il faut se souvenir qu'il s'agit d'un thème universel que nous trouvons clairement exprimé dans la tradition indienne : il s'agit de l'œuf cosmique. Cet œuf, contenu dans les eaux primordiales et couvé par le cygne symbolique Hamsa, est la forme primitive de Brahma qui existait avant l'existence elle-même, autrement dit le Non-Créé. C'est d'ailleurs pourquoi l'œuf de serpent décrit par Pline peut flotter contre le courant — des eaux primordiales —, même s'il est attaché à de l'or (symbole solaire). C'est également pourquoi l'audacieux qui le dérobe doit s'enfuir très vite, autrement le détail des serpents qui vont aussi vite que le cheval serait une incohérence. On remarquera d'ailleurs que les serpents sont arrêtés par les rivières : il y a là une équivalence avec le fait que la vouivre, avant de boire ou de se baigner, dépose son escarboucle : l'escarboucle, ou la Pierre de Dragon, contient la vertu essentielle, mais cette vertu peut aussi empêcher le passage symbolique à travers les eaux. Il est difficile de savoir ce que Pline a réellement vu, mais il est probable qu'il a entendu raconter les grandes lignes d'une saga cosmogonique à propos de l'Œuf primordial. Il n'en a retenu que des éléments qui le surprenaient et n'est pas parvenu à interpréter l'essentiel : d'où l'apparente incohérence de son récit, et ses doutes à propos des ruses utilisées par les druides.

Sans prétendre aucunement expliquer la signification de cet œuf de serpent, tel qu'il était imaginé par les Celtes, il faut cependant reconnaître sa parenté avec la Pierre de Dragon. Et du même coup, si l'œuf de serpent se présente comme un Œuf cosmique, pour sa part le Dragon est loin de toujours représenter la puissance négative ou destructrice dont on veut le parer pour en faire l'image la plus monstrueuse de Satan. Cela tient au fait que le Dragon des Profondeurs est avant tout à l'image de l'inconscient humain : il contient tout, *le noir et le blanc*. Et si son rôle est toujours antérieur à la venue d'un héros de Lumière, c'est-à-dire d'un héros civilisateur, organisateur selon des normes sociales, c'est qu'il représente la puissance des origines, encore non différenciée. C'est le Serpent de la Genèse, avant ce qu'on appelle la « faute ». Et c'est également pour cette raison que le Dragon revêt très souvent des formes ambiguës, androgynes ou franchement féminines : il s'agit alors de la Mère Universelle, la Déesse des Commencements. Et c'est cet aspect que l'on retrouve sous le personnage de la femme-serpent qu'est la fée Mélusine, personnification d'une entité divine de nature tellurique et aquatique, mais également céleste, puisqu'elle acquiert des ailes après sa métamorphose — ou son retour à l'état primitif — et qu'elle vole nuitamment dans les airs pour bâtir magiquement des châteaux ou des chapelles [1]. Faire de Mélusine un être satanique serait singulièrement rabaisser ce personnage divin : elle est, en tout cas, l'un des meilleurs exemples connus du Dragon des Profondeurs tel que l'ont conçu les Occidentaux.

Un autre exemple, bien moins connu, est celui de la Reine des Vipères, personnage qui apparaît dans un conte gascon recueilli à Lectoure (Gers) dans le cours du XIXe siècle. Il s'agit d'un jeune homme pauvre qui fait son apprentissage chez le forgeron de Pont-de-Piles, un homme d'une taille gigantesque, qui a les yeux comme des braises rouges, qui est hirsute et barbu, et ne met jamais les pieds dans une église. Caché dans un coin, l'apprenti découvre que le forgeron a une fille, la *Reine des Vipères,* et que celle-ci est tombée amoureuse de lui. Le forgeron promet à sa fille qu'elle épousera l'apprenti. Après différentes épreuves qui démontrent la valeur du jeune homme, le forgeron lui propose d'épouser sa fille. Il refuse. Le forgeron lui coupe les pieds et finit par l'enfermer dans une tour sans toit, dans le pays des Vipères. Seule la Reine des Vipères peut y pénétrer, par un trou qu'elle est seule à savoir déboucher et reboucher : elle vient trouver l'apprenti chaque soir et lui promet la liberté s'il accepte de l'épouser. A chaque fois, le jeune homme refuse. Cela ne l'empêche pas de travailler, car le forgeron lui envoie du travail à faire par l'intermédiaire des grands aigles de la montagne. Mais le jeune homme dérobe du métal, le cache et le forge en secret. Il fabrique ainsi une

1. Voir Jean Markale, *Mélusine,* Paris, Retz, 1983.

hache d'acier, une ceinture de fer garnie de trois crocs, une paire de pieds d'or qu'il ajuste à ses jambes pour remplacer les pieds que lui a coupés le forgeron, et une paire d'ailes légères comme de la plume. Et cela dure sept ans. Un soir, à la perpétuelle demande de la Reine des Vipères, il répond affirmativement. La Reine des Vipères s'étend à côté de lui, et tous deux passent la nuit en devisant d'amour. Au matin, la Reine lui dit que son martyre va prendre fin et qu'elle viendra le chercher au coucher du soleil. Mais, le soir, le jeune homme prend ses instruments et monte la garde près du trou où va passer la Reine des Vipères. Quand elle entre, il lui met son pied d'or sur le cou. Elle essaie de le mordre, mais n'atteint que le pied d'or. Il lui coupe alors la tête avec sa hache, ajuste ses ailes et s'évade. Il retrouve le forgeron de Pont-de-Piles qui, tous les soirs, se change en loutre, lui détruit sa peau d'homme et s'en débarrasse de cette façon, raflant du même coup tous les trésors accumulés par le forgeron et la Reine des Vipères, trésors qui sont surtout des *secrets* qui lui permettront d'épouser la jeune princesse qu'il aime [1].

On remarquera la façon dont le jeune apprenti se débarrasse de la Reine des Vipères : il lui pose le pied sur le cou et celle-ci essaie de le mordre au talon. *Mais le héros a un pied d'or,* ce qui le rend invulnérable : il a tourné la malédiction de la Genèse, puisque, manifestant son animosité contre le Serpent, il agit comme descendant de la Femme (Ève), mais grâce à son habileté, c'est-à-dire le remplacement de ses véritables pieds par des pieds en or, il déjoue la défense de son ennemie. Ces pieds d'or ont une extrême importance au point de vue symbolique : le jeune homme a dû subir une amputation douloureuse avant de pouvoir se fabriquer lui-même des pieds de substitution ; c'est donc dire que toute acquisition initiatique, toute transgression, toute victoire sur les forces obscures, ne s'obtiennent pas sans un sacrifice, en l'occurrence un sacrifice sanglant. Le

1. Jean Markale, *Contes occitans,* Paris, Stock, 1982, pp. 161-162.

jeune homme a payé de sa personne avant de triompher. Et si l'on analyse ce conte dans ses détails les plus minimes, on peut facilement comprendre la double malédiction de Yahvé-Dieu dans la Genèse à propos du Serpent, *mais aussi du lignage d'Ève :* tout se passe comme si Dieu avait délibérément exposé l'humanité à la menace du Serpent. Dans ces conditions, on comprend qu'il ne suffise pas de représenter la Vierge Marie écrasant la tête du Serpent : il manque quelque chose d'essentiel.

Cette idée fondamentale de la morsure du Serpent, elle se reconnaît dans une légende bien connue, celle d'Orphée et d'Eurydice, mais jamais, semble-t-il, les commentateurs n'y ont fait allusion, obnubilés par le rôle principal qu'ils attribuent à Orphée, négligeant d'analyser la conduite exacte d'Eurydice.

D'abord, il faut préciser qu'Eurydice est une nymphe, et non pas une simple mortelle. Sans être une divinité, sans être immortelle, elle appartient nettement à l'Autre Monde. Mais elle a épousé le mortel Orphée. Alors intervient le drame : Eurydice est mordue par un serpent au moment où elle fuit les avances d'Aristée, fils de Cyrène. Sur le plan psychologique, la fable veut nous montrer qu'Eurydice entend rester fidèle à l'homme qu'elle a choisi, mais que le Destin a placé des obstacles sur la route de leur bonheur. Eurydice meurt, ou plutôt elle disparaît, et l'on nous dit qu'elle se retrouve dans le royaume d'Hadès. Comme les mortelles ordinaires ? Voilà qui est bien surprenant : les nymphes sont des personnages différents des humains ordinaires et ne suivent pas la même route. Elles sont semblables à ces « Mélusines » dont parle Paracelse, et qui sont censées ne pas avoir d'âme. Ce sont de simples esprits de la nature, revêtant les formes transitoires de la nature, végétales ou animales. En tant que nympne, Eurydice devrait être végétale puisqu'elle est une sorte de génie des forêts. Si elle se fait mordre par un serpent, c'est que la fable, transmettant un schéma mythologique beaucoup plus ancien, veut signifier quelque chose de précis.

Il faut reprendre les circonstances dans lesquelles Eurydice est victime du serpent. Si l'on comprend bien le sens profond de l'épisode, c'est en échappant à Aristée qu'Eurydice se fait mordre *et disparaît*. Il est alors facile de traduire : pour échapper aux violences d'Aristée, et pour lui inspirer une violente répulsion, *Eurydice change elle-même de forme*. La morsure du serpent nous indique qu'elle prend alors la forme du serpent, forme répugnante pour son poursuivant, et c'est ainsi, en tant que serpent, qu'elle peut disparaître dans les entrailles de la terre et se retrouver — symboliquement — dans le royaume souterrain d'Hadès. Cela ne fait évidemment pas l'affaire du malheureux Orphée. Il veut son Eurydice, mais il ne la retrouve pas et ne peut pas la retrouver : il ne la reconnaît pas sous son aspect de serpent.

Orphée, après s'être adressé vainement aux dieux du Ciel, va se tourner vers la Terre. Puisqu'il sait qu'Eurydice n'est pas devenue un être céleste, il va maintenant la chercher *en-bas*. La fable emprunte alors toutes les croyances concernant le Royaume des Ombres. Puisque Orphée est poète et musicien, il s'adressera aux dieux infernaux en les « charmant », au sens fort du terme. Il réussit à émouvoir Hadès, mais surtout Korê-Proserpine. Le maître des Enfers consent à lui rendre Eurydice, mais il y met une condition qu'on prend généralement pour un interdit dont on n'explique d'ailleurs pas la portée : Orphée ne devra pas se retourner ni regarder Eurydice avant d'être sorti du Royaume des Ombres, c'est-à-dire avant d'être sorti des profondes cavernes de la terre. La signification de ce pseudo-interdit apparaît cependant très simple : Eurydice se trouve sous son aspect de serpent et ne reprendra sa forme humaine que lorsqu'elle sera à la lumière du jour. Ou, plus exactement, Orphée ne pourra voir la nymphe sans répulsion que lorsqu'il surmontera cette répulsion dans la pleine lumière du jour qui efface les fantasmes nocturnes. Car Orphée est en train de rêver. Il fait même un cauchemar. N'oublions pas que les Grecs de l'époque archaïque et de l'époque classique ne croyaient pas à l'immortalité de l'âme : le Royaume d'Hadès n'est qu'une nébuleuse *nekhya* où s'agitent désespérément des ombres sans consistance.

On sait la suite. Orphée se retourne. Eurydice disparaît. Il ne pouvait en être autrement puisqu'elle n'avait pas repris son aspect de femme : elle était toujours serpent, et Orphée ne l'a pas reconnue. Il est donc revenu seul à la surface de la terre, c'est-à-dire à la vie éveillée. Et Eurydice rôde toujours dans les cavernes de la terre, en femme-serpent, hantant la nuit, c'est-à-dire l'imaginaire des hommes pendant leurs rêves nocturnes. Eurydice, comme Mélusine, comme la Reine des Vipères, est bel et bien le Dragon des Profondeurs, mais sous son aspect le plus féminin qui soit. Et l'on remarquera qu'il est très facile à un être humain de devenir ce Dragon des Profondeurs : il suffit de se faire mordre au talon, comme il suffit aux victimes d'un vampire d'être mordues au cou pour devenir elles-mêmes vampires. L'apprenti du forgeron de Pont-de-Piles a échappé au sort, et il a transcendé son état. Mais Eurydice n'avait rien pour se protéger. D'ailleurs, elle n'avait pas besoin de se protéger puisque c'est volontairement, pour fuir son agresseur, qu'elle s'est métamorphosée ainsi. La malédiction de Yahvé-Dieu est redoutable : « Je mettrai une hostilité entre toi et la femme, entre ton lignage et le sien. Il t'écrasera la tête et tu l'atteindras au talon. »

Car le Dragon des profondeurs est toujours prêt à mordre. La terrible Echidna excite peut-être le désir d'Héraklès, mais elle n'en perd pas pour autant sa cruauté. La Reine des Vipères aime certainement le jeune apprenti du forgeron, mais elle n'oublie jamais qu'elle est la souveraine d'un peuple d'ophidiens qui s'insinuent dans les moindres cavités de la terre et sont toujours prêts à mordre ceux qui les dérangent. Mélusine, après la divulgation de son secret par son propre mari, devient une sorte de monstre femelle qui, si elle construit des églises et des hôpitaux, n'en détruit pas moins les fortifications de ceux qui ont l'audace de se dresser contre elle. D'ailleurs, à ce que raconte Paul Sébillot, aux confins de la Côte-d'Or, de l'Yonne et de l'Aube, en la forêt de Maulnes, on entend Mélusine sangloter en son manoir, mais on sait très bien que lorsque quelqu'un passe à proximité, elle le frappe sauvagement. Et surtout, elle a la fâcheuse réputation d'enlever les enfants, tout comme la Lilith hébraïque dont elle n'est que l'image à la mode occidentale. D'ailleurs, près de Crécy-en-Brie, non loin d'une source dite « Mare Luisienne », il y a un puits dont les mères écartent les jeunes enfants en les menaçant de leur faire voir à la surface de l'eau le Poisson à tête de femme. Dans le canton de Solutré, en Saône-et-Loire, elle réapparaît sous les traits de la Bête Faramine, celle qui a désolé si longtemps le pays et qui y a dérobé de si nombreux enfants à leurs parents. Dans la région de Metz, c'est le Graoully, une sorte de monstre dragonesque, qui accomplit ces mêmes forfaits. En Franche-Comté et en Auvergne, des basilics mélusiniens font mourir ceux qui puisent de l'eau à certains puits. En Côte-d'Or encore, Mélusine, la serpente, est censée habiter le puits de Salmaise, au grand effroi des enfants qui ne sont pas sages que l'on menace d'y jeter. Et l'ombre de la même Mélusine rôde près d'une tour du château de Fougères (Ille-et-Vilaine) qui porte son nom, une autre tour étant celle du Gobelin, c'est-à-dire du lutin qui forge dans les entrailles de la terre.

Le rapport intime qui unit la Femme et le Dragon est très explicite dans la légende grecque de Jason et de Médée. On sait que Jason monte une expédition pour s'emparer de l'énigmatique Toison d'Or : mais cette Toison est gardée nuit et jour par un horrible dragon et par deux taureaux monstrueux dont le corps est impénétrable au fer, et dont les naseaux vomissent des torrents de flammes. Jason n'aurait jamais pu s'emparer de la Toison sans l'aide de Médée qui dompte les taureaux et *endort le dragon*. Cette Médée, on nous la présente également volant dans un char aérien *tiré par des dragons*. Il ne fait aucun doute que Médée, classée comme « sorcière » déjà dans le cadre socioculturel de la Grèce, est une femme-dragon analogue à Mélusine. Quand elle endort le Dragon, elle ne fait que néantiser provisoirement un aspect de sa personnalité. Quand elle navigue dans les airs sur son char, elle met au contraire en avant la partie dragon de son être. Et, bien entendu, elles est ambiguë : elle procure la richesse, l'abondance, mais sa cruauté et sa « barbarie » n'en sont pas moins évidentes. La femme-dragon est toujours inquiétante parce qu'elle connaît les « secrets » et qu'elle peut métamorphoser son aspect.

Dans le cadre socioculturel chrétien, il était normal qu'on insistât sur ce côté inquiétant de sa personnalité : d'où l'identification toujours plus ou moins nette avec le Diable ou un être diabolique. L'Anglo-Normand Gautier Map, à qui l'on a attribué faussement le récit en prose de la *Quête du saint Graal*, et qui écrivait aux alentours de l'an 1200, se fait l'écho d'une tradition mélusinienne très éloquente à ce point de vue. Il s'agit d'un jeune seigneur appelé Henno, qui rencontre, dans une forêt normande, une mystérieuse jeune fille. Henno l'épouse et en a de beaux enfants. Mais la mère de Henno s'aperçoit que sa bru, apparemment très pieuse, évite soigneusement le début et la fin des messes. Elle perce un trou dans le mur de la chambre où sa bru se retire et voit celle-ci se baigner sous la forme d'un dragon, déchirer un manteau avec ses dents et reprendre ensuite sa forme féminine. Elle avertit Henno qui accourt avec un prêtre. Celui-ci asperge d'eau bénite la jeune femme. Alors, la femme-dragon, accompagnée de sa servante, bondit à travers le toit, pousse un cri terrible et disparaît (*De nugis curialum*, IV, 9). Le thème est évidemment le même que celui de Mélusine qui, chaque samedi, à l'écart de tous, se baigne dans son double aspect de femme et de serpent, mais ici la christianisation est plus poussée : le simple geste de lancer de l'eau bénite sur la jeune femme révèle sa nature réelle : *et le Diable s'enfuit*. On racontait d'ailleurs une histoire semblable à propos d'une ancêtre des Plantagenêts : quand elle allait à la messe, elle ne pouvait pas rester au moment de la consécration. Un jour, quatre sergents la maintinrent de force, mais, se dégageant du manteau par lequel on la tenait, elle s'envola par une fenêtre et disparut. Et Giraud de Cambrie, qui relate cette tradition, ajoute que Richard Cœur de Lion se plaisait à la raconter, expliquant qu'il n'était pas étonnant que ses frères et lui se disputassent « comme gens issus du diable et devant retourner à lui »[1].

Ainsi se pose le problème de la compréhension du Dragon. Il n'est pas sûr qu'on en ait bien saisi le sens complexe, en tout cas dans les sociétés chrétiennes qui ont fait passer avant la compréhension le rejet pur et simple de ce qui était suspect d'appartenir à des traditions antérieures. Dans les récits mélusiniens, la femme-dragon, qui est aussi femme-fée, ne peut supporter les paroles par lesquelles le prêtre consacre l'hostie et fait littéralement descendre Dieu sur l'autel. Il n'y a pas de place à la fois pour Dieu et pour le Diable. Il faut choisir. Et comme le Diable est quand même une créature de Dieu, c'est-à-dire un être inférieur, c'est lui qui doit s'enfuir. Cette situation ressort du manichéisme le plus strict, mais est-on vraiment certain que les versions plus archaïques des mêmes récits n'aient point contenu des éléments plus nuancés mettant en valeur une relation plus subtile entre les deux principes ainsi projetés et incarnés ? Et qu'est-ce donc que l'exorcisme ? S'agit-il vraiment, à la base, de chasser les démons ? Ce que Matthieu (XII, 43-45) fait dire à Jésus à ce propos est assez troublant : « Lorsque l'esprit impur est sorti de l'homme, ... il dit : Je vais retourner dans ma demeure, d'où je suis sorti... Alors il va prendre avec lui sept autres esprits plus mauvais que lui ; ils reviennent et ils y habitent. » Apparemment, *il y a quelque chose qui ne va pas*. A moins qu'on en revienne au proverbe qui dit : Chassez le naturel, il revient au galop. Le *Démon* serait-il le *naturel* ?

Il est fort possible que l'exorcisme, c'est-à-dire le fait de chasser les démons censés habiter un individu, ne soit pas, tout au moins dans l'absolu, un geste par lequel on oblige l'esprit mauvais à s'en aller. Les paroles de Jésus montrent

---

1. En fait, cette remarque est attribuée, par des écrits postérieurs, à saint Bernard de Clairvaux.

l'inanité d'un tel procédé, puisque l'esprit mauvais revient en force. Ne s'agissait-il pas au contraire, à l'origine, d'*apprivoiser* ces démons et de les faire participer à une œuvre comprenant à la fois le « blanc » et le « noir » ? Ne s'agissait-il pas de concilier deux principes en apparence contradictoires ? Dans le cadre des récits mélusiniens, la tentative reste cependant vouée à l'échec : la femme-dragon s'enfuit, ce qui signifie que le *pont* jeté par l'exorciste n'est pas suffisant pour réduite l'antinomie. Et le contexte éminemment chrétien dans lequel ces légendes sont rapportées oblige à privilégier l'élément « blanc », autrement dit Dieu. On s'efforce alors de néantiser l'*Autre :* mais l'*Autre* rôde toujours dans l'ombre, prêt à reprendre sa place.

Alors, le seul moyen d'éviter de se laisser prendre au jeu subtil de l'*Autre,* c'est de le repérer, de lui donner un nom, de lui donner un aspect caractéristique et suffisamment terrifiant pour qu'on puisse s'en méfier. D'où la monstruosité du Diable et de tous les êtres qu'on classe comme diaboliques, le Dragon en particulier. Ainsi en est-il de la fameuse Tarasque de Provence. Si l'on en croit Jacques de Voragine *(la Légende dorée)*, c'était un « dragon, demi-bête et demi-poisson, plus gros qu'un bœuf et plus long qu'un cheval. Il avait les dents aiguës comme une épée et était cornu de chaque côté. Il se tapissait en l'eau, tuait les passants et noyait les nefs. Et quand on le suivait par un certain espace de temps, il mettait bas l'ordure de son ventre, ainsi qu'un dard, et brûlait tout ce à quoi il touchait ».

Voilà une belle description de dragon. Certes, on peut toujours dire que cette Tarasque symbolise les inondations du Rhône qui sont parfois terrifiantes et destructrices, néanmoins le mythe est là dans son intégralité. Le Dragon se présente comme un être monstrueux aux caractères nettement bisexuels. L'aspect mâle est particulièrement corrosif, et cette « ordure de son ventre » représente les débordements fécondateurs non maîtrisés, la force phallique non contrôlée : alors le monde, en rupture d'équilibre, va à sa perte. C'est pourquoi, dans la légende, sainte Marthe intervient : par sa patience et sa douceur, éléments fiminins, elle parvient à dompter la Tarasque et à l'enchaîner. Mais ce sont les paysans qui tuent le monstre en le lapidant. Marthe n'a fait que rétablir l'équilibre entre les deux forces antagonistes. Désormais, la Tarasque disparue va ressurgir sous des formes aberrantes dans l'inconscient collectif.

La tradition occidentale ne manque pas de Dragons. Le serpent Pythôn de Delphes, le serpent Imgard de la mythologie germanique, l'Anguipède des représentations gallo-romaines, le monstrueux Fafnir de la légende de Sigurd-Siegfried, le grand Serpent crêté d'Irlande que combat Tristan, l'*Afang* de la légende galloise de Taliesin, l'*Addanc* que Peredur va tuer grâce à sa pierre magique, les multiples serpents et dragons des contes populaires, les animaux fantastiques que l'on y rencontre, voilà des aspects multiples et parfois divergents du grand Dragon des Profondeurs. Et si l'ensemble de l'humanité éprouve tant de terreur envers lui, c'est qu'il doit correspondre à une réalité cachée, qu'on n'ose pas faire surgir au niveau de la conscience. Seuls des êtres exceptionnels, comme l'Archange saint Michel, sont assez audacieux pour le réveiller de sa torpeur et le combattre. Mais ce combat contre le Dragon des Profondeurs n'est-il pas aussi ambigu que l'exorcisme ?

III

LE COMBAT CONTRE LE DRAGON

Si l'on considère la mythologie indienne non pas comme la plus ancienne — puisqu'elle évolue dans des contextes socioculturels toujours mouvants — mais comme révélatrice d'un état très antérieur, on peut retrouver très exactement le combat de Michel et du Dragon dans le mythe d'Indra et de Vritra. Au premier degré, le récit qui exprime le mythe est le suivant : le démon Vritra, représenté comme un serpent monstrueux, retient prisonnières les Eaux fécondatrices. Indra, le héros de Lumière, l'*homme-foudre,* se lance à la poursuite de Vritra, le dompte et lui fait vomir les Eaux. On remarquera une certaine parenté avec le texte de l'*Apocalypse,* à propos du Dragon qui poursuit la Femme et qui tente de l'engloutir dans les Eaux qu'il vomit. Mais dans le récit judéo-chrétien, la *satanisation* du Dragon est déjà accomplie, et son action est jugée comme destructrice. Dans le mythe indien, on se contente de l'observation d'une réalité : les Eaux sont contenues dans Vritra, non pas par méchanceté de la part du monstre, mais parce que c'est ainsi. Vritra est en effet l'image du Chaos primordial où rien n'est encore différencié. Et il faut l'intervention de l'Esprit, incarné ici par Indra, l'homme-foudre, pour que cette différenciation se produise. Le combat d'Indra et de Vritra est donc une confrontation génératrice : la conséquence en est l'apparition de la Vie par l'interaction des énergies célestes et ignées (Indra) et des énergies telluriques et aquatiques (Vritra). Le monde atteint par là son équilibre.

La tradition du Moyen-Orient est déjà plus restrictive quant au rôle du Dragon : il est en passe de devenir l'incarnation de l'Ennemi, du déséquilibrateur. C'est la conception qui a présidé à l'élaboration d'un texte hittite bien connu dont nous possédons deux versions légèrement divergentes. Dans la première version, il est question d'une querelle, dont on ne précise pas la cause, entre le Dieu des Vents et de l'Orage et le Dragon des Profondeurs, chacun se disant plus puissant que l'autre. « A la fin, ils en vinrent aux coups, et ce fut le Dragon qui eut le dessus, et il battit son rival comme plâtre. » Bien entendu, le Dieu des Vents et de l'Orage veut prendre sa revanche. Mais comment faire pour venir à bout d'un aussi terrible adversaire ? Il faut utiliser la ruse. Il demande à la déesse Inara de préparer un somptueux banquet : il invitera le Dragon à festoyer, et il pourra ainsi l'enivrer. Mais la déesse décide de perfectionner le piège : « Supposons que le Dragon ne s'enivre pas, alors tous les dieux seront à sa merci et ils ne feront que s'exposer à une catastrophe s'ils tentent de le maîtriser. Il vaut certes mieux qu'un mortel risque sa vie plutôt que de voir un seul des dieux aller à sa perte. » Et Inara s'efforce de convaincre le mortel Houpasiya de venir au banquet pour provoquer le Dragon. Houpasiya accepte à condition que la déesse couche avec lui, selon la croyance bien établie que des rapports sexuels entre un mortel et une divinité procurent au mortel un peu de la puissance divine.

Tout est en place. Le Dragon vient au banquet, se goinfre et abuse des breuvages fermentés. « Alors, ne pouvant plus ni manger ni boire davantage, il se leva en titubant et rentra lourdement chez lui. En arrivant, hélas ! il vit qu'il était devenu si gros et que sa peau était si tendue, que même en sc tortillant et en se tournant, et même en s'étirant et en s'allongeant, il ne put réussir à se glisser dans son trou. » C'est alors qu'intervient Houpasiya : il ligote le Dragon avec une corde, et c'est un jeu d'enfant pour le dieu de l'Orage de venir et de l'achever. Le succès de l'opération ne fait aucun doute, mais il faut bien dire que les dieux ne retirent guère de gloire de cette dispariton du Dragon, même si le mortel Houpasiya prend le relais et se révèle le seul héros de l'aventure. Cela ne lui porte d'ailleurs pas chance, car la déese Inara, inquiète d'avoir donné une partie de sa puissance à un mortel, finit par tuer Houpasiya, montrant ainsi une jalousie et une ingratitude peu conformes à l'idée qu'on se fait des divinités.

La seconde version met en place un schéma qui va davantage dans le sens d'une exaltation du héros vainqueur et victime de son devoir. « Le dieu de l'Orage et le Dragon qui habite les profondeurs des eaux étaient ennemis de longue date, et ennemis acharnés, chacun s'imaginant être plus puissant que l'autre. Quand le dieu de l'Orage faisait souffler et siffler ses vents, le Dragon faisait rugir et gronder ses vagues ; et si le dieu de l'Orage envoyait la foudre et la pluie, le Dragon à son tour déchaînait la houle et l'inondation. » On retrouve ici la confrontation déjà remarquée dans le mythe d'Indra et de Vritra, entre les puissances célestes et ignées d'une part, et les puissances telluriques et aquatiques d'autre part. Et l'on ne peut s'empêcher de penser que, selon la Genèse, au commencement, « les Elohim flottaient sur les Eaux ».

Mais la confrontation prend un tour tragique et en même temps *très révélateur du sens profond du mythe* : « Un jour, leur inimitié dégénéra en violente querelle et ils se mirent à se frapper et à se meurtrir à tel point que, à la fin, le Dragon réussit à arracher le cœur et les yeux de son adversaire. Cela n'empêcha pas du reste le dieu de vivre : contrairement aux hommes, les dieux peuvent en effet vivre sans cœur, mais cela lui porta sûrement un coup funeste et le laissa fort déprimé. »

Là, tout devient fort clair : *le monde,* c'est-à-dire l'existence relative des êtres et des choses, *n'existe que par la confrontation permanente entre le dieu de l'Orage et le Dragon.* L'immanence est l'énergie à l'état pur, la permanence, l'énergie manifestée et par conséquent en action, même si cette action est présentée sous forme d'une confrontation violente. Les deux entités dont il est question ici représentent symboliquement deux forces qui sont certes antagonistes, mais qui n'en sont pas moins complémentaires, et cela de façon *obligatoire :* car ces deux forces sont de valeur strictement égale, et c'est dans cette mesure que l'équilibre est assuré. Mais où rien ne va plus, c'est lorsqu'un des deux antagonistes l'emporte sur l'autre : il y a rupture, déchirure, et, comme le dit le texte hittite avec un certain humour, le dieu de l'Orage en reste « fort déprimé ».

Or, si l'on met ce mythe en parallèle avec la tradition judéo-chrétienne, on peut penser qu'il s'agit dans l'un et l'autre cas d'une explication fondamentale de l'imperfection du monde et surtout de l'*existence du Mal.* Mais qu'on y prenne bien garde : LE MAL, CE N'EST PAS LE DRAGON, C'EST LE DÉSÉQUILIBRE DE FORCES EN FAVEUR DU DRAGON. On peut même aller plus loin et renverser la proposition : LE MAL SERAIT LE DÉSÉQUILIBRE DE FORCES EN FAVEUR DU DIEU DE L'ORAGE. Transcrite dans le contexte judéo-chrétien, cette constatation pourrait ainsi devenir : « Le Mal est le résultat de la confrontation entre Dieu et Satan, confrontation qui a tourné provisoirement à un déséquilibre en faveur de Satan. Mais si Dieu obtenait un même déséquilibre en sa faveur, cela ne changerait rien et le Mal existerait toujours. La solution est donc de revenir au point d'équilibre entre Dieu et Satan. »

Voilà certes de quoi faire frémir les fidèles zélateurs du Christianisme. Quel est donc l'ecclésiastique tant soit peu clairvoyant qui puisse rester indifférent devant une représentation de saint Michel en train de lutter contre le Dragon ?

Il doit quand même bien s'apercevoir qu'il n'y a, dans ce combat, ni vainqueur ni vaincu, que l'essentiel se trouve dans l'*acte* de la confrontation et non dans la présence de l'un sans l'autre : supprimons le Dragon, et cela ne veut plus rien dire ; supprimons saint Michel, et il n'y a plus rien non plus. L'acte seul est générateur. Tout le reste est à ranger dans la catégorie des fadaises.

C'est en effet là que réside le nœud de tous les problèmes que se sont posés les êtres humains depuis qu'ils ont compris que le monde était imparfait, depuis qu'ils vivent dans leur chair comme dans leur esprit que la création est imparfaite. Normalement, ils devraient accuser le Dieu créateur d'avoir raté sa création, mais on nous dit que c'est un blasphème. C'est pourtant d'une logique évidente : si le Mal existe, si l'Imperfection existe, ce ne peut être que de la faute du Dieu créateur omnipotent. *Et si l'on ne veut pas blasphémer, il faut bien aller chercher une explication ailleurs,* et en premier lieu se poser la question de savoir où se situe le moment de cette rupture, de ce déséquilibre : est-ce lors de la désobéissance d'Ève et d'Adam, sur l'instigation du Serpent, ou bien lorsque Lucifer-Satan se révolta, provoquant ainsi le fameux « drame dans le Ciel » ?

Puisqu'il s'agit d'un « drame » cosmique, il est plus que probable que c'est la révolte des Anges — quelle que soit la réalité de l'événement — qui est cause du déséquilibre. Lucifer-Satan, c'est-à-dire la potentialité énergétique qu'il représente, étant le plus fort, l'*Autre,* en l'occurrence Dieu, est affaibli : d'où la Mort, la Maladie, la Souffrance, le Mal. Il est donc nécessaire de remédier à cet état de fait.

Le texte hittite en convient parfaitement : « Pendant longtemps, le dieu de l'Orage s'occupa à panser ses plaies et à ruminer sa vengeance, cherchant comment il pourrait recouvrer ce que le monstre lui avait volé. Enfin, l'occasion survint. Le dieu de l'Orage alla sur terre et épousa la fille d'un humble paysan qui lui donna un fils. »

Voilà qui rappelle incontestablement quelque chose. Et ce texte hittite date d'au moins mille ans avant Jésus-Christ. Il s'agit d'une version archaïque de celle rapportée par les Évangiles selon laquelle l'Esprit saint engendra un fils dans le sein de la Vierge Marie. Ainsi apparaît le thème du Héros prédestiné, du Héros de Lumière qui doit rétablir l'équilibre d'un univers qui bascule : on voit se profiler des personnages comme Siegfried ou Lancelot du Lac, et bien entendu celui du Jésus des Évangiles. Mais les contes populaires de tous les pays répercutent ce schéma, et on y découvre très souvent un fils vengeur qui vient rétablir le père dans ses droits, provoquant du même coup le bonheur de son peuple. L'idée ne date pas d'hier.

Cela dit, le fils du dieu de l'Orage grandit. C'est là que la trame mythologique prend un chemin différent. En effet, l'enfant devient amoureux de la fille du Dragon. Sur un plan absolu, on pourrait penser que tout est bien dans le meilleur des mondes possibles : ce que les pères n'ont pu réaliser, c'est-à-dire l'équilibre des contraires, les enfants vont pouvoir l'accomplir dans l'amour et non plus dans la violence haineuse. Mais le dieu de l'Orage, qui n'est finalement pas meilleur que le Dragon, entend tirer parti de la situation. Il incite son fils à aller demander en mariage la fille du Dragon et à réclamer, comme cadeau de mariage, « le cœur et les yeux du dieu de l'Orage ». Le jeune homme obéit à son père. Le Dragon, qui ne sait pas qu'il est le fils du dieu de l'Orage, lui donne le cœur et les yeux, que le jeune homme s'empresse de porter à son père. Le dieu de l'Orage, ayant recouvré intégralement sa force, va combattre son vieil adversaire et parvient à le maîtriser. Mais le fils, qui comprend alors le rôle qu'il a joué lui-même dans cette affaire, se sent atteint dans son honneur : il a été l'instrument de la vengeance de son père et il a trahi son hôte, ce qui est un crime abominable. Il demande alors au dieu de l'Orage de l'englober dans sa vengeance. Effectivement, « le dieu de l'Orage lui donna satisfaction, et, fulminant et tonnant, il vint tuer le Dragon en même temps que son propre fils » [1]. Et c'est pourquoi, depuis ce temps-là, l'équilibre du monde n'est pas assuré, puisque le Dragon n'est plus là pour contrebalancer la puissance du dieu de l'Orage. Seul le Christianisme reprendra le mythe : le fils foudroyé, *par la volonté du Père* — cela est nettement dit dans les Évangiles —, va ressusciter et témoigner au monde que l'équilibre peut quand même être atteint, au prix du sacrifice du Fils, c'est-à-dire du dieu régénéré. Dans les pays germaniques, il s'agit du mythe de Baldr, fils d'Odin-Wotan. Dans le mythe celtique, c'est le mythe de Galaad, découvreur du Graal. Mais combien de héros périront avant d'avoir découvert le Graal ?

Une autre tradition du Moyen-Orient, sémite celle-là, et provenant du pays de Canaan, rend compte de la même confrontation : il s'agit de l'histoire de Baal et du dragon Yam, qui a dû influencer de façon profonde tous les textes de la Bible hébraïque concernant le Dragon des Profondeurs, sous quelque nom qu'il apparaisse. « Dans l'obscur début des temps, lorsque les dieux se partagèrent le monde, la terre n'avait encore ni seigneur ni maître. Parmi les dieux, deux briguaient particulièrement cet honneur : l'un était Baal, dieu de l'air et de la pluie ; l'autre était Yam, le dragon qui régnait sur les eaux. » La dichotomie est constante entre la puissance céleste et ignée, d'une part, et la puissance aquatique et tellurique, d'autre part. Baal prétend que la terre est vivifiée par ses pluies et ses orages. Yam soutient que c'est grâce à ses rivières et à ses sources. Ne pouvant se mettre d'accord, ils ont recours à l'arbitrage de Dieu — qui semble bien être le Yahvé biblique, en tout cas le Dieu suprême et créateur de toutes choses. Dieu attribue la terre à Yam, « car l'eau est la plus importante de toutes les choses ».

Voilà donc Yam installé sur la terre. Mais c'est là qu'apparaît la rupture d'équilibre. Yam « se comporta en tyran et se mit à réclamer des tributs exorbitants à tous les dieux et à toutes les déesses ». A force d'être ainsi pillés par Yam, les

1. T.H. Gaster, *Les plus anciens contes de l'humanité*, Paris, Payot, 1953, pp. 122-126.

dieux se décident à réagir. Tout cela ressemble bien à la Révolte des Anges : le royaume divin est en train de périr parce qu'il y a abus de pouvoir de la part de Yam. Mais comment mettre le Dragon des Profondeurs à la raison ? C'est alors que la déesse Astarté propose de descendre vers Yam et l'attendrir par sa musique et ses charmes. Mais Yam ne se laisse pas prendre au piège : il veut bien se laisser attendrir, mais à condition qu'Astarté — déesse de l'Amour et de la Beauté qu'on connaît aussi sous les noms d'Ishtar, de Vénus ou d'Aphrodite — s'offre elle-même en tribut. Et Yam promet que s'il obtient ainsi satisfaction, il ne demandera rien d'autre.

Astarté refuse et va se plaindre à l'assemblée des dieux. Son frère Baal est outré de la prétention de Yam. Il va insulter et provoquer le Dragon. Celui-ci vient se plaindre à Dieu et lui demande de lui livrer Baal. Dieu refuse, et les choses en sont là quand Baal décide de lutter contre le Dragon. Alors sa sœur lui fournit des armes magiques, « deux massues qui ne manquaient jamais leur but ». Grâce à elles, il est vainqueur du Dragon : Yam « se traîna lourdement sur la rive et s'y effondra », puis il dit à son vainqueur : « C'en est fait, je suis comme mort ! que Baal soit roi. » Baal est tellement heureux de sa victoire qu'il ne songe pas même un seul instant à achever le Dragon, et il faut que ce soit Astarté qui l'oblige à tuer le monstre. « Alors Baal fut rempli de confusion et il frappa le Dragon à coups redoublés entre les yeux et sur la nuque jusqu'à ce que le monstre fût étendu inanimé à ses pieds. »

Cependant rien n'est joué. Le monde n'est pas pour autant en équilibre, et comme le dit le texte cananéen, « ce ne fut pas pour autant la fin des tribulations de Baal. Maintenant, une nouvelle préoccupation l'assaillait : roi, il l'était bien, mais roi sans palais ; et sans palais, aucun des dieux ne voudrait lui rendre hommage ». Cela est dit sous forme de fable mythologique, mais c'est assez net : la défaite de Yam ne provoque pas le triomphe de Baal. Quelque chose ne va pas dans le monde, et l'équilibre qui s'était rompu en faveur de

Yam l'est maintenant en faveur de Baal, ce qui n'apporte rien de plus. Il faut alors l'intervention d'une autre sœur de Baal, Anat, et de leur mère Ashérat pour que la situation se dénoue. D'abord, le Dragon n'est pas mort : on l'enferme dans un filet et on le jette à la mer. Puis, après s'être fait construire un palais sans fenêtres de peur que le Dragon vienne lui ravir ses femmes, Baal se décide à en finir avec Yam : « Il descendit jusqu'au rivage de la mer, à l'endroit où le Dragon était enfermé dans le filet, et il leva son redoutable trident représentant la foudre, et en frappa violemment le Dragon sur le crâne jusqu'à ce que le monstre ait perdu tout souffle de vie. » Mais cela n'empêche pas Baal d'avoir des aventures sans fin : car le monde n'a pas retrouvé son équilibre, et sa propre royauté est toujours remise en question. D'ailleurs, on ne sait pas très bien si le Dragon n'est pas encore vivant, et s'il ne guette pas, sous la surface des flots, le moment opportun pour surgir à nouveau et se lancer à l'assaut du roi Baal, celui qui détient la foudre, mais qui ne sait pas s'il a un pouvoir réel sur les Eaux [1].

Les pièces du jeu sont mises en place. D'un côté, il y a les blanches, de l'autre, les noires. Mais ceux qui bougent les pièces peuvent utiliser alternativement les blanches ou les noires. La situation est toujours ambiguë si l'on s'en tient à déterminer qui, des deux antagonistes, est le « bon » ou le « mauvais ». L'action déclenchée par le jeu n'a que faire de notions morales, et ce n'est certes pas le but du jeu qui est intéressant, mais l'action elle-même qui recouvre une réalité autrement importante : la vie. Car il n'est pas de vie sans action.

Dans le schéma mythologique, le Dragon représente donc les forces qu'on dit être inférieures : aussi il est généralement le maître de la Terre et des cavernes de la Terre comme des eaux profondes de l'océan. Le dieu de Lumière, lui, est roi du ciel et maître de la foudre. On retrouve bien entendu ce schéma archaïque dans le mythe de Zeus et de Typhôn, et

1. T.H. Gaster, *op. cit., pp. 183-200.*

dans celui d'Apollon et de Pythôn. Ce dernier mythe représente en outre une substitution de culte : il est bien évident que lorsque Apollon, dieu céleste et lumineux, d'ailleurs originaire d'Hyperborée, c'est-à-dire de tradition nordique, lutte contre le Serpent Pythôn, il s'agit du remplacement d'un culte voué à la Déesse-Terre, symbolisée par le Dragon, par un culte d'un dieu du ciel. Mais la victoire d'Apollon sur Pythôn est ambiguë : car si Apollon est le nouveau maître de Delphes, il n'en laisse pas moins droit de cité à l'antique déesse-mère qu'il a vaincue, ne serait-ce que par le truchement de la célèbre Pythie, cette prophétesse par l'intermédiaire de laquelle il peut s'adresser aux humains. Tout ce passe comme si, dans le cadre du mythe delphique, on avait compris que rien ne pouvait être accompli sans l'alliance privilégiée de la Déesse des Commencements et du Dieu de Lumière. Au demeurant, on note, dans la figuration d'Apollon luttant contre le Pythôn, le modèle parfait de celle qui présente saint Michel combattant le Dragon.

La tradition occidentale est riche en Dragons. On pense au grand « Serpent crêté d'Irlande » que Tristan doit affronter pour obtenir la main d'Yseult la Blonde. Là aussi, le « Serpent crêté » est un élément perturbateur du fait que les avantages de la puissance sont de son côté : le royaume d'Irlande meurt lentement parce qu'il y a rupture d'équilibre, et l'on espère l'arrivée du jeune héros qui va vaincre le monstre, et à qui, en échange, on donnera la princesse, symbole de la collectivité. Car la collectivité ne peut appartenir qu'au vainqueur de ce combat. Le tout est de savoir si la rupture d'équilibre qui se produit en faveur du héros de Lumière ne va pas conduire le royaume à une situation pire que la première.

Mais l'exemple le plus remarquable et aussi le plus détaillé du schéma mythologique qui met en place le héros de Lumière et le Dragon est bien celui de Siegfried, que les textes scandinaves appellent Sigurd, et qui est le vainqueur du dragon Fafnir. C'est à la suite d'une intrigue très compliquée, où la perfidie du dieu Loki et la malhonnêteté du dieu

Odin-Wotan sont manifestes, que Fafnir, frère du forgeron Regin, est dépositaire d'un Trésor incomparable dans lequel se trouve l'anneau magique d'Andvari, autrement dit le célèbre « anneau du Nibelung ». Toute la problématique d'Odin-Wotan est alors concentrée sur la nécessité pour lui de récupérer coûte que coûte l'anneau d'Andvari. Et c'est dans ce but que le dieu va provoquer la naissance du héros Sigurd ainsi que son éducation auprès du forgeron Regin.

Une haine farouche oppose Regin à Fafnir qui lui a dérobé sa part du trésor avant de prendre la forme d'un Dragon et de se réfugier dans une grotte. Regin rêve de se débarrasser du monstre pour s'emparer lui-même du trésor, mais comme il n'est pas de taille à mener à bien cette entreprise, c'est sur le jeune Sigurd qu'il s'appuie, faisant de celui-ci un redoutable guerrier sans peur et sans reproche et lui forgeant une épée merveilleuse qui, seule, pourra venir à bout du Dragon. Mais Sigurd veut éprouver l'épée et la brise en frappant l'enclume. Regin la travaille de nouveau et en améliore la qualité en y incorporant des tronçons de l'épée de Sigmund, le père de Sigurd. Cette fois, lorsqu'il éprouve l'arme, Sigurd peut être satisfait : c'est l'enclume qui se brise en mille morceaux tandis que l'épée n'est nullement ébréchée. Sigurd est donc prêt pour accomplir sa mission[1].

Regin, qui, d'ailleurs, a arraché au jeune Sigurd la promesse formelle de tuer le Dragon, conduit le héros près du repaire où dort Fafnir, l'invincible Fafnir qui se protège de toute attaque en revêtant son « casque d'épouvante ». Regin conseille à Sigurd de creuser une fosse, de s'y cacher, d'attendre le passage du monstre et de le frapper par-dessous avec son épée. C'est évidemment pour éviter qu'il ne puisse voir le « casque d'épouvante ». Et Regin, transi de peur, s'éloigne précipitamment. Sigurd creuse une fosse. Un vieillard à longue barbe — en qui on reconnaît Odin, l'éternel errant — s'approche et lui conseille de creuser plusieurs fosses dans lesquelles il laissera couler le sang du Dragon :

1. Voir Jean Markale, *Siegfried ou l'Or du Rhin*, Paris, Retz, 1984.

sinon, s'il se contente d'une seule fosse, il risque d'être englouti par des flots de sang.

Sigurd suit les conseils d'Odin. Il creuse plusieurs fosses, se cache dans l'une d'elles, et lorsque le Dragon passe, il lui enfonce son épée dans le cœur. Comme Fafnir n'est pas encore mort, il engage avec Sigurd un étrange dialogue dans lequel il oblige le héros à se nommer ; il l'avertit également de se méfier de Regin, et surtout il le supplie de ne pas s'emparer du trésor, car celui-ci lui porterait malheur. On sait en effet que l'anneau du Nibelung causera plus tard la perte de Sigurd-Siegfried et amènera ce que Wagner a improprement appelé le « Crépuscule des Dieux ». Et le jeune Sigurd se débarrassera effectivement de son initiateur Regin, mais il s'emparera quand même du trésor, suivant en cela les volontés inconscientes que lui a insufflées le dieu Odin dont il n'est après tout que le substitut, une sorte de « Jeune Fils » qui rétablit un équilibre longtemps rompu en faveur des forces obscures représentées par le Dragon. Mais la suite de la légende nous prouve que ce n'était peut-être pas la bonne solution, et que la mort de Fafnir ne suffisait pas pour ramener l'équilibre d'un monde toujours écartelé entre deux polarités opposées. Fafnir disparu, l'esprit incarné par le Dragon reste toujours vivant, et les efforts d'Odin-Wotan se révèlent dérisoires en face des terribles forces du Destin représentées par les mystérieuses Nornes, ces entités divines auxquelles même les Dieux doivent obéir.

Cependant, la mise à mort du Dragon par le Héros de Lumière doit être replacée dans son cadre, lequel n'est pas seulement du domaine purement mythologique, mais déborde largement sur tous les aspects de la vie. Symboliquement, tuer le Dragon, c'est néantiser toutes les terreurs, toutes les inhibitions de l'être humain au moment où il doit se lancer dans une action. Cette action est à considérer d'un point de vue général, et ce n'est qu'accessoirement, dans des cas très précis, qu'elle revêt une coloration sexuelle. A ce moment, le Dragon peut jouer le rôle du Père, gardien farouche et exclusif de la Mère, le chef de la horde dont parle Freud dans *Totem et Tabou,* et contre lequel, un jour, les fils se liguent, le tuant et se partageant les femmes qui étaient autrefois sa propriété. Le schéma de Freud est discutable, peu scientifique en réalité, mais néanmoins révélateur de la terreur qu'inspire toute notion d'autorité, celle-ci pouvant à chaque moment « faire donner la garde ».

Or, tout progrès social, tout progrès humain même, passent par le stade de la désobéissance, par un refus d'accepter l'autorité de celui qu'on considère comme un tyran. En fait, l'autorité du tyran est nulle, ou tout au moins aussi insignifiante que l'autorité de n'importe quel individu appartenant à la même collectivité. Cette autorité n'a de valeur que dans le consensus qui en définit les limites ou l'extension, par des lois, des règles considérées la plupart du temps comme sacrées, et qui ne sont que des sublimations de terreurs fantasmatiques. On sait très bien que cela porte malheur de se rebeller contre l'autorité établie, d'une part parce qu'on risque d'être immédiatement châtié, d'autre part parce que, dans l'absolu, la désobéissance équivaut à un sacrilège : les puissances invisibles pourraient alors intervenir. C'est de là que surgissent, dans l'imagerie des contes populaires, tant de monstres extraordinaires, tant de serpents fantastiques, tant de dragons cruels et impitoyables. Le commun des mortels ne peut venir à bout des craintes magiques, sociales et religieuses qui servent de remparts à toute autorité. Le Dragon, dans ces conditions, apparaît comme l'image la plus parfaite de ces terreurs à la fois innées et culturelles. D'où son caractère sacré et l'interdiction faite de le combattre. Mais comme le Dragon supporte une connotation maléfique — est-ce que par hasard l'autorité aurait un parfum sulfureux ? —, une tolérance est instituée : le Dragon peut être tué, ou écarté, par un héros pur et sans tache, un héros prédestiné auquel on accorde le droit de transgresser les interdits parce que c'est la condition essentielle pour que le groupe social qu'il représente soit délivré.

Cela, c'est le contexte social. Sur un plan plus psychologique, le Dragon des Profondeurs est évidemment l'Inconscient de l'individu, mais un Inconscient à son plus bas niveau, c'est-à-dire la représentation des forces primaires et instinctives de l'être humain non encore soumises au contrôle de ce qu'on appelle la Raison. D'où la « sauvagerie » du Dragon, sa férocité, sa voracité, sa gloutonnerie, et aussi son intelligence très limitée. Car la force du Dragon est dans la matière, même s'il est parfois, comme le Serpent de la *Genèse,* « l'animal des champs le plus rusé ».

Sur un plan sexuel, l'image du Dragon, comme celle du Serpent, a une connotation phallique. C'est le Père qui guette, dans un coin de la grotte utérine maternelle, l'intrusion éventuelle du fils, interdisant ainsi tout processus de régression infantile, mais suscitant par là des frustrations évidentes que le fils n'est pas près d'oublier, ni de pardonner à son père au moment où il décide précisément de « tuer le Père ». Se débarrasser du Dragon, c'est effectivement se débarrasser de l'image encombrante du Père, avec tout ce qu'il représente d'interdits et de contraintes.

Mais tuer le Dragon est chose dangereuse. Si le dieu Odin n'avait pas conseillé à Sigurd de creuser plusieurs fosses pour répartir le sang du monstre, le héros eût été noyé par sa propre victoire. Il ne suffit pas en effet de se lancer hardiment contre l'ennemi, il faut prévoir que celui-ci réagira en fonction de sa puissance qui est nécessairement sans commune mesure avec celle des humains. Donc, seuls des héros courageux certes, mais surtout intelligents, peuvent se tirer d'affaire devant un monstre qui, pourtant, par définition, représente les forces brutales et instinctives de l'être. Le doublet du combat contre le Dragon peut alors être le combat du petit homme contre le Géant, du type de la lutte entre David et Goliath : la ruse et l'intelligence pourvoient à la faiblesse physique du héros. De toute façon, le héros qui a la chance de pouvoir tuer ou dompter le Dragon accomplit un exploit envers lui-même : il transgresse sa propre peur et transcende sa propre puissance, devenant du même coup sinon l'égal de sa victime, du moins un personnage capable d'assurer à la collectivité qu'il représente l'équilibre et l'harmonie dont elle a besoin. Ainsi Tristan rend-il la paix au royaume d'Irlande en tuant le Serpent crêté. Mais il avait déjà éliminé le Morholt qui venait jeter la perturbation dans le royaume de son oncle. Ainsi Thésée, en tuant le Minotaure, débarrasse-t-il la Crête d'un monstre, équivalent du Dragon, qui constitue une aberration de la nature, une aberration morale, une aberration sociale. Ainsi Persée écarte-t-il l'image trop repoussante de la Méduse. Ainsi Sigurd fait-il justice en tuant un monstre qui s'est emparé indûment d'un trésor d'ailleurs maudit. Ainsi l'Archange Michel renvoie-t-il dans les Ténèbres le Dragon des Profondeurs qui voulait envahir les domaines célestes. A chacun sa place, et le monde tournera normalement.

Il y a cependant, semble-t-il, quelques avantages à tuer le Dragon, même si ces avantages se révèlent en définitive très ambigus et s'ils peuvent conduire à des catastrophes. C'est particulièrement net dans le cas de Sigurd-Siegfried. En tuant Fafnir, Sigurd s'empare en effet de l'Or du Rhin. Ce n'est pas original. Dans la tradition galloise, Peredur, en tuant le Serpent qui a une pierre dans la queue, s'empare de cette pierre qui permet de fabriquer autant d'or qu'on veut : c'est l'équivalent de la Pierre philosophale des Alchimistes et du fameux anneau d'Andvari. En dénouant les enchantements du château de la Douloureuse Garde, et en y tuant des monstres plus ou moins dragonesques, Lancelot du Lac apprend son propre nom et est déclaré propriétaire des lieux qu'il rebaptise immédiatement « Joyeuse Garde ». De la même façon, Jason s'empare de la Toison d'Or, et le héros irlandais Finn mac Cumail, après avoir tué une truie monstrueuse, acquiert la connaissance magique. Quant au héros d'un conte occitan, *La grande Bête à tête d'homme* [1], après avoir vaincu intellectuellement le monstre et l'avoir ensuite saigné, il s'empare des immenses richesses que contenait la caverne.

Le conte occitan de *La grande Bête à tête d'homme* offre

1. Jean Markale, *Contes occitans*, Paris, Stock, 1982, pp. 96-105.

un très grand intérêt, car il est, avec la légende de Sigurd (et, dans une moindre mesure, celle de Siegfried), le seul récit concernant la victoire d'un jeune héros sur le Dragon à comporter certains détails extraordinaires qui ne sont plus que suggérés très évasivement dans les autres récits de la série. *Il s'agit de l'absorption et de la manducation du Dragon par le vainqueur.*

Sigurd, en effet, boit le sang et mange le cœur de Fafnir, et fera manger plus tard un morceau de ce cœur à sa fiancée Gudrun (Kriemhild) : il acquiert ainsi puissance et sagesse, ce qui est encore plus important que l'anneau d'Andvari et tout l'Or du Rhin. En fait, quand on connaît la fin de l'histoire, on se rend compte que c'est la seule chose que Sigurd avait à gagner de son combat contre Fafnir, *l'obtention de pouvoirs.* Et c'est par une sorte d'aberration qu'il s'empare du trésor, geste qu'il paiera plus tard de sa vie.

Les pouvoirs de Sigurd sont en tout cas exceptionnels. Tout d'abord, il obtient la compréhension du « langage des Oiseaux », ce que Wagner, dans son drame lyrique, a traduit musicalement de la façon la plus magnifique qui soit. Ce don, il l'acquiert sans le savoir, exactement comme le barde Taliesin de la tradition galloise et le héros Finn mac Cumail de la légende irlandaise : en se brûlant le doigt et en mettant celui-ci à sa bouche. Mais est-ce vraiment fortuit ? Sigurd, comme Taliesin et Finn, est destiné à accomplir une mission d'ordre cosmique, selon un plan préparé d'avance par le dieu Odin. D'ailleurs, Odin lui-même est intervenu avant l'affrontement de Sigurd avec le Dragon, ce qui prouve bien l'intérêt qu'il porte à l'événement.

Cela dit, cette compréhension du langage des Oiseaux ramène le héros à l'état primitif que nous décrivent de nombreuses traditions sur le commencement du Monde. Sigurd, d'un seul coup, se trouve plongé dans l'Age d'Or, lorsque bêtes et humains vivaient en paix et parlaient le même langage. Il n'y plus guère que dans certains contes populaires que les humains soient capables de comprendre ce que racontent les animaux, et, la plupart du temps, ce sont d'ailleurs des enfants qui ont cette possibilité, car les enfants sont encore dans un état d'innocence, c'est-à-dire de spontanéité et de réceptivité qui permet cet échange. Dans les autres cas, il s'agit d'un don magique octroyé après une action remarquable à un adulte : il conclut alors en quelque sorte une alliance avec l'animal et peut engager une conversation avec lui. Ou bien c'est un *idiot* qui comprend le langage des Oiseaux, comme le Perceval primitif que l'on retrouve dans un lai breton du début du XIIIe siècle, le *Lai de Tyolet,* ou encore comme le héros d'un conte populaire qui fait partie de la vaste légende de la Ville d'Is, en Bretagne, un nommé Kristof, sorte de vagabond parfaitement ahuri à qui il arrive des aventures fantastiques. De plus, cette familiarité avec les Oiseaux suppose un contact avec les *éléments célestes.* Le symbole de l'Oiseau n'est plus à discuter : c'est un animal léger, aérien, et par conséquent *angélique.* Dans ces conditions, le langage des Oiseaux, c'est le *Langage des Anges,* c'est la voix de Dieu qui parvient aux oreilles d'un être humain privilégié.

Sigurd comprend donc le langage des Oiseaux. Cela lui permet de connaître l'avenir immédiat, de comprendre la fourberie du forgeron Regin et d'agir en conséquence. La complicité qui s'établit entre les oiseaux et lui s'avère donc positive. Mais, dans la suite du récit, dans aucune des versions, il ne sera plus question de ce don merveilleux, ce qui est assez surprenant. Néanmoins les pouvoirs magiques acquis par le héros, après l'absorption du sang et du cœur de Fafnir, ne s'arrêtent point là. C'est ainsi que Sigurd s'empare de l'anneau d'Andvari, dont Wagner a magnifié la valeur mythique. C'est à lui seul le véritable trésor nommé l'Or du Rhin. Le Siegfried allemand, qui découle du Sigurd scandinave, ne possède pas cet anneau magique dans la version médiévale (c'est Wagner qui a opéré la synthèse des versions allemande et scandinave), mais, par contre, il devient invulnérable, sauf entre les deux épaules. Cette invulnérabilité est inconnue de Sigurd. Et puis, il a à sa disposition un manteau d'invisibilité qui correspond au manteau du dieu irlandais Oengus mac Oc, qui lui permet de dérober qui il veut aux regards des autres.

Le thème de l'invulnérabilité est intéressant. C'est le cas de l'Achille grec qu'on ne peut tuer, sauf en le frappant sur le talon. C'est le cas de Tristan, si l'on en croit la version galloise de sa légende : quiconque lui tire du sang meurt, et celui à qui il tire du sang meurt aussi, ce qui fait que personne n'ose l'attaquer. D'ailleurs, quand Tristan meurt, c'est d'une blessure affective et magique, Yseult n'étant pas venue à temps lui infuser la vie, cette vie qui dépend entièrement de l'amour de la femme-soleil. Il n'est d'ailleurs pas interdit de penser que la particularité de Tristan lui vient de son combat victorieux contre le grand Serpent crêté d'Irlande. Après avoir tué le monstre, il lui a coupé la langue et l'a serrée contre lui dans son vêtement. Mais ce contact l'empoisonne. Il perd connaissance, ce qui permet à un usurpateur de couper la tête du Serpent et d'aller trouver le roi d'Irlande pour lui demander la main d'Yseult, ce qui est le prix convenu pour la victoire sur le monstre. Yseult, plutôt sceptique envers l'usurpateur qu'elle considère comme un lâche, s'en va rechercher le véritable vainqueur, le trouve inanimé, le ramène et le guérit. Tristan confond ensuite l'usurpateur en exhibant la langue du Serpent. Ici, il n'y a ni manducation ni bain dans le sang du Dragon, mais il y a contact, et ce contact avec l'animal fabuleux peut suffire à lui procurer cette invulnérabilité. Et il en est presque ainsi, de façon analogique, dans le conte occitan de *La grande Bête à tête d'homme*.

En effet, le jeune homme qui est le héros de l'aventure, après avoir pris certaines précautions, et en particulier après s'être fait *initier* auprès de l'archevêque d'Auch, est allé jusqu'au repaire du monstre. Celui-ci lui pose des questions auxquelles il doit répondre. Il répond correctement aux questions de la Bête et pose à celle-ci d'autres questions qui demeurent sans réponse. La Bête doit s'avouer vaincue, et elle dit au héros : « Ecoute, je vais mourir. Bois mon sang, suce mes yeux et ma cervelle. Ainsi, tu deviendras fort comme Samson et tu ne craindras personne sur terre. Arrache-moi le cœur. Porte-le à ta maîtresse et fais lui manger tout cru le soir de vos noces. » L'analogie avec la légende de Sigurd est on ne peut plus nette : le héros occitan acquiert l'invulnérabilité par l'absorption du sang, de la cervelle et des yeux du Dragon, et, de plus, la femme aimée sera fortifiée par le cœur du monstre.

Si l'on comprend bien, cette absorption du Dragon par le héros permet à celui-ci d'entrer en possession des qualités supérieures de sa victime. Et si cette victime est une sorte de divinité tellurique — ce que représente le Dragon —, le symbole est clair : par son action sur la terre, le héros se nourrit des fruits de la terre. Les richesses que possédait ou gardait le Dragon, ou toute bête fantastique du même genre, c'est la nourriture fournie par la terre. Cela à la première lecture. Mais, au second degré, il s'agit bel et bien des secrets de la terre, autrement dit des secrets de la nature, ceux que la Terre-Mère garde jalousement pour elle-même. Et ce sont seulement des fils révoltés et audacieux qui peuvent, par le moyen d'une transgression, s'emparer de ces secrets. C'est par ces prolongements que l'image du Dragon commence à s'estomper pour laisser place à celle d'une entité autrement plus abstraite et plus spirituelle, une entité que l'on a souvent nommée la Déesse-Mère, et qui est aussi la Mère universelle des êtres et des choses. Car le Dragon, avant d'être un Serpent tortueux, a été une divinité féminine maternelle. Le rapport que l'on établit parfois entre le Serpent et le phallus est récent. Le Dragon est essentiellement un être de genre féminin dont le héros vainqueur s'approprie les vertus et les fonctions.

A ce stade de signification, une comparaison s'impose entre le thème du Dragon et celui du Taureau poursuivi et tué par le dieu solaire Mithra. Répétons-le, la fondation du sanctuaire du Monte-Gargano et du sanctuaire du Mont-Saint-Michel est absolument liée à une affaire de taureau poursuivi, mais sauvé *in extremis* par le saint inspiré par l'Archange Michel. C'est comme si Michel se substituait au dieu Mithra, et faisait grâce à l'animal, un peu comme l'Ange du Seigneur, apparaissant à Abraham et lui demandant d'épargner Isaac qu'il est en train de sacrifier. Cela ne dispense pas de s'interroger sur la relation étroite qui semble exister entre le Taureau de Mithra et le Dragon de saint Michel, qui est aussi celui de Sigurd et celui de Tristan.

On sait en effet que le culte de Mithra était célébré par le *taurobole*, c'est-à-dire par le sacrifice d'un taureau placé sur une grille, au-dessus d'une fosse. Dans la fosse, se tenaient les adeptes qui recevaient ainsi le sang du taureau qui était censé leur procurer la puissance spirituelle et la vie éternelle. Il s'agissait donc d'une sorte de baptême à la fois initiatique et régénérateur par lequel on parvenait à un « état de grâce ». Et s'il n'y avait pas absorption proprement dite de l'animal, il y avait du moins aspersion, c'est-à-dire l'équivalent du bain que prend Sigurd dans le sang du Dragon, ou encore l'équivalent du contact que réalise Tristan avec la langue du grand Serpent crêté. De toute façon, il y a échange, sur un plan que certains appelleront « subtil », entre l'animal sacrifié (Dragon ou taureau) et le sacrificateur, autrement dit le héros de l'aventure. On comprend alors la substitution des cultes au Monte-Gargano comme au Mont-Saint-Michel : l'ancien héros-sacrificateur était Mithra représenté par le prêtre mithraïque ; il est remplacé par Jésus-Christ représenté par son prêtre, mais personnalisé sous les traits plus adaptés au lieu de l'Archange saint Michel.

Car le dieu Mithra apparaît nettement comme une sorte de « sauveur » dans la mythologie indienne comme dans la mythologie iranienne. Il n'est pas un grand Dieu, du moins dans les croyances primitives. Si l'on admet que la pensée religieuse indo-iranienne s'est élaborée sur un certain dualisme mettant en parallèle d'abord, en conflit ensuite, deux forces divines (les forces célestes et ignées face aux forces telluriques et aquatiques), la place de Mithra est évidemment dans le camp céleste. C'est un Dieu de Lumière qui, de toute évidence, à l'origine, a été assimilé au soleil, ou tout au moins symbolisé par le soleil, avec toute l'ambiguïté que cela comporte, puisque le soleil semble avoir été féminin dans les traditions archaïques. Comme l'Hélios de l'épopée homérique, Mithra est le redresseur de torts par excellence, parce qu'il parcourt le monde et voit tout ce qui s'y passe. Il est donc chargé par les Dieux de surveiller le bon équilibre du monde et d'intervenir chaque fois que le rapport de forces penche en faveur des divinités telluriques et aquatiques : *il flotte sur les Eaux.*

Mais il n'est pas un Dieu primordial. Il joue, dans ce que l'on appelle le panthéon védique, le même rôle que Lug dans le panthéon irlandais des Tuatha Dé Danann, le même rôle que Lancelot du Lac dans l'épopée arthurienne : il est *hors-fonction* dans la mesure où il assume à lui seul toutes les fonctions. Dans les *Védas,* Mithra joue nettement le rôle d'auxiliaire indépendant et quelque peu marginal du Dieu céleste Varuna. Son personnage est intimement lié à la lumière et au soleil qu'on appelle parfois « Œil de Mithra et de Varuna ». Et surtout, d'après certains chapitres des mêmes *Védas,* Mithra se distingue par la lutte qu'il entreprend contre Soma. Soma, à l'origine, personnifie la pluie qui provient de la lune. C'est une divinité vitale, mais aquatique, humide et nocturne. Il provoque la croissance des plantes et procure la nourriture aux humains et aux animaux. Chez les êtres de sexe masculin, les sucs végétaux sont transformés en semence ; chez ceux de sexe féminin, ils sont transformés en lait. Au décès, le principe vital retourne dans la lune et, quand celle-ci croît, Soma y afflue comme dans une coupe. Soma constitue alors le breuvage d'immortalité que les Dieux boivent chaque mois. Dans ce mythe, il est clair que Soma constitue à la fois la semence du taureau divin qui féconde la terre, et le lait de la vache divine qui nourrit l'univers.

Mais Soma détient l'immortalité : il en est le maître absolu, et les Dieux le jalousent pour cette prérogative essentielle. Ils veulent tous leur part de breuvage d'immortalité, mais ils craignent que Soma ne leur refuse un jour cette part : ainsi serait renversé l'équilibre du monde au profit des puissances telluriques et aquatiques, *Soma étant incontestablement l'équivalent* du Dragon Fafnir aussi bien que du Dragon judéo-chrétien. Les Dieux décident alors d'assassiner Soma, et c'est Mithra qui est plus particulièrement chargé de cette mission. La mise à mort se déroule comme une liturgie : le sang de Soma devient le breuvage d'immortalité réservé aux Dieux, aux prêtres et à tous ceux qui participent au culte. Les hommes obtiennent par là l'immortalité, mais seulement après leur mort physique à laquelle les Dieux ne sont point soumis.

En passant dans la religion iranienne, Mithra ne perd pas ses caractéristiques. Il est plus que jamais le *Saoshyant,* le « Sauveur » qui procure aux hommes l'immortalité. Des hymnes de l'*Avesta,* le livre sacré persan, en font une description qui l'assimile aux héros de Lumière des traditions occidentales et au saint Michel du Christianisme : « Tu protèges les nations bienveillantes à Mithra, seigneur des vastes étendues ; tu mets en pièces qui le lèse ; qu'il nous vienne en aide, Mithra qui est craint, le victorieux, digne de la prière et des sacrifices, le brillant maître des nations. » Et encore : « Je veux sacrifier à Mithra, le bénévole, le puissant, le céleste, le suprême, qui est plein de miséricorde ; l'incomparable habitant des hauteurs, le guerrier fort et vigoureux, le vainqueur possédant une arme bien faite qui veille dans les ténèbres et qu'on ne trompe pas. »[1]

Mais l'exploit le plus célébré du Mithra iranien reste évidemment la mise à mort du taureau. Des textes comme le *Bundahisn* et le livre apocalyptique *Ayatkar i Zamaspik* font allusion à la création d'un taureau générateur par le Dieu de la Lumière Ahura-Mazda. Mais les forces du Mal, c'est-à-dire toujours ces mêmes puissances telluriques et aquatiques, s'emparèrent de ce taureau, provoquant le déséquilibre du monde. D'où l'intervention de Mithra pour récupérer le taureau, l'éliminer même, mais en recueillir le sang, c'est-à-dire la puissance, et la partager équitablement entre les hommes

---

1. M. Vermaseren, *Mithra, ce dieu mystérieux,* Bruxelles, 1960, p. 13.

et les Dieux. Mithra est le redresseur de torts par excellence, parce qu'il est l'équilibrateur du monde, ce qui est conforme à son rôle dans la mythologie védique où, à côté de Varuna, il représente l'élément juridique, la royauté qui assure à chacun son dû, la fonction de répartition de la vie et de la nourriture ainsi que le partage du breuvage d'immortalité.

Et, bien entendu, Mithra, surtout dans le culte qui s'est développé dans l'Empire romain, jusqu'aux extrêmes limites de l'Occident, a gardé et même accentué son aspect solaire lumineux. Il a vraisemblablement été assimilé à Lug-Mercure, et il n'est pas étonnant que saint Michel ait pu le remplacer aussi facilement au Monte-Gargano comme au Mont-Tombe : au sens littéral, il est *Belenos,* c'est-à-dire le « Brillant ». Il est aussi le *Sol invictus,* le « soleil invaincu ». Et comme tout laisse à penser que chez les anciens Indo-Européens le soleil était toujours féminin, Mithra a dû remplacer une antique divinité solaire féminine. D'ailleurs, une remarque d'Hérodote nous l'indique : les Perses, dit-il, appellent Aphrodite Mithra (I, 130), ce qui fait voir sous un jour nouveau le fameux couple mythique Mithra-Varuna. Hérodote nous dit en effet dans le même passage que les Perses sacrifient d'abord au Ciel qu'ils appellent Zeus, et ont appris des Assyriens à sacrifier à Ourania. Celle-ci correspond sans aucun doute à la déesse du Ciel primitive dont le nom était Varuna, et c'est Varuna qui a été masculinisé. Il semble bien, d'après ce témoignage d'Hérodote, généralement bien informé sur les croyances archaïques de l'Orient, que la Grande Déesse était connue dans l'Iran sous deux aspects. Elle aurait d'abord formé un couple avec Ahura-Mazda, puis ces deux personnages se seraient confondus, au moment du renversement des valeurs, en une entité masculine, Mithra : mais l'aspect de celui-ci a gardé quelque chose de l'ancienne déesse, car il est beau, jeune et rayonnant. Il est véritablement un « Archange de Lumière ».

On peut en déduire que Mithra est le strict équivalent de Sigurd et de tous les héros qui s'attaquent aux Dragons des Ténèbres. Le Taureau est bel et bien une des images que revêt le Dragon, image monstrueuse des forces brutales et instinctives *qui se déplacent vers le bas :* le rôle du héros est donc de les *faire remonter vers le haut* afin de revenir à l'équilibre harmonieux sans lequel rien ne peut exister. En ce sens, l'absorption du Dragon ou du Taureau par le héros sacrificateur, absorption suivie d'ingestion et de digestion, constitue la seule explication possible du mythe de l'Archange combattant le Dragon. On remarquera que jamais le héros ne veut éliminer ou anéantir le Dragon, pas plus que jamais un exorciste digne de ce nom ne veut « chasser les démons ». *Il ne s'agit pas d'éliminer ou, de chasser mais d'intégrer* les forces représentées par le Dragon, forces qui ont pu être momentanément dévoyées et que le héros a pour mission de remettre dans le bon chemin. Il ne peut y avoir ni vainqueur ni vaincu dans le « Combat dans le Ciel », mais seulement une *fusion* entre deux composantes qui, séparées, provoquent les pires catastrophes, mais, unies, réalisent l'harmonie du monde. Mais pour parvenir à cette fusion, le combat paraît toujours périlleux et difficile, et il n'est pas à la portée de n'importe quel individu. C'est le sens de l'intervention de l'Archange Michel, pure émanation du divin, revêtu des qualités humaines qui lui sont nécessaires pour accomplir l'acte régénérateur.

IV

GARGANTUA, PROMÉTHÉE ET LE DRAGON

Le Mont-Saint-Michel occupe une place révélatrice dans la tradition concernant Gargantua. On a vu que le Monte-Gargano contenait le nom de cette divinité gigantesque qui a perduré sous forme de personnage folklorique au cours des siècles et quelle que soit l'idéologie dominante. Gargantua, le Dieu « à la cuisse courbe », qui appartient à la même lignée que l'Héraklès grec dont il emprunte parfois les traits, est un héros parfaitement ambigu : il est à la fois un être de Lumière en ce sens qu'il rétablit l'équilibre des forces en présence, qu'il combat les injustices, qu'il instaure un royaume idéal, mais il est aussi un personnage chthonien, un personnage monstrueux dont le gigantisme rappelle qu'il n'est pas un humain comme les autres, que son origine est titanesque.

Une tradition qui voit le jour en 1532, sous la forme d'un récit attribué sans raison à Rabelais, nous donne de l'origine de Gargantua une version assez étrange, et le met en rapport très étroit avec le Mont-Saint-Michel. Le point de départ est le souci de l'enchanteur Merlin de procurer à son protégé, le roi Arthur, un combattant qui puisse lui venir en aide contre ses ennemis, en particulier des géants qui menacent son royaume.

Merlin se transporte sur une montagne d'Orient dont on n'indique pas le nom, mais il est probable qu'il s'agit du Monte-Gargano. Il a apporté avec lui « une ampoule du sang de Lancelot... la rognure des ongles de la belle Guenièvre, épouse du roi Arthur ». Puis il mélange le sang et la rognure à des « ossements de baleine mâle ». Il réduit le tout en poudre : « Et alors, par la chaleur du soleil, fut engendré le père de Gargantua. » Merlin répète l'opération avec des ossements de baleine femelle, « et de cette poudre fut faite la mère dudit Gargantua ». Après quoi, Merlin forme une grande jument grâce à une carcasse découverte sur la montagne. Grandgousier et Gargamelle, car tels sont les noms des deux êtres humains qu'il vient de créer, s'unissent sexuellement et donnent naissance à Gargantua. Alors Merlin les quitte en leur ordonnant, lorsque Gargantua sera élevé, de partir sur la grande jument en direction de l'ouest.

Cette « création » de Grandgousier et de Gargamelle, suivie de la procréation « naturelle » de Gargantua, a évidemment quelque chose d'étrange. Certes, la plaisanterie n'est pas niable, mais elle se trouve au premier degré. D'abord, Merlin, auprès d'Arthur, joue le rôle de Varuna auprès de Mithra. Il est le druide, le magicien, le prophète, l'animateur et le démiurge. Sa fonction est donc de créer une sorte d'émanation divine, un redresseur de torts qui assurera l'équilibre du royaume. Pour ce faire, qu'emploie-t-il ? Du sang de Lancelot, le meilleur chevalier d'Arthur, mais aussi le marginal, celui qui représente l'entité divine Lug, le Multiple-Artisan, et la rognure des ongles de Guenièvre, personnage féminin de grande importance puisqu'elle symbolise la collectivité et joue en fait le rôle de la Déesse-Mère. Il s'agit donc de l'union du Dieu primordial avec la Déesse primordiale. Et l'utilisation d'ossements de baleine est significative : il y a un jeu de mots sur baleine qui rappelle évidemment le Belenos gaulois, c'est-à-dire le « Brillant », surnom de

Lug-Mercure. C'est l'indication d'un élément solaire, renforcé par l'action du soleil sur le mélange. Ainsi Gargantua sera-t-il issu d'une lignée divine, même si cette lignée est présentée sous d'apparentes plaisanteries. Et, nécessairement, Gargantua jouera un rôle solaire.

Cependant, quand l'enfant atteint l'âge de sept ans, Grandgousier et Gargamelle s'en vont vers le couchant, laissant la grande jument se diriger toute seule. Ils passent par la Beauce où la jument abat tous les arbres et parviennent aux abords de ce qui est maintenant le Mont-Saint-Michel. Henri Dontenville a fait remarquer que l'itinéraire de Grandgousier, Gargamelle et Gargantua est marqué par des sanctuaires dédiés à saint Michel et où rôde le souvenir tenace du géant Gargantua. En fait, en partant du Monte-Gargano, les voyageurs passent par Lyon, où le culte de saint Michel a été très tôt à l'honneur, traversent des campagnes où le nom de Gargantua apparaît très souvent dans la toponymie, et aboutissent dans la baie du Mont-Saint-Michel comme s'il y avait nécessité absolue d'y aboutir. On sent que le rédacteur de ces *Grandes Chroniques* a voulu faire du Mont-Saint-Michel le pivot obligé de l'aventure de Gargantua.

Mais les habitants du pays veulent s'emparer des provisions que porte la grande jument. Ils s'enfuient néanmoins, terrorisés par la taille des géants : ils préfèrent se tenir tranquilles, et, en signe de paix et d'amitié, ils offrent deux mille vaches. Grandgousier et Gargamelle avaient apporté sur leur tête chacun un gros rocher : ils les déposent dans la mer[1], et c'est ainsi qu'apparaissent le Mont-Saint-Michel et Tombelaine. Mais Grandgousier et Gargamelle meurent des suites

1. Au XVIe siècle, on ne savait pas que la baie du Mont-Saint-Michel se trouvait à l'emplacement d'une immense forêt. On peut se demander depuis quel endroit Grandgousier et Gargamelle portaient leur rocher : il est possible qu'une tradition locale ait pu faire mention du transport de morceaux de rochers du Monte-Gargano vers le Mont-Tombe, ce qui aurait donné au nouveau sanctuaire michaélique ses lettres de noblesse et assuré la légitimité du culte, sa filiation par rapport à Monte-Gargano.

d'une purgation et Gargantua ne sait trop quoi faire. Merlin vient alors le retrouver et l'emmène, sur un nuage, jusqu'en Grande-Bretagne.

Le roi Arthur, enchanté par la vigueur et la taille de Gargantua, l'envoie immédiatement combattre ses plus féroces ennemis, lesquels sont les *Gos et Magos*, « forts et puissants, armés de pierres de taille ». Le roi ajoute qu'il en détient un prisonnier, « lequel lui faisait peur quand il le regardait ». Gargantua demande à voir ce prisonnier, le prend « par le collet et le jeta devant tous les barons si haut qu'on ne pouvait plus le voir, puis il tomba tout mort, aussi froissé que si une tour fût tombée sur lui ». Bien entendu, Gargantua, à la tête des chevaliers d'Arthur, met toute son ardeur au combat et massacre allégrement les Gos et Magos, sauvant ainsi le royaume d'une destruction inéluctable.

Cette aventure est significative. Avec les *Gos et Magos*, nous retrouvons le texte de l'*Apocalypse*, et aussi la tradition selon laquelle la Grande-Bretagne, avant l'arrivée des Bretons, était sous la domination de géants, lesquels étaient nés de la copulation des filles du roi de Grèce et de démons incubes. Le Dragon des Profondeurs n'est pas loin : ce sont évidemment ces Gos et Magos, et Gargantua joue nettement ici le rôle de saint-Michel conduisant les cohortes célestes contre les fidèles de Satan et les rejetant dans l'ombre. L'action se passe en Grande-Bretagne, mais le point de départ a été précisément le Mont-Saint-Michel, création de Grandgousier, le père de Gargantua, au terme d'un périple en quelque sorte initiatique qui va des rives de l'Adriatique aux rives de la Manche. Quant au héros, il combat victorieusement pour le compte du roi. Et le texte conclut : « Ainsi vécut Gargantua au service du roi Arthur l'espace de deux cents ans trois mois et quatre jours justement. Puis fut porté en féerie par Gaïn (Morgane) et Mélusine, et plusieurs autres, lesquels y sont de présent. »[1]

Mais si le personnage complexe de Gargantua est lié au

1. Jean Markale, *Le Roi Arthur*, Paris, Payot, 1976, pp. 90-95.

Mont-Saint-Michel, le roi Arthur l'est également. Et cette relation se trouve exprimée dans l'*Historia Regum Britanniae*, une vaste compilation écrite vers 1135 par l'érudit gallois Geoffroy de Montmouth. Tout commence par un rêve d'Arthur lorsqu'il doit quitter son royaume de l'Ile de Bretagne, après avoir laissé la régence à son neveu Mordret. « Dans son sommeil, il vit un ours volant à travers les airs. Au grognement de l'ours, chaque rivage tremblait. Arthur vit aussi un terrifiant dragon volant depuis l'ouest, et illuminant le pays de l'éclat de ses yeux. Quand ils se rencontrèrent, il y eut un combat merveilleux. Le Dragon attaqua l'ours plusieurs fois, le brûlant de son haleine embrasée, et finalement jeta son corps écorché sur le sol. Arthur s'éveilla alors et décrivit son rêve à ceux qui l'entouraient. Ils l'interprétèrent en disant que le Dragon était lui-même et que l'ours était quelque géant ou autre, avec lequel il combattrait. »

Il semble que Geoffroy de Monmouth n'ait pas très bien compris l'épisode qu'il raconte. En fait, dans la légende primitive, l'Ours ne peut être qu'Arthur lui-même, puisque le nom d'Arthur signifie « qui a une apparence d'ours ». Dans cette légende primitive, le combat de l'ours et du dragon préfigure ce qui va se passer plus tard, à savoir l'affrontement ultime entre Arthur et Mordret, lors de la bataille de Camlann. Le Dragon est nettement Mordret, le traître, celui qui usurpe le pouvoir et détruit le royaume en voulant s'en emparer. Mordret, dans le mythe arthurien, représente assurément les forces telluriques et aquatiques aux colorations infernales qu'Arthur et ses chevaliers fidèles doivent combattre pour rétablir l'équilibre un instant rompu. Mais ils n'y parviennent pas, et c'est l'écroulement du monde arthurien. Arthur est alors un saint Michel qui a échoué dans sa tentative de soumettre les forces instinctives du Dragon.

Mais Geoffroy de Monmouth interprète ce rêve comme l'annonce de l'aventure qui va suivre immédiatement dans le cours du récit, et qui est localisée au Mont-Saint-Michel. Arthur apprend en effet qu'un géant venait de ravir la jeune

Elen, nièce du roi Hoël d'Armorique, et qu'il l'avait emmenée avec lui au sommet de ce qui est maintenant le Mont-Saint-Michel. Les chevaliers de cette région avaient poursuivi le géant, mais ils n'avaient rien pu contre lui, tant sa violence et sa cruauté étaient grandes. Qu'on l'attaquât par mer ou par terre, cela n'avait aucune importance, car il brisait les navires en lançant d'énormes troncs d'arbres, ou bien il lançait des pierres sur les hommes. Il en avait d'ailleurs capturés quelques-uns qu'il avait dévorés vivants.

Il est évident que ce géant est une sorte d'ogre. Et s'il n'a pas d'allures ophidiennes, il n'en constitue pas moins l'équivalent du Dragon des Profondeurs. La princesse Hélène, nièce du roi, représente, elle, l'élément céleste, aérien et lumineux, tandis que le géant incarne les forces telluriques et aquatiques. Il s'est emparé de la jeune fille, et ce faisant il a détruit l'équilibre entre le Ciel et la Terre, semant ainsi la terreur et le chaos dans l'univers. Il importe donc de rétablir la situation primitive.

C'est pourquoi Arthur décide d'agir. La nuit suivante, il s'en va, seulement accompagné de Kaï et de Bedwyr (Béduier). « Quand ils arrivèrent près du Mont, ils virent un feu brillant sur le sommet, et un deuxième feu qui brûlait sur un mont plus petit (Tombelaine). Bedwyr fut invité par le roi à aller vers le deuxième feu en bateau. Il ne l'aurait pas atteint autrement, car le roc était en pleine mer. Comme Bedwyr commençait à grimper vers le sommet, il entendit la lamentation d'une femme, au-dessus de lui. Cela le terrifia d'abord, car il craignait que le monstre fût là. Son courage revint bientôt. Il vit une vieille femme qui pleurait. Quand elle l'aperçut, elle s'arrêta de pleurer et lui dit : « Malheureux ! quelle mauvaise fortune t'a amené en cet endroit ? Cette nuit même, un énorme monstre détruira la fleur de ta jeunesse. Le plus odieux de tous les géants viendra ici. Maudit soit son nom ! C'est lui qui a enlevé la nièce du roi jusqu'à cette montagne. Je viens juste de l'enterrer en cet endroit. Avec elle, il m'a enlevée, moi, sa nourrice. Quand le géant l'a prise dans ses bras, la peur a envahi sa tendre poitrine, et elle a rendu une vie pourtant riche en promesses. Alors, comme il n'a pu satisfaire sa lubricité sur cette enfant qui était la sœur de mon âme, la joie et le bonheur de ma vie, alors, dans la folie de son bestial désir, il m'a violée... Fuis, cher seigneur ! »

La tradition récupérée ici par Geoffroy de Monmouth est une légende locale, une légende qui tente d'expliquer le nom de l'îlot de Tombelaine : c'est clair, il s'agit de Tombe-Elen, ou Tombe-Hélaine, le tombeau de la malheureuse jeune fille tuée par le monstrueux géant perturbateur. Une autre version de cette légende fait de la jeune Hélaine la fiancée du chevalier Montgommery. Mais le mariage ne peut se faire à cause de la rivalité entre les deux familles, ce qui oblique les deux jeunes gens à cacher leurs amours sur cet îlot désert, près du Mont-Tombe. Or, un jour, Montgommery part pour la guerre. De longs mois s'écoulent, et la jeune Hélaine vient chaque jour sur l'îlot guetter le retour de son amant. Hélas ! elle apprend la mort de celui qu'elle aime et meurt de douleur à l'endroit même où elle avait reçu le premier baiser du chevalier Montgommery. C'est ainsi qu'elle est enterrée dans cet îlot qui, depuis, en sa mémoire, porte le nom de Tombelaine[1].

Cette seconde version de la légende, à peu près contemporaine de l'autre, car elle a été recueillie à la fin du XIe siècle, a été débarrassée de son contexte fantastique et mythologique : il ne s'agit plus que d'une simple histoire d'amour, très émouvante, mais complètement vidée de son sens. De toute façon, à travers le personnage « romantique » d'Hélaine, se profile le visage d'un Bélénos qui a encore ses caractéristiques féminines de divinité solaire. Hélaine est morte d'amour en apprenant la mort de son amant exactement comme Yseult la Blonde en apprenant la mort de Tristan. Et l'on sait qu'Yseult la Blonde n'est autre que la transposition de l'héroïne irlandaise Grainné dont le nom pro-

---

1. Étienne Dupont, *Les Légendes du Mont-Saint-Michel*, Paris, s.d., pp. 30-35.

vient du mot gaélique *grian* qui signifie « soleil ». La mythologie, si elle est officiellement écartée des récits légendaires, s'y trouve souvent contenue sous des aspects qui pour être rassurants n'en sont pas moins révélateurs.

Cependant, dans le récit de Geoffroy de Monmouth, Bedwyr, ému de la détresse de la vieille femme, tente de la réconforter, puis il va rendre compte de sa mission à Arthur. Le roi réclame comme un honneur qu'on le laisse aller seul combattre le géant. Kaï et Bedwyr restent donc au pied du Mont, et Arthur gravit la pente. « A ce moment, le monstre inhumain se tenait près du feu. Son visage était couvert de sang caillé d'un grand nombre de cochons qu'il avait mangés en partie. D'autres morceaux étaient en train de rôtir sur une broche. » Le géant aperçoit le roi et se précipite sur lui en brandissant sa massue. Arthur lève alors son épée et se protège de son bouclier. Il blesse le géant au front. Celui-ci, « aveuglé par le sang qui dégoulinait, se précipita cruellement comme un sanglier se précipite sur un chasseur, sa défense en avant. Il saisit Arthur par le milieu du corps et le força à s'agenouiller. Arthur rassembla ses forces et rapidement glissa hors de l'étreinte du géant. Rapide comme l'éclair, il frappa le géant trois fois avec son épée, dans la tête, juste à l'endroit où la cervelle était protégée par le crâne. La créature mauvaise poussa un rugissement et s'abattit sur le sol avec un fracas terrible, comme lorsqu'un chêne est déraciné par la fureur des vents ». Arthur se dit qu'il n'a guère trouvé d'adversaire aussi redoutable. Il demande à ses compagnons de couper la tête du géant et de l'emmener au camp. Le roi Hoël, satisfait parce que sa nièce a été vengée, fait construire une chapelle à l'endroit même où est enterrée la jeune fille sur l'îlot qui, depuis lors, porte le nom de Tombelaine[1].

Ainsi donc, les traditions locales de la baie du Mont-Saint-Michel portent la trace de la présence d'un géant plus ou moins démoniaque qui réside dans une caverne sur le Mont-

---

1. Jean Markale, *L'Épopée celtique en Bretagne*, Paris, Payot, 1971, pp. 252-255.

Tombe. Il faut mettre cette tradition en rapport avec le thème du taureau tel qu'il apparaît dans le récit hagiographique concernant saint Aubert et la fondation du sanctuaire dédié à saint Michel. Le taureau et le géant sont évidemment analogues au Dragon, que le même Arthur poursuit à Saint-Michel-en-Grève, et que saint Efflam réussit à dompter en ses lieu et place : la primauté de cet acte de « salubrité publique » est accordée à un saint, même si ce saint a des résonances mythologiques comme saint Efflam, ou mystiques comme saint Michel. Cela paraît normal dans des pays où le Christianisme a incorporé bon nombre de croyances païennes antérieures et leur a donné une coloration en rapport avec la nouvelle idéologie. Mais le schéma demeure le même : il y a un *Héros de Lumière* qui affronte le Dragon des Profondeurs. Mais ce Dragon est lui aussi détenteur d'une flamme, d'un feu, on le voit bien avec les deux bûchers qui brûlent sur le Mont-Tombe et sur Tombelaine, dans la tradition rapportée par Geoffroy de Monmouth. Et quand on sait que le Mont-Saint-Michel est l'endroit idéal pour que se manifeste la foudre, cela ne manque pas de provoquer des réflexions : car la foudre est la rencontre de deux feux d'origine opposée, le feu de la Terre et le feu du Ciel. Il ne faut jamais oublier que si l'Archange possède une épée flamboyante, le Dragon vomit des flammes.

C'est en prenant en compte ces deux feux de nature opposée qu'on doit traquer le sens le plus profond et finalement le plus *hermétique* du combat de l'Archange et du Dragon. Il est question de monstres mythiques, d'un Dragon ou de géants qui habitent les cavernes de la terre. Il est question d'un feu souterrain, comme celui qui est enfermé sous la chapelle Saint-Michel de Brasparts ou sous la chapelle Saint-Michel d'Aiguilhe. Le personnage de Gargantua interfère dans tout cela, et ce n'est pas sans raison, car il est la formulation celtique du géant tellurique et aquatique qui participe également de la vie aérienne et ignée des divinités d'*en-haut*. Et l'on débouche sur un personnage mythologique bien connu, mais qu'on n'a jamais osé mettre en rapport avec le mythe de saint Michel et du Dragon, le personnage de Prométhée.

A première vue, le Titan Prométhée semble n'offrir rien de commun avec l'Archange de Lumière ni même avec le Dragon des Profondeurs. Pourtant, ils ont entre eux un lien indiscutable : le Feu. C'est en vertu de cette constatation qu'il convient d'examiner attentivement le mythe du Prométhée de la fable grecque, en fonction du Prométhée folklorique qui continue à vivre dans la mémoire populaire dans les régions du Caucase[1]. De cette confrontation peut surgir quelque éclairage nouveau sur le « Combat dans le Ciel ».

La légende de Prométhée est à la fois bien connue et pourtant méconnue. C'est un descendant des Titans, donc un personnage à la fois divin et gigantesque (n'oublions pas que Zeus lui-même est un Titan), dont le nom signifie « Pensée prévoyante ». Dans la mythologie grecque, qui tient compte d'une création évolutive, Prométhée marque l'avènement de la conscience et l'apparition de l'être humain. Prométhée est présenté comme un démiurge, et, en ce sens, il s'apparente à Merlin. Il tente d'organiser le monde, mais à sa façon, d'où le rapprochement opéré avec l'entité angélique révoltée à laquelle on donne le nom de Satan. Il crée la race humaine, le premier homme Deucalion et la première femme Pandora. Mais sa création étant imparfaite — et semblable à celle imaginée par les Cathares qui voyaient dans Satan le créateur d'êtres sans âme et sans esprit avant qu'il ait eu l'idée de capturer les Anges et de les enfermer dans les corps des créatures —, Prométhée dérobe le feu du ciel que détient jalousement Zeus, le maître de l'Olympe. C'est un défi, une désobéissance, un sacrilège. Prométhée doit être puni pour avoir osé se livrer à un acte qui déséquilibre le monde imaginé par les Dieux. Alors, il est enchaîné sur le mont Cau-

---

1. Voir G. Charachidzé, *Prométhée ou le Caucase*, Paris, Flammarion, 1986. Cet ouvrage fondamental remet en question tout ce qui concerne le personnage de Prométhée.

case, par ordre de Zeus, et un vautour lui dévore continuellement le foie.

Ainsi peuvent être exprimées les grandes lignes du schéma mythique que l'on retient la plupart du temps à propos de Prométhée. Il faut bien dire qu'il s'agit d'une version simplifiée à l'extrême, et qui ne tient absolument pas compte de la complexité du personnage, apparemment image de la Révolte contre la toute-puissance des Dieux établis, en réalité image de l'ambiguïté de l'Etre, tentant désespérément d'assurer l'équilibre entre les deux forces contradictoires qui sont la condition essentielle de toute existence.

En effet, si l'on met à part le *repas de dupes* au cours duquel Prométhée s'est moqué de la toute-puissance des Dieux olympiens, l'action de Prométhée se déroule en deux temps essentiels. Le premier se situe au moment où, voulant donner une âme à la créature matérielle qu'il a formée, il va dérober à Zeus le *Feu du Ciel,* transgressant évidemment un interdit, puisque le Feu-Esprit était la propriété exclusive de la race divine. Il y a là l'équivalent de l'épisode biblique de la désobéissance d'Ève et d'Adam, et on peut facilement reconnaître Prométhée dans l'image du Serpent de la *Genèse.* Mais si le Serpent — avec une indulgence stupéfiante de la part de Yahvé-Dieu — n'a été condamné qu'à ramper, c'est-à-dire à demeurer en permanence dans sa nature tellurique, Prométhée, lui, a été enchaîné à un sommet du mont Caucase, entre ciel et terre, mais très haut, à la rencontre des puissances telluriques et des puissances célestes, le foie rongé par un oiseau dont le caractère divin et céleste ne fait aucun doute. Le « crime » de Prométhée est puni plus sévèrement que celui du Serpent, et, en tout cas, il n'est pas identique. Certes, la psychologie a mis en évidence que le fait d'avoir le foie rongé perpétuellement par un rapace symbolisait le remords qui assaille Prométhée, mais l'explication est trop facile et ne résout rien quant au sens profond du mythe. A ce moment-là, on pourrait comparer ce châtiment avec le châtiment du Dragon, tel qu'il apparaît dans l'*Apocalypse,* quand Michel l'enchaîne pendant mille ans. Mais le Dragon est libéré, tandis que Prométhée attend encore sa délivrance.

Il semble bien que le mythe de Prométhée ait été tronqué et altéré à travers les rédactions successives de sa légende. En fait, son action, qu'on peut classer comme une révolte face à l'autoritarisme de Zeus, se déroule en deux étapes. Une première étape consiste à dérober le Feu du Ciel, celui de Zeus, autrement dit la lumière céleste de l'intelligence, celle des rapports subtils entre les êtres et les choses, en un mot la spiritualité. Des corps sans âme qu'il a fabriqués, Prométhée fait des « presque comme Dieu », et répond de façon fragmentaire à la question posée par l'Archange Michel. Mais cette violation du secret des Dieux déclenche un déséquilibre au profit de l'humain et dont le divin est automatiquement privé. Zeus cherche donc à rétablir l'équilibre rompu, et, par sa toute-puissante volonté, il dérobe à son tour le Feu que lui a emprunté Prométhée. Là se place l'équivalent de la Chute des Anges et du rejet de Satan dans les abîmes de la Terre. Or la situation ainsi créée ne peut être que provisoire, puisque l'humanité, privée de l'Esprit-Feu, tente désespérément de recouvrer ce qu'elle a perdu. Prométhée, qui l'incarne symboliquement, se met en quête d'un nouveau Feu qui pourrait redonner à ses créatures la vie dont elles sont privées. C'est alors qu'il dérobe non pas le feu céleste, plus que jamais surveillé et interdit, mais le Feu tellurique, celui d'Héphaïstos, le dieu boiteux que la colère de Zeus a déjà précipité dans les profondes cavernes de la Terre.

Ces deux étapes sont importantes, parce qu'elles éclairent différemment la révolte de Prométhée. Celui-ci n'est pas un révolté pour le plaisir. En tant que « Pensée prévoyante », il vise à mettre l'humanité en possession des moyens d'action qui lui sont nécessaires pour accomplir le destin du monde que les Dieux, empêtrés dans leurs contradictions, sont désormais incapables de mener à son terme. Prométhée prend conscience que la race des Dieux est désormais stérile et que rien de ce qu'ils entreprendront ne pourra servir l'évolution du monde. Prométhée n'a confiance qu'en ces créatures misérables qu'il a sorties de la glèbe. Il va donc tenter l'impossible et obtenir le substitut de ce qui avait été, dans une première étape, la première âme de l'humanité. A-t-il échoué ? Sûrement pas, puisque la vengeance de Zeus se fait lourdement sentir sur lui.

Un conte provençal, incontestablement d'origine grecque, rend compte de ces deux étapes. Il s'agit du *Feu dérobé,* qui se racontait encore dans les dernières années du XIXe siècle. Le thème de base est la colère du Dieu chrétien — car le cadre est évidemment christianisé — devant l'insouciance des humains qui font ripaille en Carême et abusent de la facilité qu'ils ont de se servir de la flamme : « L'odeur de la friture et du rôti était devenue si forte qu'on en était incommodé au Paradis. » Par la volonté de Dieu, tous les feux s'éteignent sur terre. Mais il y a une contrepartie : « La terre devint triste comme un tombeau. » Et surtout, « il arriva ce résultat que Dieu n'avait pas prévu malgré sa grande sagesse : les hommes, redevenus semblables aux bêtes, s'occupèrent encore moins qu'avant de religion ». Dieu est très ennuyé de cette situation. C'est alors que l'Archange Gabriel propose de descendre sur terre et d'offrir quelques charbons ardents qu'il ne donnera que contre la promesse de vivre pieusement. Dieu accepte l'idée de Gabriel. L'Archange descend sur terre, s'installe sur le marché et propose ses charbons ardents qui excitent évidemment la convoitise de tout le monde. Mais personne ne veut acheter du feu contre la promesse de vivre pieusement, et Gabriel est prêt à revenir au Paradis avec ses charbons ardents quand une vieille femme boiteuse vient le trouver et discute avec lui tout en triturant les braises avec sa canne. La discussion reste apparemment sans succès et l'Archange remonte au Ciel. Mais, dans la nuit qui suit, tout le Paradis est réveillé par un vacarme épouvantable qui provient de la terre : « Le bruit des chants, des rires, des plaisanteries, l'odeur du tabac, montaient jusqu'au trône de Dieu. » Et le Tout-Puissant vit « des milliers de feux briller un peu partout. Ici des poêles à frire dans lesquelles l'huile bouillante dorait des beignets ou des poissons. Là, des broches chargées de gigots, de volailles, de gibier, tournaient en grésillant. D'innombrables marmites laissaient échapper l'odeur appétissante du ragoût. Des pipes, des cigarettes brûlaient avec des volutes de fumée bleuâtre ». Renseignements pris, on s'aperçoit que la vieille femme n'avait jamais eu le désir d'acheter des braises contre la promesse de mener une vie pieuse, mais qu'en touchant le feu avec sa canne, elle avait tout simplement communiqué la flamme à sa férule et qu'elle en avait profité pour redonner aux humains tout ce qui leur faisait cruellement défaut. « L'Archange en fut fort dépité... Mais le Seigneur, dans son infinie bonté, se mit à rire du bon tour que la vieille avait joué à son envoyé[1]. Il est vrai que le Dieu des Chrétiens n'est pas rancunier comme le Zeus des Grecs.

Le conte provençal insiste sur la plaisanterie. Mais, comme dans le récit des *Grandes Chroniques* concernant Gargantua, la plaisanterie n'existe qu'au premier degré. Si Prométhée n'apparaît pas, il a cependant des substituts, en particulier dans le personnage de la vieille dame qui subtilise le feu proposé par l'Archange Gabriel. Ce conte montre les deux étapes : une première fois, les humains ont eu le feu en leur possession, et ils en ont été privés par la volonté divine. Ils l'ont dérobé une deuxième fois, même si, dans le schéma, il s'agit du même feu venu du Ciel. Ce qui ressort de tout cela, c'est que le feu dont se servent les humains a été dérobé frauduleusement aux puissances divines au moins deux fois de suite. La *Théogonie* d'Hésiode (565-569) raconte ainsi le premier vol : « Mais le brave fils de Japet (= Prométhée) sut le (Zeus) tromper et déroba au creux d'un narthex l'éclatante lueur du feu infatigable ; et Zeus, qui gronde dans les nues, fut mordu cruellement au cœur et s'irrita en son âme quand il vit briller au milieu des hommes l'éclatante lueur du feu. » La conclusion ne se fait pas attendre : « Quand à Prométhée aux subtils desseins, Zeus le chargea

1. Jean Markale, *Contes occitans*, Paris, Stock, 1981, pp. 237-241.

de liens inextricables, entraves douloureuses qu'il enroula à mi-hauteur d'une colonne. Puis il lâcha sur lui un aigle aux ailes éployées ; et l'aigle mangeait son foie immortel, et le foie se reformait la nuit, en tout point égal à celui qu'avait, le jour durant, dévoré l'oiseau aux ailes éployées » (521-524). Voilà qui apparente nettement Prométhée au Satan-Lucifer de la tradition judéo-chrétienne.

Il existe cependant une autre tradition attestée par plusieurs auteurs de l'Antiquité classique. Platon s'en fait volontiers l'écho dans son *Protagoras* (320-321) : « Prométhée n'avait pas le temps de monter jusqu'à l'acropole où résidait Zeus, sans compter que les gardes veillant aux barrières des cieux étaient redoutables. Il en était tout autrement pour l'atelier commun où travaillaient ensemble Héphaïstos et Athéna. Prométhée y entra sans être vu, déroba l'habileté d'Héphaïstos aux arts du feu et celle d'Athéna aux arts qui lui sont propres, pour donner le tout aux hommes. »

Bien sûr, une explication historicisante pourrait interpréter les fables comme la transcription de réalités vécues : la première étape pendant laquelle les hommes ont la possession du feu pourrait fort bien rendre compte de l'époque où les humains utilisaient le feu du ciel tel que celui-ci leur parvenait : c'est-à-dire à l'époque où ils ne savaient pas produire le feu eux-mêmes et se contentaient d'utiliser le feu de la foudre qui enflammait les arbres, et ensuite de le conserver précieusement pour des usages ultérieurs. Nous serions ainsi en pleine période de la « Guerre du Feu ». Mais le feu, ainsi conservé de façon rudimentaire, aurait pu disparaître. D'où une seconde étape, symbolisée par le rapt du feu d'Héphaïstos et d'Athéna, autrement dit la conquête du feu industriel, la *fabrication* du feu à partir de morceaux de bois ou de pierres de silex longuement frottés jusqu'à l'apparition de l'étincelle : ce feu « artificiel » représenterait alors le feu tellurique, celui du Forgeron divin qui réside dans les entrailles de la terre. Mais cette explication est trop rationnelle pour être valable. Le mythe dépasse toujours la réalité, et c'est la réalité qui s'efforce d'atteindre la hauteur du mythe.

Il y a donc autre chose, et le Feu dérobé par Prométhée n'est peut-être pas seulement matériel. C'est alors qu'il faut se référer à des légendes parallèles à celle de Prométhée et qui sont toutes d'origine populaire, mais *localisées dans le Caucase*, c'est-à-dire dans le pays où Prométhée a été enchaînée par Zeus, ce qui indique nettement que le mythe de Prométhée est lié, d'une façon ou d'une autre, au Caucase.

En l'occurrence, dans les traditions des peuples du Caucase, et en particulier de la Géorgie, qui porte un nom étrange dérivé de *Gaïa*, la Terre-Mère, dont le personnage chrétien de saint Georges n'est que le substitut, Prométhée est bien connu sous le nom d'*Amirani*. C'est un héros civilisateur, mais pas forcément un héros de lumière comme on va le voir.

Amirani est né d'amours de type mélusinien (un mortel épouse une fée) entre un chasseur et une déesse, Dali, considérée comme la protectrice du gibier cornu. Conçu en trois nuits, comme il se doit pour un héros dont la destinée sera exceptionnelle, il est arraché prématurément des entrailles maternelles, et sa gestation devra s'achever à l'extérieur, par des moyens artificiels. La ressemblance avec le héros des Nartes, le Scythe Batraz, est flagrante. Et n'oublions pas que le Batraz de l'Asie centrale n'est autre que la même figure mythologique connue en Irlande sous le nom de Cûchulainn, avatar et substitut du dieu Lug-Mercure.

Cependant, Amirani est abandonné par son père auprès d'une source. Dieu en personne lui sert de parrain, ce qui suppose que le personnage est promis à une haute mission. Dieu lui confère son nom et des pouvoirs surhumains. Il est recueilli par un paysan qui l'élève avec ses deux propres fils. C'est alors qu'Amirani découvre sa vraie nature : il commence par s'attaquer aux passants qui ne lui ont rien fait, puis aux démons qui tourmentent les habitants du pays. En compagnie de ses frères adoptifs, il est le héros de plusieurs aventures, en particulier d'une lutte sans merci contre un monstre tricéphale, le géant Baq-Baq. Il tranche les trois têtes du géant, mais, de ces têtes, s'échappent trois vers de terre qui se métamorphosent en dragons blanc, rouge et noir. Amirani tue successivement le dragon blanc et le dragon rouge, mais le dragon noir l'avale et se réfugie sous la mer Noire. Cependant, le héros lui ouvre le ventre et réussit à s'échapper. Par la suite, il se livre à des actions excessives qui sont autant de défis à Dieu. C'est pourquoi Dieu décide de le châtier : il est enchaîné à un pieu fiché profondément en terre, enseveli ainsi sous un amas montagneux en forme de dôme, et un chien ailé lèche ses chaînes qui, de la sorte, s'amincissent et deviennent fragiles. Mais au moment où les chaînes vont céder, les forgerons de tout le Caucase frappent leur enclume, et les chaînes retrouvent leur épaisseur. De plus, chaque année, la prison montagneuse s'ouvre, et le captif rejoint l'air libre pour une nuit. Un humain secourable essaie alors de le délivrer, mais à cause de la parole excessive d'une femme la montagne se referme sur Amirani[1].

Étrange histoire. Tout y est contenu : le mythe de Prométhée, la transgression, c'est-à-dire la révolte des Anges, l'enfermement de Satan, le thème du Dragon des Profondeurs, et même le motif bien connu de la cité qui s'entrouve à certaines époques pour un temps très court. Il y a même le thème très répandu en Bretagne armoricaine d'un homme secourable qui tente d'arracher un damné aux supplices infernaux, ou aux souffrances du Purgatoire. Mais, de toute évidence, le personnage traditionnel et populaire de cet Amirani caucasien a gardé du Prométhée primitif des traits plus archaïques et beaucoup moins altérés par les littérateurs grecs. Il doit représenter l'essence même du mythe, à savoir qu'un être exceptionnel transgresse un interdit fondamental, apporte quelque chose aux humains, et se voit puni d'un terrible châtiment. Le problème est qu'Amirani combat des Dragons dont il est vainqueur. Il n'est donc pas lui-même le Dragon.

Cela reste pourtant très discutable à cause de l'épisode du troisième dragon, le Dragon noir. *Amirani est en effet avalé*

---

1. G. Charachidzé, *op. cit.*, pp. 26-28.

par le Dragon noir qui l'entraîne sous la mer. Il s'agit incontestablement du même schéma mythologique que celui qui concerne Jonas, ce personnage biblique ingurgité par la baleine et rejeté plus tard. Psychanalytiquement, le passage dans le ventre de la baleine est une régression dans l'univers utérin. Au point de vue ésotérique, il correspond au séjour dans la Tombe lors de certaines initiations maçonniques. En tout état de cause, il s'agit d'une maturation, d'une nouvelle gestation grâce à laquelle le héros acquiert une nouvelle nature d'ordre suprasensible. Le Jonas d'après la baleine n'est plus le même que le Jonas d'avant. De la même façon, l'Amirani d'avant le Dragon noir n'est pas encore l'Amirani qui va ensuite s'opposer fondamentalement à Dieu. En restant dans le ventre du Dragon, Amirani en a pris la nature et en a acquis les pouvoirs. Amirani est devenu le Dragon des Profondeurs. Il s'est donc passé quelque chose, et l'action du héros ne peut plus être la même : « Désormais, Amirani se livra seul à des exploits héroïques et il n'y avait plus au monde un être qui pût se mesurer à lui. Il en vint à tel point qu'il ne laissa plus sur terre que trois démons, trois sangliers et trois chênes. »[1]

Cette indication est précieuse : Amirani se comporte en égal de Dieu, *mais sur un plan inférieur*. Il incarne alors ces fameuses puissances telluriques et aquatiques qui dominent le monde et prétendent y exercer un pouvoir exclusif, écartant d'emblée tout ce qui est céleste. Dans ces conditions, rien ne s'oppose à ce qu'on puisse reconnaître dans Amirani-Prométhée une des incarnations du Dragon des Profondeurs : il n'est pas le Mal, mais il déséquilibre l'univers en sa faveur, donc rien ne va plus dans le monde. Et les puissances célestes ont donc bien raison de s'inquiéter de ses activités.

Un autre texte traditionnel caucasien nous montre Amirani aux prises avec saint Georges. Il ne faut pas oublier, en effet, que la légende d'Amirani a mûri dans un contexte socio-

---

1. G. Charachidzé, *op. cit.*, p. 69.

culturel christianisé. Et l'on sait que saint Georges, dans la mythologie chrétienne, joue le rôle plus généralement imparti à saint Michel. Dans ce texte, saint Georges se rend auprès de Dieu et lui demande qu'on punisse de mort Amirani. Dieu lui répond : « Ne le tuons pas, châtions-le simplement. » Saint Georges est chargé du châtiment. Il se présente devant Amirani et lui reproche de ne pas obéir à son parrain, c'est-à-dire à Dieu. Amirani lui rétorque qu'il n'obéit à personne, et que si Dieu le désire il est prêt à lutter avec lui. Saint Georges va rendre compte de sa mission, et Dieu décide alors d'agir. Il apparaît à Amirani et lui propose de lâcher un oiseau : si Amirani peut attraper l'oiseau, il sera vainqueur de l'épreuve. Ainsi est fait, mais Amirani ne parvient pas à rattraper l'oiseau jusqu'au moment où il atteint l'Elbrouz. « Comme il s'apprêtait à le saisir, il s'aperçut qu'il tenait entre ses propres mains un grand pieu de fer. Et il était enchaîné à ce pieu. »[1] La conclusion de cette histoire est saisissante, mais elle indique bien le sens profond du mythe : Amirani, comme Prométhée, ne peut être tué, car sa mort serait une catastrophe pour le monde. Mais, étant donné qu'il a fait basculer l'équilibre du monde de son côté, il faut le réduire à l'impuissance, le dompter, l'enchaîner, exactement comme le Dragon que Michel enchaîne pour mille ans. Car ce qui ressort de toutes ces légendes, c'est que le Dragon est indispensable à la survie du monde. Ce sont seulement ses abus de pouvoir qui sont à combattre. C'est ce que fait saint Michel sur le haut du Mont-Saint-Michel, mais il se garde bien de tuer son adversaire.

1. G. Charachidzé, *op. cit.*, p. 71.

V

LE BAISER AU DRAGON

La plupart des légendes localisées au Mont-Saint-Michel et aux alentours immédiats sont décevantes dans la mesure où elles ne sont guère plus que des anecdotes destinées à l'édification des fidèles et à l'encouragement des pèlerins. Tout se passe comme si on avait soigneusement filtré la tradition locale pour en extirper toutes les implications qui semblaient appartenir à des croyances plus anciennes ou suspectes. Il est vrai que le Mont-Saint-Michel représente en lui-même ce qu'il y a de plus fondamental dans l'être humain, et qu'il n'est peut-être pas opportun de dévoiler à tout un chacun la signification exacte de ce qui a motivé l'édification du sanctuaire, à savoir le combat de l'Archange et du Dragon. A la rigueur, l'Archange peut être une figure rassurante : il a sauvé la France au temps de Jeanne d'Arc — c'est du moins ce qu'on raconte — et le roi Louis XI a créé spécialement un Ordre de Saint-Michel pour prouver au monde et à lui-même que cet Archange avait choisi son camp, celui d'une nation qu'on dit être la « fille aînée de l'Église », en niant du même coup que l'Évangile s'adresse à toutes les nations sans aucune exception, et qu'un mort, qu'il soit blanc, noir ou jaune, n'est qu'un fils de Dieu parmi beaucoup d'autres. Ce qui a tué le légendaire du Mont-Saint-Michel, c'est la longue lutte entre les Anglais et les Français : du coup, les Anglais sont devenus l'incarnation du Dragon, et bien entendu le brillant Archange a pris la place qu'aucun Français n'oserait lui disputer, ayant bien trop peur de se mesurer à des forces obscures dont on ignore si elles sont bénéfiques ou maléfiques.

Cela dit, dans le légendaire du Mont, parmi les fadaises habituelles de l'hagiographie et les roucoulades romantiques inventées par les marchands de tourisme, il reste certains éléments qui révèlent des réalités profondes et qui doivent être pris en considération quand on veut essayer de comprendre le sens du mythe de saint Michel. C'est d'abord le récit supposé historique de la fondation du sanctuaire par saint Aubert. Le trou dans le crâne de l'évêque d'Avranches est, de toute évidence, la marque de l'*illumination* dont le personnage a été saisi, sans doute à son corps défendant. C'est, nous l'avons déjà dit, le symbole de l'ouverture du chakra de l'intelligence intérieure, la vision subtile de ce qui est invisible. Et, compte tenu des détails de la légende, il n'y a pas lieu de douter un seul instant de la réalité de la vision de saint Aubert : il savait ce qu'il faisait en voulant établir un sanctuaire dédié à saint Michel sur le Mont-Tombe. Quant à la présence du taureau sur les lieux mêmes où il devait bâtir ce premier sanctuaire, elle s'explique suffisamment par la substitution de culte qui s'est opérée à ce moment-là, tout en mettant en relief la continuité de croyance entre le mithraïsme et le Christianisme. Là aussi, ces détails ne sont pas dus au hasard.

Mais ce qui est important, ce n'est pas l'histoire du Mont revue et corrigée par l'imaginaire populaire : c'est essentiellement ce qui subsiste du schéma initiatique primitif qu'on discerne à travers l'architecture de l'abbaye et les symboles qui, sans être tout à fait des ornements artistiques, sont quand même considérés par nos contemporains comme de l'art et non comme de la philosophie théologique. La laïcité aidant, nous avons tendance à considérer les monuments religieux comme des œuvres d'art exclusivement vouées à la glorification du divin. Mais c'est oublier que l'art a ses limites, qu'étymologiquement l'art est *technique*, et que toute technique sert à transmettre un message. Au Mont-Saint-Michel, le message est si complexe qu'il faut bien de la patience pour le déchiffrer dans la pierre comme dans les traditions relatives au combat de l'Archange et du Dragon.

Parmi les légendes édulcorées qui nous sont parvenues, en dehors de celle de la fondation, il y en a deux qui méritent l'attention de ceux qui cherchent honnêtement à savoir ce que dissimule le regard glacial mais pourtant lumineux de l'Archange. L'une concerne « le châtiment du sacristain Drogon », et remonte vraisemblablement au XIe siècle. Ce sacristain, qui appartenait à un autre ordre que celui des frères du Mont, se conduisait de façon désordonnée. Certes, il s'occupait soigneusement de tout préparer pour les offices ; il faisait soigneusement le ménage ; il veillait à ce que les burettes fussent toujours pleines ; il nettoyait assidûment les objets nécessaires au culte. Mais il n'était pas suffisamment recueilli : il faisait trop de bruit en manipulant les objets sacrés, il soufflait bruyamment sur les cierges pour les éteindre, et surtout il s'inclinait à peine quand il passait devant l'autel dédié à saint Michel. Cela lui avait attiré bon nombre d'avertissements de la part de l'abbé.

Or, un soir, alors qu'il était dans sa cellule, le sacristain Drogon entendit du bruit dans l'église abbatiale qu'il avait pourtant fermée. Il alla voir, et remarqua trois pèlerins agenouillés devant l'autel de saint Michel. La première pensée du sacristain fut d'aller trouver son aide, un jeune novice nommé Nicolas, de le réveiller et de lui reprocher d'avoir laissé trois pèlerins enfermés dans le sanctuaire. Nicolas s'étant récrié, Drogon l'emmena dans l'église où se trouvaient encore les trois pèlerins. Il dit à l'enfant de constater la vérité, mais Nicolas affirma qu'il ne voyait personne. Alors Drogon lui donna une gifle retentissante pour lui apprendre à mentir. « Puis il le saisit par le bras et le conduisit vers l'autel pour lui faire honte devant les pèlerins qui priaient toujours et qui n'avaient pas tourné la tête au bruit de la gifle. Drogon passa devant la statue sans s'incliner. Il reçut aussitôt d'une invisible main un formidable soufflet qui claqua bruyamment dans l'église et qui le renversa par terre, où il resta quelques minutes étendu sans connaissance. Et quand il se releva, il s'aperçut que les pèlerins avaient disparu. » [1]

Le but de ce récit est évidemment d'édifier les fidèles et de leur inculquer le respect de « monseigneur » saint Michel. On en profite pour fustiger l'attitude du sacristain, fort injuste envers le jeune novice. Mais tout cela n'est qu'anecdote : il n'en demeure pas moins que l'on a voulu, par ce récit, insister sur la puissance permanente de l'Archange, maître des lieux et susceptible de recevoir qui il veut, quelle que soit l'heure, quelle que soit la circonstance. Le sanctuaire n'appartient pas aux hommes ; c'est un lieu divin, ou tout au moins angélique. Et l'Archange manifeste cette puissance fondamentale en infligeant une gifle retentissante au sacristain. Fable, bien sûr, mais révélatrice des fonctions de saint Michel : c'est lui le véritable gardien des lieux. Et il est le maître devant lequel on doit s'incliner. C'est la présence réelle de l'Archange qui se manifeste, comme s'il voulait démontrer qu'à cet endroit il avait sa place, et que cette place était essentielle. On ne construit pas des sanctuaires à saint Michel n'importe où. Le choix du Mont-Tombe n'est pas dû à des fantaisies de l'imaginaire : c'est un choix délibéré, et c'est à cet endroit précis que l'Archange doit agir.

Car il agit. Ce n'est pas une statue. Ce n'est pas un *simulacre* mais une réalité. L'action de saint Michel, symbolisée ici par la gifle que reçoit le sacristain, est la preuve de son rôle permanent, la constatation que s'il réside dans le sanctuaire de l'ancien Mont-Tombe, c'est qu'il y a une raison. On peut songer à cette ligne qui unit le Mont-Saint-Michel

1. E. Dupont, *op. cit.*, pp. 50-55.

au Péril de la Mer, le Saint-Michael's-Mount de Penzance et le Skellig Michael d'Irlande. Le hasard n'existe pas, ni dans les sciences dites exactes, ni dans les pratiques religieuses.

La seconde légende qui mérite notre attention est la « vision de l'évêque Norgod », qui date du tout début du XIe siècle. Un matin de l'an 1007, Norgod, évêque d'Avranches, s'était levé très tôt. De son palais épiscopal, il avait une vue étendue sur la baie du Mont-Saint-Michel. Le soleil n'était pas encore apparu et les brumes commençaient à peine à se dissiper, dévoilant lentement les buttes du Mont-Tombe et de Tombelaine. Norgod contemplait ce spectacle qu'il aimait, quand tout à coup, en refermant la fenêtre, il s'écria : « Au feu ! le feu est sur le Mont-Tombe ! Que saint Michel prenne en pitié ses serviteurs ! » Le jeune clerc qui l'assistait lui demanda des explications. L'évêque lui répondit : « La flamme s'élève, elle dévore déjà les cellules, elle crépite, elle s'élance ! je l'entends et elle m'éblouit ! » Le clerc eut beau lui répéter qu'il ne voyait rien, que le Mont était toujours dans la brume, et qu'il n'y avait aucune trace d'incendie, l'évêque persista dans sa certitude. Il fit sceller son cheval et se précipita au-dehors dans la direction du Mont-Tombe. Et chaque fois qu'il rencontrait des gens, assez rares en cette heure matinale, il leur criait qu'il y avait le feu au Mont-Tombe. Il arriva ainsi aux portes de la ville, et répéta les mêmes cris. Les gardes, puis les habitants de la ville le prenaient pour un fou. Il grimpa à toute vitesse vers l'abbaye. Le portier le salua comme il convenait et s'étonna de la précipitation de l'évêque. Norgod fit alors irruption dans les bâtiments abbatiaux, rencontra les moines en procession. Ceux-ci l'accueillirent avec un vibrant *Benedicamus Domino*. Lui, d'un geste d'épouvante, leur montra l'oratoire. Les moines suivirent leur évêque qui se précipita vers le pourtour dominant les grèves, justement du côté où, d'en bas, l'incendie lui paraissait le plus violent. C'est alors qu'il s'aperçut que tout était normal et qu'il n'y avait jamais eu d'incendie sur le Mont pendant le temps qu'il avait mis à venir d'Avranches. Mirage ? Vision étrange ? Norgod comprit alors que saint Michel avait voulu l'attirer dans son sanctuaire dont il se fit, depuis lors, le fidèle desservant.

Là encore, cette histoire est bâtie aux fins d'édification. Mais le thème est révélateur : il s'agit du Feu. On sait que le Mont-Saint-Michel a brûlé bien des fois au cours de l'Histoire, à cause de la foudre notamment. Mais la vision de l'évêque Norgod sort de l'ordinaire dans la mesure où c'est le Feu qui l'oblige à se précipiter vers le sanctuaire. Car si c'est un sanctuaire dédié à saint Michel, c'est avant tout et surtout un sanctuaire dédié au Feu. L'épée de Michel est flamboyante. Les Archanges sont des entités célestes flamboyantes. Et le Dragon des Profondeurs lance des flammes. Avant d'être un sanctuaire chrétien, le Mont-Tombe a été le sanctuaire du dieu Lug-Belenos. Il ne faudrait pas l'oublier. Michel ne fait que perpétuer en un lieu sacré le culte du Feu brillant et lumineux qui est celui de la Vie, celui de l'Action, celui de la Beauté également, car la Lumière est inséparable de ce qui est beau et parfait. Seulement, il est indispensable de se dire que le Dragon, qu'on oppose à saint Michel, est lui aussi porteur de Lumière. Ce n'est peut-être pas la même, mais c'est une Lumière, celle d'*en-bas*. Et le Mont-Saint-Michel paraît bien être le point de rencontre idéal de ces Lumières de nature différente qui pourtant se rejoignent et s'étreignent lors de la fusion qui s'effectue dans l'éclair, au moment où les forces de la Terre se haussent sur le sommet du Mont pour éprouver le baiser fantastique et tonitruant des nuages, réceptacle mystérieux des forces célestes. L'image de la Foudre est l'image du combat de Michel et du Dragon. Car leur combat ne mène pas à la disparition du Dragon. Ce combat ne mène à rien. *Il est,* et c'est dans un éternel instant qu'il trouve sa raison d'être.

La symbolique des images étant ce qu'elle est, force nous est de revenir sur le Dragon. En lui-même, il pose un problème parce que sa représentation n'est pas nette. Il est à la fois monstre de cauchemar, reptile antédiluvien, fauve prêt à bondir, animal aquatique visqueux qui se glisse par toutes les ouvertures de la terre, oiseau fantastique apportant le trouble et le malheur à ceux qu'il frôle de ses ailes de chauve-souris. Il est le Diable dans toute sa laideur, mais on sait que le Diable peut avoir une beauté surnaturelle. Il est le déferlement de l'Inconscient dans les zones les plus ambiguës de la conscience. Il est le sexe dans son activité la plus primaire. Il est venimeux, et le contact de sa langue peut provoquer la mort. Il est l'animal de l'ombre et de l'humidité, et pourtant ses yeux sont capables de foudroyer et sa gueule vomit alternativement les Eaux primordiales ou les flammes de l'Enfer. Enfin, il est tantôt mâle, tantôt femelle, prenant l'aspect du Bouc qu'entrevoient les sorcières, au Sabbat, et dont elles subissent l'étreinte glacée, prenant l'aspect de la troublante Mélusine, charmeuse et perverse livrant son corps de braise aux désirs les plus inavouables des hommes. Le Dragon, c'est tout cela. Et c'est un être unique dans sa multiplicité. Et surtout, dans le cadre précis du Mont-Saint-Michel, le Dragon est opposé rituellement à un être qui apparemment ne supporte aucune ambiguïté : saint Michel est en effet le Pur, le Lumineux, le Puissant, le Blanc, le Beau, le Noble, l'émanation d'un Dieu qui ne peut se manifester que sous le visage d'un héros sans peur et sans reproche. Autant l'obscurité ronge les traits du Dragon, autant la Lumière illumine le visage de l'Archange. Et pourtant tous deux ont leur feu intérieur qui les brûle. De la confrontation de leurs feux respectifs jaillit la foudre, finalement la seule manifestation visible et rationnelle de cette confrontation.

Un texte médiéval peut nous aider à comprendre le grand mystère que recèle le combat sans pitié que se livrent l'Archange et le Dragon, un texte pourtant, à première vue, très éloigné des préoccupations religieuses qui semblent dominer le culte de saint Michel sur le Mont-Tombe. Ce texte, c'est un épisode d'un roman « courtois » du début du XIIIe siècle,

Le Bel Inconnu, dont l'auteur est un certain Renaud de Beaujeu.

Le contexte est entièrement arthurien, ce qui n'est guère étonnant, le cycle de la Table Ronde ayant récupéré la plupart des mythes et des récits mythologiques des époques préchrétiennes d'Europe occidentale, ceux des Celtes particulièrement, dont ils témoignent d'une façon parfois très précise et finalement très authentique. Le héros de l'histoire est un chevalier dont on ignore le nom — d'où le titre de *Bel Inconnu* — et qui se trouve impliqué dans des aventures sans fin. Il parvient à surmonter de nombreuses épreuves qui prouvent sa valeur et pénètre dans une Gaste Cité, c'est-à-dire dans une forteresse à demi en ruine et qui est le théâtre d'étonnants sortilèges. Il doit affronter des guerriers monstrueux, et, pour couronner le tout, il doit se soumettre à une épreuve décisive, l'épreuve de la *Guivre*.

Cette *guivre,* qu'on appelle aussi la *Vouivre,* c'est la serpente monstrueuse, l'Echidna grecque, la Mélusine poitevine, l'image féminine qui fait peur, le Dragon femelle qui accumule en elle tous les fantasmes horrifiants de l'imaginaire humain. Et pourtant, on sait qu'elle recèle un secret, qu'elle a peut-être, dans sa tête, la pierre merveilleuse qui procure la richesse et surtout l'immortalité. Malgré tout ce qu'il a entendu dire, le héros décide de tenter l'épreuve et se risque dans le château où réside la guivre.

« Mais voici qu'une grande armoire s'ouvre. Il en sort une guivre qui jette une si grande lumière que tout le palais en est illuminé. Elle est effroyable à voir : large comme un muid, longue de quatre toises, le dos bigarré, le dessous doré, la queue trois fois nouée, et les yeux gros et luisants comme des escarboucles. Elle s'en vient vers le chevalier. Celui-ci se signe et met déjà la main à l'épée. Mais la guivre s'incline devant lui en semblant d'humilité. Le Bel Inconnu remet l'épée au fourreau. De nouveau, la guivre rampe vers lui. Le Bel Inconnu va frapper, mais le serpent s'incline encore, comme s'il voulait lui montrer de l'amitié, puis il s'avance encore. Le Bel Inconnu fait un pas en arrière, mais il est fasciné, et il demeure immobile, regardant la bouche vermeille et belle. La guivre est tout près, elle le touche, et il sent le froid baiser sur ses lèvres. Il pousse un cri. Mais la bête a disparu. Il faisait grand jour dans la salle. Appuyée à la table, se tenait une Dame que Nature avait portraite et façonnée par grande étude et douée à l'égal des plus belles. Elle avait robe de pourpre fourrée d'hermines, bliaut brodé et ceinture garnie d'or, de jagonces et d'autres pierres de vertu. »[1]

L'aventure est merveilleuse. Elle n'est pas originale dans la mesure où de telles transformations d'êtres immondes en belles jeunes filles sont fréquentes dans le légendaire celtique. Les raisons de ces métamorphoses sont variables, selon les différents schémas mythologiques, mais une chose demeure malgré tout : c'est en surmontant sa répulsion, en donnant un baiser à un être horrible, que l'on provoque la transformation de cet être. C'est le thème bien connu de la « Belle et la Bête ». Cela veut dire qu'un geste d'amour peut changer radicalement le destin d'un être, et, à travers cet être évidemment symbolique, le destin de l'humanité tout entière et de l'univers lui-même. Peu importe alors que la Bête soit mâle ou femelle : ce qui compte, c'est le geste, c'est le contact entre deux opposés qui, s'ils ne se touchaient pas, demeureraient prisonniers de leur propre individualité. Et c'est dans ce sens qu'il faut interpréter le combat de l'Archange et du Dragon.

En effet, si l'on admet que le Dragon des Profondeurs n'est pas le Mal, mais que c'est le déséquilibre en sa faveur qui constitue le Mal, il importe de rétablir l'équilibre : à ce compte, c'est ce qu'accomplit saint Michel, dont la mission, à travers la mythologie et la théologie du Christianisme, paraît bien être une mission de charité, c'est-à-dire d'amour absolu. Dans ces conditions, le combat dont il est le héros est un combat symbolique : c'est l'échange entre deux forces de polarité opposée et cet échange se manifeste par l'*éclair*.

1. Trad. A. Mary, *La Chambre des Dames*, Paris, 1943, pp. 298-299.

Dans le texte du *Bel Inconnu*, on peut remarquer la lumière qui envahit la salle lorsque la guivre sort de l'armoire et se dirige vers le héros. Qui pourrait alors affirmer que le Dragon des Profondeurs est l'incarnation des Ténèbres ? Il a sa propre lumière, mais ce n'est pas la même que la lumière d'en-haut, ce qui ne l'empêche pas d'être puissante et même violente, comme en témoignent les flammes qui s'échappent de sa gueule dans les représentations habituelles du monstre. Cette lumière d'*en-bas*, mise en commun avec la lumière d'*en-haut*, provoque l'illumination. A ce moment-là, saint Aubert peut dire que le doigt de l'Archange a traversé son crâne : l'œil de la connaissance est maintenant ouvert, et tout devient clair.

Au fond, cette histoire n'est qu'une nouvelle version de la longue reptation de la Kundalini vers l'œil de Çiva. L'image de la Kundalini, cette force instinctive qui surgit du bas de la moelle épinière et qui se répand dans tout le corps avant de trouver son épanouissement au sommet du crâne, est empruntée au serpent : il n'est donc pas surprenant de la voir ici incarnée par la guivre, et, dans le cas du mythe michaélien, par le Dragon. Le tout est de prendre conscience que *le Dragon appartient sans conteste à la personnalité de l'Archange :* c'est seulement dans cette prise de conscience que le combat acquiert sa véritable signification.

C'est pourtant une démarche difficile à réaliser. La vie se déroule dans un cadre apparemment organisé où les oppositions sont tranchées. Il y a le Jour et il y a la Nuit. Il y a le Blanc et il y a le Noir. Il y a le Bien et il y a le Mal. Toute la pensée humaine semble avoir été bâtie sur le constat d'une dichotomie fondamentale dont le manichéisme est l'expression la plus connue. Il faudrait d'ailleurs s'interroger sur les véritables rouages du système manichéen : il n'est pas évident d'y retrouver l'antagonisme supposé entre Ahura-Mazda, le dieu de la Lumière, et Arhiman, le dieu de l'Ombre. Les choses ne sont pas si simples, ou plutôt elles ne sont pas si définitives. Comment expliquer certaines tentatives d'artistes, en particulier le fameux *clair-obscur* d'un peintre comme Rembrandt ?

Ce qui est valable pour l'art de peindre doit l'être aussi dans tous les domaines, et le premier acte de la philosophie, au sens général du terme, devrait être d'écarter une fois pour toutes de nos esprits l'idée que le blanc et la lumière représentent le beau et le bien, tandis que le noir et la nuit sont les images du mal et de la laideur. La pensée orientale a mis en évidence la complémentarité du *yin* et du *yang :* on ne peut pas parler de l'un sans sous-entendre l'autre.

Puisque la guivre du *Bel Inconnu* est un Dragon femelle qui se métamorphose en belle jeune fille, essayons d'imaginer ce qui est inimaginable : *la belle jeune fille est déjà contenue dans l'horrible guivre,* mais personne ne le savait avant la prise de conscience provoquée par le « fier baiser ». En apparence, la guivre représentait un élément femelle dont la négativité était accentuée. Car, dans l'opinion courante, tout ce qui est féminin est négatif, et tout ce qui est masculin est positif. Ce sont pourtant des notions qui ne veulent rien dire. La femme, qui passe pour être négative, n'en est pas moins créatrice de vie, puisqu'elle est la seule à pouvoir donner naissance à un enfant. Mais si on la considère isolément — à moins de croire à la parthénogenèse —, elle ne peut procréer que par l'élément mâle qui provoque en elle la levée du germe de vie. Et cela atteint à l'absurdité lorsqu'on isole les deux principes et qu'on en fait des entités autonomes : la querelle de Lilith, qui se plaignait qu'Adam veuille toujours prendre la position au-dessus dans le coït, nous indique assez de quel côté penche la culture humaine, imbue des prérogatives du masculin et ne laissant aucune chance à l'autre. En toute bonne foi, l'équilibre est rompu en faveur de l'un et au détriment de l'autre, et si les sociétés avaient évolué dans un sens gynécocratique, on en serait au même point, mais avec un avantage incontestable pour l'élément féminin qui, dans ce cas-là, commettrait de la même façon une usurpation de pouvoirs. Il faudrait en effet comprendre, dans un domaine sociologique, que la liberté de l'Homme passe par la liberté de la Femme, et que la liberté de la Femme passe par celle de l'Homme. A force d'opposer systématiquement deux principes qui ne sont que complémentaires, on finit par oublier le point de contact qui les unit pour ne plus voir que le point de rupture. C'est le défaut d'une pensée qui, souvent de bonne foi, se contente d'isoler les matériaux d'une analyse sans mettre en évidence les rapports qui unissent ces matériaux entre eux. Et il faudrait d'abord savoir qu'un élément pris isolément, hors de son contexte, ne signifie rien.

C'est pourquoi l'image du Dragon des Profondeurs est révélatrice de tout un système de valeurs mis en place depuis des millénaires et qui se révèle d'une effarante faiblesse. A cause de ce système, le monde est coupé en deux, et l'individu lui-même ne peut échapper à cette dichotomie. Dans ces conditions, l'être, qui pourtant se cherche désespérément dans son intégralité, risque fort de ne jamais se retrouver. C'est en cherchant Satan en lui-même que Jésus devient le Christ, car lorsqu'il a découvert qui était l'Ennemi, lorsqu'il a découvert — lors de la Tentation au désert — que l'Ennemi n'était qu'une partie de lui-même, il a pu agir en conséquence, prendre en compte cet élément intérieur et l'englober dans sa totalité. Cette constatation paraît bien peu orthodoxe et cependant elle découle de l'étude des textes. Le Christ ne peut être Christ qu'à partir du moment où il assume pleinement son être. Sinon, il n'est qu'un humain comme les autres, empêtré dans ses contradictions, et incapable de montrer le chemin à suivre pour atteindre l'état d'illumination. Le reste n'est que subtilité de langage.

Dans le même ordre d'idée, on peut dire que la Vierge Marie, qui est représentée en train d'écraser la tête du serpent, *contient* elle-même le serpent : et le geste qu'elle fait d'appuyer le pied sur le cou de l'animal est la prise en compte de cette présence. La Vierge Marie, c'est non seulement la femme qui est magnifiée dans sa féminité et dans sa pureté, mais le serpent qui rampe à ses pieds. Et quant à saint Michel triomphant, ce n'est pas seulement l'Archange brillant présenté comme un héros d'épopée, dressant fièrement son épée vers la bête monstrueuse qui lui fait face, c'est aussi le Dragon qui le nargue et que l'entité angélique assimile à sa propre personne pour en assumer pleinement la puissance. Car, sans la puissance du Dragon, saint Michel est privé d'une partie de sa propre puissance. Et sans la puissance de saint Michel, le Dragon n'est plus que Satan réduit à rôder dans les sombres souterrains de la terre, et auquel il manque la lumière d'en-haut.

C'est le mérite du Mont-Saint-Michel de poser ce problème de la complémentarité des contraires. Il s'agit d'un lieu privilégié, symboliquement situé au carrefour des courants telluriques qui se partagent le monde. C'est l'œil de Çiva, l'endroit où jaillit la foudre, c'est-à-dire l'illumination. Au cours d'un congrès, en mars 1969, le professeur Graf von Durkheim confiait à ceux qui voulaient bien l'entendre ces étonnantes paroles : « Il y a longtemps, j'ai rencontré dans les environs de Paris un homme extraordinaire, le père Grégoire, un ermite qui peignait des icônes. Parmi celles-ci, l'une d'elles représentait le Christ se penchant plein d'amour vers Adam, en Enfer. Je demande au père Grégoire : —Mon père, dites-moi ce que cela représente pour vous ? Il répondit : — Si l'Homme se rencontre lui-même dans sa profondeur du plus bas, du plus méchant, et, se trouvant face à face avec le Dragon qu'il est au fond de lui-même, s'il est capable d'embrasser ce Dragon, de s'unir à lui, c'est alors qu'éclate le divin, et c'est la Résurrection. »

C'est la leçon que nous donne le Mont-Saint-Michel au Péril de la Mer : il est le lieu où s'accomplit le « fier baiser », ce *baiser au Dragon* qui effraie la plupart des êtres humains, et qui, pourtant, constitue le plus bel acte d'amour qui soit : la réconciliation avec soi-même.

Le Mont-Saint-Michel est une étrange histoire d'amour, une très belle histoire d'amour au milieu des brumes qui envahissent le ciel, quand les ombres de la terre s'insinuent dans les rivières qui se perdent dans les sables, et quand éclatent, dans des triomphes tonitruants, les orages qui rôdent sans cesse au-dessus de la statue de l'Archange de Lumière.

Villeparisis, 1987

BIBLIOGRAPHIE SOMMAIRE

R. Alleau, *Énigmes et symboles du Mont-Saint-Michel,* Paris, 1970.

« L'Ange et l'Homme », *Cahiers de l'Hermétisme,* Paris, 1978.

L. Bély, *Le Mont-Saint-Michel,* Rennes, Ouest-France, 1978.

G. Bordonove, *Le Roman du Mont-Saint-Michel,* Paris, 1966.

G. Charachidzé, *Prométhée ou le Caucase,* Paris, Flammation, 986.

G. Guiller, *Nous avons construit le Mont-Saint-Michel,* Rennes 1983.

J. Markale, *Mélusine,* Paris, Retz, 1983.

Le Christianisme celtique et ses survivances populaires Paris, Imago, 1984.

Le Druidisme, Paris, Payot, 1985.

C. Mauclair, *Le Mont-Saint-Michel,* Paris, 1947.

Millénaire du Mont-Saint-Michel, Paris, 1966.

P. Sérant, *Le Mont-Saint-Michel, ou l'Archange pour tous les temps,* Paris, Éd. S.O.S., 1974.

TABLE

Achevé d'imprimer en avril 1988
sur presse CAMERON
dans les ateliers de la S.E.P.C.
à Saint-Amand-Montrond (Cher)

N° d'Édition : 13844. N° d'Impression : 692.
Dépôt légal : avril 1988.

Imprimé en France